Stefan Gläser
Frauen um Napoleon

SERIE PIPER

Zu diesem Buch

Die wichtigsten Frauen im Leben des französischen Kaisers – von der Mutter Letizia, der Napoleon nach eigener Aussage alles verdankte, und den Schwestern Elisa, Pauline und Caroline über die Ehefrauen Joséphine, die zwei Kinder in die Ehe mitbrachte, und Marie Louise, die ihrem Mann endlich den ersehnten Thronfolger schenkte, bis hin zu den Adoptivtöchtern Hortense und Stephanie und der Geliebten Maria Walewska, die vergeblich auf die Legitimierung der Liebesbeziehung zu Napoleon hoffte. Kompetent und packend porträtiert Stefan Gläser insgesamt elf Frauen, die den Aufstieg und den jähen Sturz des großen Korsen miterlebten, die ihn förderten, liebten, bewunderten – oder aber verachteten wie die preußische Königin Luise und die Schriftstellerin Germaine de Staël. Sie alle stellten nicht nur sein Leben, sondern auch sein traditionelles Frauenbild mehr als einmal auf den Kopf.

Stefan Gläser, geboren 1964 in Berlin, studierte Geschichte und Bibliothekswissenschaften an der Freien Universität Berlin. Seither gilt seine besondere Vorliebe der napoleonischen Zeit. So arbeitete er unter anderem am Sammelband „Gestalten um Königin Luise" (1997) mit. Seit 1999 ist er als Gutachter und Lehrer in Berlin tätig.

Stefan Gläser
Frauen um Napoleon

Mit 18 Abbildungen

Piper München Zürich

Gewidmet Anne-Katrin Ziesak
als Dank für ihre
Hilfe, Ausdauer und Geduld

Ungekürzte Taschenbuchausgabe
Piper Verlag GmbH, München
Februar 2004

Umschlag / Bildredaktion: Büro Hamburg
Isabel Bünermann, Julia Martinez /
Charlotte Wippermann, Kathrin Hilse
Umschlagabbildung: François Gerard („Marie Louise", Kunsthistorisches Museum Wien; Foto: Erich Lessing / akg-images, Berlin)
Satz: Friedrich Pustet, Regensburg
Druck und Bindung: Clausen & Bosse, Leck
Printed in Germany ISBN 3-492-23811-4

www.piper.de

Inhalt

Vorwort

„Welch ein Roman war doch mein Leben", resümierte Napoleon, am Ende seines Weges angelangt, auf St. Helena. Und tatsächlich scheint noch heute, 180 Jahre nach seinem Tod, die unglaubliche Geschichte seines Aufstiegs vom unbekannten Artillerieleutnant aus Korsika zum Kaiser der Franzosen und Beherrscher Europas sowie sein tiefer Fall eher der Phantasie eines Romanciers als der Feder des Historikers entsprungen zu sein. Napoleons Feldzüge muten ebenso unglaublich an wie seine Liebesgeschichten; sowohl die einen wie die anderen haben manchem Roman oder Drehbuch als Vorlage gedient.

Aber mag die Hauptperson eines Romans auch noch so interessant sein, so sind es letztlich doch die „Randfiguren", welche die Erzählung mit Leben füllen und die Geschichte eigentlich erst lesenswert machen. Auch Napoleons Biografie – der „Roman seines Lebens" – lebt von den Menschen, die ihn im weitesten Sinne umgaben: Seine Familienangehörigen, die Minister und Heerführer des Konsulats und der Kaiserzeit, bekannte Schriftsteller und Künstler, seine Gegner und nicht zuletzt die Frauen prägten die Napoleonische Ära ebenso wie der Namensgeber selbst.

Dass die Frauen bei der Betrachtung der an Feldzügen und Schlachten so reichen Biografie Napoleons meist in den Hintergrund gedrängt wurden, ist einerseits verständlich, denn in der „politischen Geschichte" des großen Korsen spielten sie kaum eine Rolle. Andererseits ist es bedauerlich, beleuchten ihre Lebensgeschichten doch auch Napoleons Weg, wenn auch aus einer ganz anderen Perspektive, und gestatten einen Blick auf den „Privatmann" Napoleon und sein Verhältnis zum anderen Geschlecht.

Die folgenden elf Porträts stellen Frauen vor, die im Leben Napoleons eine besondere Rolle spielten, die seinen glanzvollen Aufstieg und seinen jähen Sturz erlebten, die ihn bewunderten, liebten oder auch verachteten. Die getroffene Auswahl ist zugegebenermaßen subjektiv, und so wird mancher Leser vielleicht die ein oder andere Biografie vermissen. Wenn dieses Buch dennoch dazu beiträgt, das private Umfeld des Mannes zu erhellen, der Europa wie vor ihm kein anderer geprägt hat, so hat es seinen Zweck erfüllt.

Stefan Gläser

Napoleon und die Frauen

„Es ist besser, die Frauen beschäftigen sich mit Handarbeiten, als dass sie ihre Zunge gebrauchen, besonders, wenn sie sich in Politik mischen wollen. ... Die Staaten sind verloren, sobald Weiber die öffentlichen Angelegenheiten in die Hand nehmen. ... Mir würde es schon genügen, wenn meine Frau in Staatsgeschäften etwas wollte, um gerade das Gegenteil zu tun." Deutlicher als Napoleon selbst konnte man kaum beschreiben, welche gesellschaftliche Rolle der Frau in seinem Reich zugedacht war. Vergessen waren die emanzipatorischen Errungenschaften der Französischen Revolution, die einem konservativen, von der korsischen Herkunft des Kaisers geprägten Weltbild weichen mussten. Frauen hatten sich auf ihre angeblich naturgegebene Rolle zu besinnen, nämlich als treu sorgende Ehefrau dem Mann zu gehorchen und dem Staat Kinder zu gebären. Entsprechend war die Keuschheit für Napoleon die höchste Tugend einer Frau: „Sie ist bei der Frau dasselbe wie die Tapferkeit beim Manne; ich verachte einen Feigen ebenso wie eine schamlose Frau." Eheschließungen wurden obligatorisch, „wilde Ehen", wie sie sein Generalstabschef, Marschall Berthier, oder sein Außenminister Talleyrand führten, waren verpönt, die jeweiligen Damen bei Hofe unerwünscht.

Jedoch war es Napoleon selbst, der sein eigenes, biederes Weltbild Lügen strafte. Mangelnde Tugendhaftigkeit hatte ihn nicht immer gestört, wie manche seiner frühen intimen Beziehungen beweisen. Die Damen der eigenen Familie stellten Napoleons geschlechtsspezifische Rollenverteilung auf den Kopf und brachten ihn durch Widerspenstigkeit und Ungehorsam immer wieder zur Weißglut, allen voran die eigene Ehefrau. Und schließlich scheute gerade er sich nicht, die Ehe – sowohl die eigene als auch die anderer – zu brechen. Wohl kaum ein europäischer Monarch des 19. Jahrhunderts hatte so viele Affären wie Napoleon Bonaparte. Dass er dennoch nicht als Frauenheld in die Geschichte eingegangen ist, lag an der Art dieser Beziehungen: Napoleon war zwar ein begnadeter Feldherr, jedoch ein miserabler Liebhaber!

Napoleone Buonaparte, wie er ursprünglich heißt, wird am 15. August 1769 in Ajaccio auf Korsika geboren. Er ist das zweite Kind des Advokaten und Lokalpolitikers Carlo Buonaparte und seiner Frau Letizia Ramolino. Schon früh zeichnet sich der Junge durch eine ungewöhnliche Willensstärke aus, der vor allem sein älterer Bruder Giuseppe[1] nichts entgegenzusetzen hat und die Napoleone dereinst, nach des Vaters Tod im Jahr 1785, entgegen der Tradition die Rolle des Familienoberhauptes sichert. – Ab Januar 1779 besucht der junge Napoleone das Collège von Autun, eine Art Grundschule, später dann bis zum Oktober 1784 die Militärschule von Brienne. Nach einem rund einjährigen Besuch der Militärakademie in Paris beginnt mit dem Eintritt in das Artillerieregiment *La Fère* Napoleones eigentliche, militärische Laufbahn.

Über Napoleones frühe Militärzeit ist nur wenig bekannt. Er fristet ein Außenseiterdasein, denn nach einer Fehlspekulation seines Vaters fehlen ihm die finanziellen Mittel, sich den kostspieligen Vergnügungen seiner Kameraden anzuschließen. Auch erlegt der Tod des Vaters 1785 dem jungen Korsen familiäre Pflichten auf, die seine ganze Zeit beanspruchen. In den folgenden Jahren wechselt er des Öfteren zwischen den verschiedenen Regimentsstandorten – Valence, Auxonne, Seure – und seiner Heimatinsel Korsika. Napoleones frühe Beziehungen zum anderen Geschlecht beschränken sich auf schüchterne Flirts, so etwa mit Caroline du Colombier, der Tochter einer angesehenen Familie in Valence, in die sich der ärmliche, magere Offizier mit der schlechten französischen Aussprache verliebt. Doch über das gemeinsame Kirschenpflücken im Garten der Colombiers geht diese erste „Beziehung" Napoleons nicht hinaus. Gleichwohl vergisst er

[1] Giuseppe (Joseph; 1768–1844), Napoleons ältester Bruder, wird 1806 König von Neapel, zwei Jahre später König von Spanien.

seine Jugendliebe nicht: Caroline erhält während der Kaiserzeit eine Anstellung als Hofdame bei Napoleons Mutter Letizia, ihr Ehemann wird Reichsbaron.

Erste sexuelle Erfahrungen sammelt Napoleone 1787 in Paris – ausgerechnet bei einer Prostituierten, deren Gewerbe der zu diesem Zeitpunkt noch von moralischen Idealen durchdrungene 18-jährige Korse eigentlich aus tiefster Seele verabscheut. An einem kalten Novemberabend, so erinnert er sich später auf St. Helena, „fiel mein Blick auf ein weibliches Wesen. Die Gestalt, die große Jugend, die späte Stunde – kein Zweifel, ich hatte eine Dirne vor mir. ... Ich redete sie an! Ich, der ich mehr als irgendein anderer von der Abscheulichkeit ihres Gewerbes durchdrungen bin, der ich mich von einem Blicke schon besudelt fühle. Allein ihre bleiche Gesichtsfarbe, ihre schwächliche Gestalt, der dünne Ton ihrer Stimme lassen mich keinen Augenblick schwanken ..."

In den nächsten Jahren beschränkt sich Napoleones Verhältnis zu Frauen hauptsächlich auf theatralische Pamphlete, die er, aus verschiedenen Gründen in Depressionen versunken, zu Papier bringt. Er halte die Liebe für die Gesellschaft und „für das persönliche Glück der Menschen für verderblich", schreibt er einem Regimentskameraden in seinem frühen Werk *Dialogue sur l'amour*, „und glaube, dass sie mehr Schaden anrichtet als Gutes tut. Es wäre wahrscheinlich eine Wohltat der Götter, wenn sie die Welt davon befreiten!" Ob eine bestimmte Frau für seinen Seelenzustand verantwortlich war, ist nicht bekannt; angeblich soll Napoleone jedoch während eines dreiwöchigen Aufenthalts in der Provinzstadt Seure eine intime Beziehung zu der Ehefrau eines Beamten gehabt haben. Erst 1795 öffnet er sich nachweislich wieder dem schönen Geschlecht.

Die Jahre zwischen 1789 und 1795 verändern das Leben der Familie Buonaparte entscheidend. In Frankreich bricht die Revolution aus, zu deren glühendsten Anhängern auch Napoleone zählt. Doch anstatt diese Revolution gegen die äußeren Feinde, namentlich Österreich, Preußen und England, gegen die Frankreich seit 1792 Krieg führt, zu verteidigen, weilt er überwiegend auf Korsika, um die neuen Ideale auch seinen

Landsleuten näher zu bringen. Damit allerdings scheitert er kläglich, und im Mai 1793 müssen die Buonapartes vor ihren Feinden fliehen, welche die Loslösung der Insel von Frankreich anstreben und Napoleone offen des Verrats beschuldigen. Die Familie lässt sich zunächst in Toulon, später in Marseille nieder, wo Napoleone und seine Geschwister französische Vornamen annehmen; auch verschwindet das „u" aus dem Nachnamen, und aus den „Buonapartes" wird die Familie Bonaparte.[2]

Noch im gleichen Jahr erhält der 24-jährige Hauptmann das Kommando über die Artillerie der Belagerungsarmee, welche die von den Engländern besetzte Hafenstadt Toulon umschließt. Nach mehreren vergeblichen Angriffen auf die starken Außenbastionen wird Toulon endlich im Dezember 1793 zurückerobert – nach einem Plan Napoleons, der für seine Verdienste zum Brigadegeneral befördert wird.

Auch sein Privatleben steht unter einem Glücksstern, als Napoleons älterer Bruder Joseph die reiche Kaufmannstochter Julie Clary heiratet. Abgesehen davon, dass sich durch diese Verbindung die finanzielle Situation der Bonapartes schlagartig verbessert, verliebt sich der frisch gebackene General selbst in Désirée Bernardine Eugénie (1777–1860), die jüngere Schwester seiner neuen Schwägerin, mit der er sich im April 1795 verlobt. In dem seiner Braut gewidmeten Roman *Clisson et Eugénie* – der erst über hundert Jahre nach seinem Tod veröffentlicht wird – beschreibt Napoleon die Angebetete, das Vorbild der weiblichen Hauptfigur: „Sie war sechzehn Jahre alt. Sie war sanft, gut und lebhaft, mit hübschen Augen und einer normalen Figur. Sie war nicht hässlich, aber auch keine Schönheit, doch sie war gütig und sanftmütig und besonders zärtlich."

Allerdings hegt Désirée für den jungen General tiefere Gefühle als er für sie. „Du weißt, wie sehr ich Dich liebe", schreibt sie ihm nach Châtillon, wohin er sich dienstlich hat

[2] Die neue Schreibweise des Nachnamens hat Napoleon zunächst selbst nicht konsequent befolgt, lange wechselt er zwischen der italienischen und französischen Namensform. Erst ab 1796 verwendet er dauerhaft den Namen „Bonaparte".

begeben müssen, „aber niemals werde ich es Dir so sagen können, wie ich es empfinde. Die Abwesenheit und die Entfernung werden die Gefühle, die Du mir einflößt, niemals verändern. Mit einem Wort: Mein ganzes Leben gehört Dir!" Das sieht Napoleon ganz anders: 1795 dient er im Stab der französischen Italienarmee, wo er eine Affäre mit der Gattin des dort weilenden Konventsmitglieds Turreau eingeht. Dass die Dame alles andere als tugendhaft ist, stört den General, der doch schamlose Frauen ebenso verachtet wie feige Männer, wenig. Bald darauf – Napoleon soll gegen seinen Willen zur Infanterie versetzt werden und im Bürgerkrieg in der Vendée kämpfen – zieht er nach Paris, um dort im Kriegsministerium seine Interessen durchzusetzen. Hegt er zu diesem Zeitpunkt noch die Absicht, Désirée zu ehelichen, so gibt er spätestens beim Anblick der Pariser Damenwelt, in deren Salons er nach der Niederschlagung des royalistischen Aufstandes vom 13. Vendémiaire des Jahres III[3] (vgl. S. 135) ein häufiger und gern gesehener Gast ist, sein Vorhaben auf. „Die Frauen, deren es hier in Paris die schönsten der ganzen Welt gibt, werden hier zum Mittelpunkt der wichtigsten Angelegenheiten", schreibt er verzückt seinem Bruder Joseph, und „nur hier allein, unter allen Orten der Erde, nur hier verdienen die Frauen, das Steuer zu führen". Vergessen ist die Verlobte in der Provinz: Am 9. März 1796 heiratet Napoleon die sechs Jahre ältere Joséphine Beauharnais, die Witwe eines während der jakobinischen

[3] Nach dem Sturz Robespierres im Juli 1794 sieht man eine Verfassungsänderung als notwendig an, um eine mögliche Wiederholung einer „Schreckensherrschaft", wie sie soeben beendet wurde, zu verhindern. Nach mehreren Entwürfen entscheidet man sich für die Direktorial-Verfassung mit fünf führenden Männern an der Spitze des Staates. Am 5. Oktober 1795 nach altem Kalender, dem 13. Vendémiaire des Jahres III nach Revolutionszeitrechnung, bricht in Paris ein royalistischer Aufstand aus, der sich gegen diese geplante Verfassung richtet. Mit der Niederschlagung beauftragt der Konvent Paul Barras, der 1794 maßgeblich am Sturz Robespierres beteiligt war (s. S. 134). Doch Barras mangelt es sowohl an Soldaten als auch an erfahrenen Offizieren. Kurzerhand ernennt er den mittellosen Bonaparte zu seinem Unterkommandanten und überträgt ihm die Verteidigung der Tuilerien, des Regierungssitzes. Der geschickte Einsatz von Kanonen zerschlägt den Aufstand und richtet ein Blutbad an. Napoleon wird daraufhin zum Divisionsgeneral ernannt und erhält den Titel *Retter des Vaterlandes*. Es ist der entscheidende Wendepunkt in Napoleons Leben, der seinen Aufstieg endgültig begründet.

Schreckensherrschaft hingerichteten Generals, Mutter zweier Kinder – und Ex-Geliebte seines Gönners und Mitglieds des Direktoriums, Paul Barras.

„Sie verheiratet!", schreibt ihm die verzweifelte Desirée, die von Napoleons überstürzter Eheschließung (s. S. 137) ebenso überrascht ist wie die Familie Bonaparte, „der armen Désirée ist es nicht mehr gestattet, Sie zu lieben, an Sie zu denken? ... Jetzt wünsche ich nur noch den Tod! ... Niemals werde ich einem anderen angehören ..." Bereits ein Jahr später wirft sie diesen Vorsatz über den Haufen und verlobt sich mit General Duphot, der jedoch im Dezember 1797 tödlich verwundet wird, als er Napoleons Bruder Joseph in Rom gegen eine aufgebrachte Menschenmenge (s. S. 85) verteidigt. 1798 heiratet sie einen Gegner Bonapartes, General Jean-Baptiste Bernadotte (1763–1844), an dessen Seite ihr eine glänzende Karriere bevorsteht: 1804 wird Bernadotte zum Marschall von Frankreich ernannt, 1818 besteigt er als *Karl XIV. Johann* den schwedischen Königsthron. Désirée – oder Königin Desideria, wie sie sich nennt – stirbt am 17. Dezember 1860 im Alter von 83 Jahren in Stockholm.

Napoleons Ehe mit Joséphine entwickelt sich beinahe zur Katastrophe. In den kommenden zwei Jahren ist es seine Ehefrau, die mit ihrer Treulosigkeit Napoleons privates Leben bestimmt und beinahe seine militärische Karriere beendet (s. S. 140). Gleichwohl lässt sich nicht leugnen, dass er unter anderem auch Joséphine und ihren Beziehungen seinen Aufstieg verdankt, wie überhaupt die Pariser Damenwelt mit ihren politischen und schöngeistigen Salons für Napoleons Karriere eine nicht zu unterschätzende Rolle spielt. Als Kaiser will er davon freilich nichts mehr wissen.

War Napoleons Verhältnis zu Frauen bislang geprägt von seinem im Grunde linkisch-unbeholfenen, schüchternen Wesen, so ändert sich dies mit seiner zunehmenden Popularität und seinem Aufstieg zum wichtigsten Mann Frankreichs. Das wird zum einen deutlich an Napoleons Verhältnis zu Joséphine: Ist anfangs er es, der sich seiner Gemahlin – trotz lautstarker Proteste gegen ihre amourösen Abenteuer – immer wieder unterwirft, so verkehren sich spätestens seit 1799 die

Rollen. Jetzt ist es Joséphine, die sich, von der Selbstsicherheit ihres Mannes überrascht und nunmehr den Hinauswurf fürchtend, gänzlich unterordnet bis hin zur Selbstverleugnung. Zum anderen zeigt sich diese Veränderung Napoleons in der wachsenden Zahl seiner Affären. Den Anfang macht Marguérite Pauline Fourès, geborene Bellisle, die frisch angetraute Ehefrau eines Leutnants in Bonapartes Ägyptenarmee.

Im Mai 1798 startet Napoleon eine seiner gewagtesten militärischen Unternehmungen, als er mit 35.000 Mann und 200 Schiffen das von den Engländern beherrschte Mittelmeer durchquert, um Ägypten zu erobern. Ziel ist es, die britischen Handelswege nach Indien zu stören. Ägypten, eine abtrünnige Provinz des Osmanischen Reiches, kann Bonaparte zwar erobern, doch die Kriegserklärung Konstantinopels zwingt ihn 1799 zu einem Feldzug nach Syrien, der vor den Toren Akkons scheitert.

Pauline Fourès hatte sich als Mann verkleidet an Bord der Truppentransporter geschlichen, um ihren Ehemann auf den Feldzug zu begleiten. Kein Wunder also, dass die hübsche Zwanzigjährige als eine der wenigen Frauen im Heerlager schon bald die Blicke der Männer auf sich zieht, freilich auch die des Oberbefehlshabers, der sich wieder einmal über die ihm gemeldete Untreue der eigenen Gemahlin ärgert. Kurz entschlossen schickt Bonaparte den störenden Ehemann mit einer angeblich wichtigen Depesche zurück nach Frankreich, um noch am Tag von Fourès' Abreise ans Ziel seines Vorhabens zu gelangen. Pauline ist nur zu gerne zu einer Affäre mit dem berühmten General bereit, hat der doch weit mehr zu bieten als ihr Gemahl im Leutnantsrang. Das Verhältnis der beiden wird bald publik, aber Napoleon nimmt weder Rücksicht auf den Ruf Paulines noch auf den Joséphines – von den Gefühlen Eugène Beauharnais', Joséphines Sohn aus erster Ehe und derzeit Napoleons Adjutant, ganz zu schweigen.

Gestört wird das Idyll nur kurzzeitig durch das überraschende Auftauchen des betrogenen Ehemanns: Dieser ist nämlich auf dem Seeweg nach Frankreich von einem englischen Kriegsschiff abgefangen und unter dem Versprechen, nie wieder die Waffen gegen England zu erheben, nach Ägypten zurückgeschickt worden. Fourès' Empörung, der er durch ein paar schallende Ohrfeigen seiner Frau gegenüber Nachdruck verleiht, liefert Pauline den gewünschten Grund zur Scheidung. Sie nimmt ihren Mädchennamen „Bellisle" wieder an und präsentiert sich an Bonapartes Seite mehr denn je als „Ehefrau", hofft sie doch, diesen Platz bald rechtmäßig einnehmen zu können. Ihre Hoffnung ist nicht unbegründet, da Napoleon inzwischen fest entschlossen ist, sich von Joséphine zu trennen.

Doch Pauline hat Pech: Im Oktober 1799, nach dem gescheiterten Syrienfeldzug und der gewonnenen Schlacht bei Abukir[4], bricht Bonaparte ohne sie nach Frankreich auf. Paulines Trauer währt nur kurz, schon bald sucht und findet sie Trost in den Armen General Klébers, des neuen Kommandeurs der Ägyptenarmee. Schließlich, zum einen auf Drängen Bonapartes, zum anderen vermutlich, weil er Paulines überdrüssig ist, schickt Kléber sie zurück nach Frankreich. Doch Pauline teilt ironischerweise das Schicksal ihres Mannes, denn ihr Schiff wird von einer englischen Fregatte abgefangen und gekapert. Als sie Ende 1799 schließlich doch noch Frankreich erreicht, hat sich das Land in nur wenigen Wochen entscheidend gewandelt: An der Spitze des Staates steht Paulines Ex-Geliebter, Napoleon Bonaparte.

Mit Joséphine wieder ausgesöhnt und an einer privaten Skandalgeschichte nicht interessiert, weigert Napoleon sich, Pauline zu empfangen, gewährt ihr jedoch reichliche finanzielle Zuwendungen; 1811 erhält sie schließlich ein eigenes Schloss. Wiedergesehen haben sie sich nicht. 1800 geht Pauline eine neue Ehe ein, 1816 wird sie abermals geschieden. Im gleichen Jahr zieht sie mit ihrem Liebhaber – dem vermutlichen Scheidungsgrund – nach Brasilien, wo sie neun Jahre lebt, bevor sie nach Frankreich zurückkehrt. Pauline versucht sich zunächst als Schriftstellerin, dann als Malerin: Überliefert sind zwei Romane[5] und zumindest ein Selbstporträt.

[4] Am 25. Juli 1799 besiegt Napoleon eine türkische Armee, die überraschend im Rücken der französischen Orientarmee gelandet war.

[5] „Lord Wentworth", Paris 1813 und „Une Châtelaine du XIIe siècle", Paris 1834.

Zudem nennt sie eine umfangreiche Kunstsammlung ihr Eigen, welche sie später dem Museum von Blois vermacht. Pauline Bellisle, die Erste von vielen außerehelichen Geliebten Napoleons, stirbt am 18. März 1869 im hohen Alter von 92 Jahren in Paris.

Den Zeitpunkt seiner Rückkehr aus Ägypten hat Bonaparte klug gewählt: Die nach dem Sturz Robespierres neu eingesetzte Regierung – das aus fünf Männern bestehende *Direktorium* – ist bei der Bevölkerung durch Misswirtschaft, Korruption, vor allem aber durch außenpolitische Misserfolge und militärische Niederlagen in Ungnade gefallen. Entsprechend wird Napoleon, dessen Siege in Italien und im Orient – letztere durch Napoleons geschickte Propaganda aufgebauscht – noch in guter Erinnerung sind, als Retter gefeiert. Einen Monat nach seiner Rückkehr, am 9./10. November 1799, dem 18. Brumaire des Jahres VIII nach dem Revolutionskalender, stürzt Bonaparte an der Spitze seiner ihm treu ergebenen Soldaten das Direktorium. Frankreich erhält eine neue Verfassung, wonach die Staatsgeschäfte fortan von einem Dreimännerkollegium, den Konsuln, getätigt werden. Sollte Bonaparte in der Planung seiner Mitverschwörer, insbesondere des Abbé Sieyès (1748–1836), lediglich als Werkzeug fungieren, um ihre Interessen durchzusetzen, sehen sie sich schon kurz nach dem Staatsstreich schwer getäuscht: Der ehrgeizige General ist nicht bereit, seine erlangte Machtposition aufzugeben. Fortan bekleidet er das Amt des Ersten Konsuls, welches ihm 1802 auf Lebenszeit übertragen wird. Seine beiden Mitkonsuln Cambacérès und Lebrun spielen politisch keine Rolle. Im Mai 1804 schließlich wird das Konsulat Napoleons umgewandelt in ein erbliches Kaisertum. Aus der Militärdiktatur ist eine Monarchie geworden.

Mit der Selbstsicherheit des Herrschers nutzt Napoleon in den Jahren zwischen seinem Staatsstreich und der Scheidung von Joséphine 1809 jede sich bietende Gelegenheit zu einem Seitensprung. Neben so bekannten Sängerinnen wie Giuseppina Grassini (1773–1850), die er während seines zweiten Italienfeldzuges 1800 in Mailand näher kennen lernt, und Schauspielerinnen wie Cathérine Joséphine Duchesnois (1777–1835) sind es vor allem Tänzerinnen vom Theater und die Hofdamen Joséphines, die sein Bett teilen. Selbst die Ehefrauen seiner Minister und Generale sind vor den Nachstellungen des Kaisers nicht sicher, wie seine nächtlichen Überraschungsbesuche im Schlafzimmer der Herzogin von Abrantès, General Junots Gemahlin[6], zeigen.

Allerdings ist Napoleon alles andere als ein Don Juan, der Frauen umgarnt oder gar verführt. Weder als junger Offizier noch später als Herrscher zeichnet er sich durch übermäßigen Charme aus, die Damen seines Hofes – und auch seiner Familie – müssen sich die rüdesten Grobheiten gefallen lassen. „Madame, man sagte mir, sie seien hübsch", eröffnet er enttäuscht einer Hofdame anlässlich eines Empfangs. Eine andere schickt er wieder heim: „Madame, gehen Sie, schminken Sie sich, Sie sehen aus wie eine Leiche!" Als Staatsmann und Feldherr ständig unter Zeitdruck, steuert er ohne Umschweife direkt auf sein Ziel zu. Entsprechend ernüchternd ist häufig der eigentliche Liebesakt, wie der Dichter Stendhal, in Jugendjahren Verwaltungsbeamter in der *Grande Armée*, berichtet: „Der Kaiser sitzt gewöhnlich an einem kleinen Tisch, das Schwert an seiner Seite, und unterzeichnet seine zahllosen Dekrete. Wenn eine Dame angekündigt wurde, bat er sie – ohne von seinem Arbeitstisch aufzublicken – im Bett auf ihn zu warten. Später geleitete er sie mit einem Leuchter in der Hand aus dem Schlafzimmer, um unverzüglich an seinen Tisch zurückzukehren ... Der wesentliche Teil des Rendezvous hatte keine drei Minuten gedauert." Dass die Arbeit für Napoleon immer Vorrang hat, muss die bereits erwähnte Schauspielerin Duchesnois am eigenen Leibe erfahren: Zum Stelldichein in die Tuilerien geladen, lässt ihr Bonaparte – zu diesem Zeitpunkt noch Erster Konsul – mitteilen, er habe

[6] Laurette Junot, geb. Permon, Herzogin von Abrantès, hat mit ihren mehrbändigen Memoiren eines der wichtigsten Werke über das Leben am Hofe hinterlassen. Darin schildert sie unter anderem Napoleons wiederholte nächtliche und für die schlafende Laurette überraschende Besuche in ihrem Schlafgemach, wo er sie jedes Mal scheinbar zwanglos in Plaudereien verwickelt. Erst als eines Nachts unerwartet der Kopf seines Generals und Freundes Junot, den der Kaiser bei der Truppe wähnt, unter der Bettdecke hervorkommt, enden die von ihr unerwünschten Visiten.

noch zu arbeiten, sie solle sich schon einmal ins Schlafzimmer begeben. Als sie sich nach einigen Stunden vergeblichen Wartens in Erinnerung bringt, erhält sie die Aufforderung, sich zu entkleiden, der Erste Konsul werde gleich erscheinen. Nackt und frierend lässt sie nach geraumer Zeit erneut anfragen; diesmal entscheidet Bonaparte, in seine Arbeit vertieft und sichtlich entnervt, Madame möge sich wieder anziehen und verschwinden.

Dass bei diesen „Affären" jede Romantik auf der Strecke bleibt, stört indes die meisten Frauen ebenso wenig wie Napoleons mangelnde Qualitäten als Liebhaber. Es gibt genug Damen am Hofe, an den Theatern oder in den Palästen ausländischer Fürsten, die nur zu gern bereit sind, aus Prestigegründen eine Liaison mit dem Beherrscher Europas einzugehen. Viele spekulieren auf eine Position als erste Dame am Hofe. Nur ganz wenige Frauen, wie etwa Maria Walewska (s. S. 214 ff.), begehren ihren kaiserlichen Liebhaber tatsächlich als Mann und nicht als Aushängeschild. Finanziell geschadet hat im Übrigen keiner der Damen ihre Hingabebereitschaft: Ist ein Verhältnis beendet – sei es, dass die Betreffende anfängt, Ansprüche zu stellen, sei es, dass sich Napoleon anderweitig orientiert –, stattet sie der Kaiser mit hohen Pensionen aus, meist erhalten sie auch kostbare Geschenke und einträgliche Anstellungen.

Vermutlich sind es jedoch weniger körperliche Bedürfnisse, die Napoleon durch seine häufigen Affären zu stillen trachtet. Einer seiner engsten Vertrauten, Graf Caulaincourt, berichtet: „Nur selten verspürte er das Bedürfnis nach Liebe oder fand auch nur Vergnügen daran. Der Kaiser war so begierig darauf, von seinen amourösen Eroberungen zu berichten, dass man fast den Gedanken bekam, er habe sie nur betrieben, um darüber berichten zu können." Pikanterweise befindet sich Napoleon tatsächlich in Erklärungsnot, spottet man doch in ganz Europa – freilich hinter vorgehaltener Hand – über seine kinderlose Ehe mit der zweifachen Mutter Joséphine. Sollte der Eroberer Europas impotent sein und keinen Thronfolger zeugen können? Vor allem Joséphine selbst schürt dieses Gerücht, fürchtet sie doch die immer wieder diskutierte Scheidung (s. S. 147 ff.). Insofern liegt der Verdacht nahe, dass der Kaiser weniger die intime Nähe einer Frau sucht als vielmehr die Bestätigung der eigenen Potenz – sowohl für sich als auch für seine Umgebung. Und folgerichtig enden die Amouren abrupt, als schließlich seine polnische Geliebte Maria Walewska 1810 ein Kind von ihm bekommt (s. S. 223) und der eindeutige Beweis seiner Zeugungsfähigkeit erbracht ist.

Tatsächlich ist Alexander Walewski, der Sohn, von dem Maria Walewska entbunden wird, weder das erste noch das einzige Kind, das aus seinen Seitensprüngen hervorgeht.

Im Januar 1806 wird ein Mädchen geboren und auf den Namen Emilie getauft. Die Mutter, Emilie de Pellapra, Ehefrau eines adligen Geschäftsmannes, hat der Kaiser im April 1805 in Lyon kennen gelernt, wo er auf dem Weg nach Mailand eine Zwischenstation einlegt. Weder über sie noch über die Umstände ihrer Beziehung zu Napoleon ist viel bekannt. Zu diesem Zeitpunkt verunsichern den Kaiser Joséphines Einflüsterungen, er sei zeugungsunfähig, noch zu sehr, als dass er von seiner Vaterschaft restlos überzeugt wäre; als Vater käme immerhin ja auch noch der Gemahl in Betracht. Da eine offizielle Anerkennung des Kindes ohnehin unmöglich ist – Napoleon verabscheut Skandale –, wird Monsieur de Pellapra überredet, das Mädchen als seine Tochter anzunehmen, wofür er vom Kaiser neben finanziellen Zuwendungen die lukrative Stellung eines Generalsteuereinnehmers erhält.

Indes lässt die Familienähnlichkeit mit den Bonapartes kaum einen Zweifel an Napoleons Vaterschaft zu: Zwar hat Emilie in späteren Jahren nichts mit Napoleon selbst gemein – im Gegensatz zu ihren Halbbrüdern, dem Herzog von Reichstadt, Alexander Walewski und Léon Dénuelle (s. u.), die äußerlich alle nach dem Vater kommen –, doch sie ähnelt auffallend ihrer Tante Pauline, einer der schönsten Frauen ihrer Zeit.

Der Lebensweg der einzigen und von der Geschichte vergessenen Tochter Napoleons ist wenig spektakulär. Als junge Frau heiratet sie einen Grafen, dem sie Zwillinge schenkt. Doch schon ein Jahr nach der Hochzeit ist Emilie Witwe. Später geht sie eine zweite Ehe mit dem Fürsten von Chimay-

Caraman ein, dem belgischen Gesandten am Hofe Napoleons III. Auch aus dieser Ehe gehen Kinder hervor, die Zahl ist jedoch nicht bekannt. Zu den Bonapartes hat sie mit Ausnahme Jérômes, Napoleons jüngstem Bruder, keinen Kontakt, wohl aber zu Alexander Walewski. 1871 stirbt Emilie de Chimay-Caraman im Alter von 65 Jahren nach einem ruhigen und ereignislosen Leben auf Schloss Ménars, ihrem Wohnsitz.

Napoleons erster Sohn wird am 13. Dezember 1806 geboren und entstammt der Liaison des Kaisers mit einer Hofdame seiner jüngsten Schwester Caroline, Louise Cathérine Eleonore Dénuelle de la Plaigne. 1787 in Paris zur Welt gekommen, lebt die Tochter einer glücklosen Kaufmannsfamilie von Kindheit an in eher bescheidenen Verhältnissen. Dennoch schicken die Eltern sie in das in dieser Zeit renommierteste Mädchenpensionat Frankreichs, in die Schule der Madame Campan nach St. Germain-en-Laye, die schon vielen Töchtern aus angesehenen Familien als Sprungbrett in die höhere Gesellschaft gedient hat. Nicht selten suchen auch hochrangige Heiratswillige ihre Zukünftige bei Madame Campan, zu deren bekanntesten Schülerinnen unter anderem Caroline Bonaparte sowie Hortense und Stephanie Beauharnais gehört haben.

Die Rechnung der Eltern geht jedoch nicht auf, denn Eleonore verlässt die Schule sowohl ohne einträgliche Stellung als auch unverheiratet. Desto glücklicher ist ihre Mutter, als ein „Offizier" um die Hand ihrer Tochter anhält. Im Januar 1805 wird die Ehe geschlossen, doch wieder ist Eleonore vom Unglück verfolgt, denn ihr Ehemann entpuppt sich als Schwindler und Betrüger, der es – welche Ironie – auf das Geld der vermeintlich wohlhabenden Kaufmannsfamilie abgesehen hat. Schon zwei Monate nach der Trauung wird der in Wahrheit aus der Armee entlassene Sergeant wegen Unterschlagung verhaftet und zu zwei Jahren Gefängnis verurteilt.

Hilfesuchend wendet sich Eleonore an Madame Campan. Diese vermittelt sie als Vorleserin an Caroline Bonaparte, nunmehr verheiratete Murat, in deren Haus Eleonore im Januar 1806 Napoleon kennen lernt. Caroline kennt den Geschmack ihres Bruders, dem sie selbst oft genug schon junge Frauen zugeführt hat – in erster Linie freilich, um ihrer verhassten Schwägerin Joséphine zu schaden. So bleibt ihr Napoleons Interesse an der hübschen Hofdame nicht verborgen, und wieder einmal kann sich Caroline als Kupplerin betätigen. Das fällt ihr nicht schwer, denn Eleonore braucht nicht lange überzeugt zu werden; die junge Frau erkennt sehr schnell die Vorteile, die ihr aus dieser Liaison erwachsen können. Das lästige Beisammensein mit dem Kaiser nimmt sie daher gern in Kauf, versucht aber seine Besuche dadurch zu verkürzen, dass sie – Napoleons permanente Zeitnot ausnutzend – die Uhr heimlich vorstellt, was ihm allerdings nicht verborgen bleibt. Ende April 1806 ist Eleonore schwanger, im gleichen Monat wird sie von ihrem Mann geschieden und nimmt ihren Mädchennamen wieder an.

Die Nachricht von der Geburt des Knaben, die er während seines Feldzuges in Polen erhält, nimmt Napoleon mit gemischten Gefühlen auf. Einerseits freut er sich aufrichtig darüber, einen Sohn gezeugt zu haben, zumal nun Joséphines Behauptung, er sei zeugungsunfähig, widerlegt zu sein scheint. Andererseits ist ihm bekannt, dass Eleonore auch mit anderen Männern intimen Umgang pflegt, angeblich sogar mit Murat, Napoleons Schwager. Abermals kann er sich seiner Vaterschaft nicht absolut sicher sein, auch wenn er persönlich an sie glaubt. Seinen kurzzeitigen Plan, das Kind zu adoptieren, gibt er daher wieder auf, zumal Napoleons eigene Rechtsprechung es ihm unmöglich macht, ein uneheliches Kind als Erben einzusetzen – und damit auch nicht als Thronfolger. Eine förmliche Anerkennung, wie sie Eleonore wünscht, kommt für Napoleon somit nicht in Frage. Entsprechend lehnt er ihren Vorschlag, den Jungen *Napoleon* zu taufen, kategorisch ab. Lediglich die zweite Hälfte seines Namens – *Léon* – gesteht er dem Jungen zu, den er in den Grafenstand erhebt und finanziell durch zahlreiche Zuwendungen abzusichern sucht. Der Junge ist häufig zu Gast in den Tuilerien, wo sich sowohl Napoleon selbst als auch dessen Mutter Letizia – Léons Großmutter – liebevoll um ihn kümmern. Noch auf St. Helena gedenkt Napoleon seiner und vermacht ihm testamentarisch 72.000 Francs; ob Léon das Geld allerdings auch erhalten hat, ist unklar. Da der Vater nicht eindeutig festzustehen scheint, wird ein Vormund für den Jungen eingesetzt; nach Napoleons zweiter Abdankung 1815 übernehmen seine Mutter Letizia und deren Halbbruder, Kardinal Fesch, eine Zeit lang die Erziehung.

Zu Eleonore, deren Forderungen nach Anerkennung ihres Sohnes den Kaiser in Verlegenheit bringen, bricht Napoleon nach der Entbindung den Kontakt ab, freilich nicht ohne sie finanziell abzusichern. Am Hof gilt sie als unerwünscht. 1808 heiratet Eleonore einen Offizier, der jedoch Napoleons Russlandfeldzug nicht überlebt. Abermals scheint sie vom Pech verfolgt. Erst der Zusammenbruch des Kaiserreiches 1814 bringt die Wende in ihrem glücklosen Leben, als sie einen Major der bayerischen Invasionstruppen heiratet, der später sogar zum Gesandten des badischen Herrscherhauses in Frankreich aufsteigt. 1868 stirbt Eleonore in Paris.

Napoleons Zweifel an der Vaterschaft sind unbegründet, wie Charles Léons große Ähnlichkeit mit ihm in späteren Jahren beweist. Grundverschieden jedoch sind die Charaktere von Vater und Sohn, denn Léon entwickelt sich zu einem arbeitsunwilligen Verschwender und Spieler. Ein in Heidelberg begonnenes Studium bricht er ohne Examen ab, um sich selbstständig zu machen. Zunächst versucht er sich in der Kanalbaubranche, danach als Tintenfabrikant. Beide Unternehmungen schlagen fehl und erhöhen seinen Schuldenberg. Weitere abenteuerliche Projekte folgen, zu deren kuriosesten zweifelsohne der Bau von Unterseebooten gehört. Auch beim Militär kann er sich nicht behaupten: Léon steigt zwar zum Bataillonschef der Nationalgarde von St. Dénis auf, wird jedoch schon bald wegen Aufsässigkeit entlassen. Der Wunsch, eine kirchliche Karriere zu starten, scheitert an der Weigerung des Papstes, ihn zum Priester zu weihen.

Neben seinen kostspieligen Frauengeschichten ist es vor allem seine Spielsucht, die ihn an den Rand des Ruins bringt. So verspielt er nicht selten fünfstellige Geldbeträge an einem einzigen Abend. Verständlich daher, dass Léon das Erbe seines Vaters sehr schnell aufgebraucht hat und auch die finanzielle Unterstützung, die er von seinem Halbbruder Alexander Walewski und seiner Großmutter Letizia Bonaparte erhält, nicht ausreicht. Schließlich verklagt er sogar die eigene Mutter, um an Geld zu kommen, wenn auch vergeblich. 1838 muss der Sohn Napoleons für zwei Jahre ins Schuldgefängnis von Clichy und lebt nach seiner Entlassung zeitweise im Obdachlosenasyl.

Die Revolution von 1848 verschafft Léon in der Politik ein neues Betätigungsfeld. Er legt seinen Grafentitel ab und schließt sich dem radikalen Flügel der Sozialisten an, die vor allem die Bonapartisten leidenschaftlich bekämpfen. Léons Engagement richtet sich insbesondere gegen deren Führer Louis Napoleon Bonaparte, den Neffen Napoleons und somit seinen eigenen Cousin. Dabei sind es weniger politische als vielmehr private Gründe, die ihn leiten: Acht Jahre zuvor gab es in London zwischen beiden einen Konflikt, dem vermutlich ein Erpressungsversuch Léons zugrunde lag und der in einem Duell geendet hätte, wäre nicht die Londoner Polizei im letzten Moment eingeschritten. Doch als Präsidentschaftskandidat hat der unseriöse Lebemann gegen Louis Napoleon keine Chance, der sich aber – zum Glück für Léon – als großmütiger Sieger erweist und den ständig strauchelnden Verwandten finanziell unterstützt.

In späteren Jahren lebt Charles Léon zeitweise in England, Deutschland und Italien, bevor er sich im Alter mit seiner Frau, der Schneiderin Françoise Fanny Jonet, nach Pontoise zurückzieht. Dort stirbt der verarmte Vater von vier Kindern am 15. April 1881 im Alter von 75 Jahren.

Eine politische Bedeutung wie etwa Madame Pompadour unter Louis XV. erlangt keine von Napoleons Mätressen. „Ich will an meinem Hofe von einem Regiment der Frauen nichts wissen", erklärt er, „sie haben Heinrich IV. und Louis XIV. nur Schaden gebracht. Mir kommt mein Metier ernster vor als jenen Fürsten das ihrige, auch sind die Franzosen nicht mehr geneigt, ihrem Souverän zur Schau gestellte Liebschaften und Titular-Mätressen zu verzeihen!" Auch seine Ehefrauen Joséphine und später Marie Louise haben keinerlei Einfluss auf die politischen Entscheidungen ihres Mannes. Kein Wunder, denn im *Empire* sind „Frauen" und „Politik" zwei unvereinbare Gegensätze, spricht Napoleon dem weiblichen

Geschlecht doch jede Fähigkeit zur vernünftigen politischen Meinungsbildung ab. Somit beschränkt sich im kaiserlichen Frankreich die gesellschaftliche Rolle der Frauen auf zwei Funktionen: Am Hofe dienen sie als schmückendes Beiwerk, ansonsten haben sie Kinder zu gebären. Dass es Napoleons korsische Herkunft ist, die sein Weltbild prägt, ist kaum zu leugnen.

Napoleons Geringschätzung bezieht sich jedoch nicht nur auf politisierende Frauen; auch weibliche Intellektuelle sind ihm ein Gräuel, wie sein gespanntes Verhältnis etwa zu Madame de Staël (s. S. 256ff.) oder Madame de Rémusat beweist. Die erste Frau Frankreichs, erklärt er der auf Anerkennung ihrer literarischen Leistungen hoffenden Germaine de Staël, sei die, welche ihrem Mann die meisten Kinder gebiert. Insbesondere die politischen, zugleich aber auch schöngeistigen Salons der Revolutionszeit, welche die neue, durch die Revolution erst ermöglichte Emanzipation der Frau repräsentierten, sind dem Herrscher ein Dorn im Auge. Dass er selbst seinen Aufstieg unter anderem diesen Salons verdankt, wo er gerade mit Joséphines Hilfe politisch wichtige Kontakte knüpfen konnte, will er nicht mehr wahrhaben.

Auch die Mode bleibt vom konservativen Geist der Napoleonischen Zeit nicht verschont. Nirgends drückt sich in der vor-napoleonischen Ära das neue, auch sexuelle Selbstverständnis der Frauen deutlicher aus als in der Kleidung, die nach dem Sturz Robespierres zunehmend spärlicher wird. Aus Erleichterung, die jakobinische Schreckensherrschaft überlebt zu haben, genießt man das Leben in vollen Zügen und in einer bis dahin nicht gekannten Freizügigkeit. Wohl kaum eine Epoche der französischen – ja europäischen Geschichte ist so von Ausgelassenheit und Erotik geprägt wie die Zeit des *Direktoriums* (1795–1799). Ihre bekanntesten Vertreter sind Paul Barras, einer der fünf Direktoren, und – Joséphine de Beauharnais! Je höher das Selbstbewusstsein der Frauen steigt, desto transparenter werden die wenigen Kleidungsstücke, die – dem antikisch griechischen Stil nachgeahmt – ihre Körper kaum noch verbergen. Dass Thérèse Tallien, Joséphines engste Freundin, nackt, nur in ein Tigerfell gehüllt, einer Theateraufführung beiwohnt, ist in jener Zeit zwar ein reizvoller, jedoch durchaus kein ungewöhnlicher Anblick.

Diese Freizügigkeit passt selbstverständlich nicht in Napoleons Idealvorstellung von einer sittsamen Ehefrau und Mutter. Spätestens mit der Errichtung des Kaisertums werden aus hauchdünnen Stoffen schwere Samtroben, aus zierlichen Sandalen klobige Damenstiefel, luftige und originell getragene Kleider weichen steifen Röcken. Verstanden es die großen Damen der Republik, Schmuck dezent und dadurch wirkungsvoll einzusetzen, so prunken die Schranzen am Kaiserhof – allen voran die Ehefrauen der Marschälle und Generale, die „Neureichs" des *Empire* – mit Edelsteinen, Ketten, Spangen, Broschen und Ringen. Wo zuvor raffinierte Erotik das Auge des Betrachters erfreute, herrscht zumindest am Hofe nun eine ans Lächerliche grenzende Zurschaustellung des eigenen Reichtums, der jeder Geschmack entgleitet. Entsprechend steif und gezwungen ist die Atmosphäre. Mit ihrer Prüderie – gekoppelt mit einer spießbürgerlichen Doppelmoral, deren Hauptvertreter Napoleon selbst ist – steht die Kaiserzeit damit am Beginn einer Ära, die das gesamte 19. Jahrhundert überdauert und erst mit dem neu erwachenden Lebensgefühl nach der Katastrophe des Ersten Weltkrieges endet.

Der Gerechtigkeit halber muss jedoch gesagt werden, dass Napoleon nicht allein diesen Wandel herbeigeführt hat; vielmehr ist er ein Kind seiner Zeit. So steht der preußische Hof Friedrich Wilhelms III. und seiner Frau, der Königin Luise, an Langweiligkeit dem des Franzosenkaisers in nichts nach, ist man in Berlin doch schon Jahre vor Napoleons Kaiserkrönung bemüht, sich von den angeblich so losen Sitten des Vorgängers, Friedrich Wilhelms II., zu lösen. Im Habsburgerreich Franz' II. herrscht blanker Puritanismus, wofür die Erziehung Marie Louises, Napoleons zweiter Ehefrau, das beste Beispiel ist (s. S. 162). Und auch am Petersburger Hof sind spätestens mit dem Regierungsantritt Zar Alexanders I. im Jahre 1801 die Tage der sexuellen Freizügigkeit, wie sie noch unter Katharina der Großen vorherrschte, gezählt.

Schließlich wird die neue, und damit alte, das heißt vorrevolutionäre, Stellung der Frau, wie sie Napoleon vorschwebt, auch gesetzlich verankert. Im *Code civil*, auch als *Code Napoléon* bekannt, wird die weitestgehende rechtliche Gleichstellung von Mann und Frau aus den Jahren der Republik wieder aufgehoben. Fortan gelten auch erwachsene Frauen als Unmündige, die selbstständig, das heißt ohne Zustimmung des Ehemannes, keine eigenen Rechtsgeschäfte tätigen dürfen. Über ihr Eigentum verfügt der Gatte, der auch das alleinige Recht auf Scheidung innehat. Einmal mehr wird Napoleon Bonaparte seinem Ruf als *Totengräber der Revolution* gerecht.

Nach seiner Neuvermählung mit der österreichischen Erzherzogin Marie Louise im Jahre 1810 und der Geburt seines Sohnes ein Jahr später ändert sich Napoleons Verhältnis zum weiblichen Geschlecht noch einmal. Aus dem rücksichtslosen Schürzenjäger wird der treu sorgende Familienvater, für den andere Frauen nicht mehr existieren. Zwar pflegt er bisweilen noch Kontakt zu ehemaligen Konkubinen wie Maria Walewska, doch sind diese nun – zumindest von seiner Seite aus – im höchsten Fall freundschaftlicher, auf jeden Fall platonischer Art. Ob Napoleon in erster Linie seiner Ehefrau oder der Mutter seines Kindes die Treue gehalten hat, mag dahingestellt bleiben – bewahrt hat er sie bis zu seinem Ende. Noch auf St. Helena, wohin er nach seiner zweiten Abdankung 1815 verbannt wird[7], spielt er die Rolle des treuen Gemahls – eine Posse, wie jeder aus seiner Umgebung weiß, denn Marie Louise hat ihren Ehemann schon 1814 aufgegeben und hält keinen Kontakt mehr zu ihm.

Ist es abermals das traditionelle korsische Frauenbild, das Napoleons letzte Lebensjahre prägt, ein Bild, nach dem nicht

[7] Im April 1814 muss Napoleon zum ersten Mal abdanken, nachdem seine Armeen an allen Fronten geschlagen worden sind und die gegen ihn verbündeten Österreicher, Preußen und Russen Paris besetzt haben. Man belässt ihm den Kaisertitel, verbannt ihn aber auf die Insel Elba. Ein Jahr später kehrt Napoleon zurück, vertreibt den von den Siegermächten eingesetzten Bourbonenkönig Louis XVIII. und erlangt erneut die Herrschaft, die nach hundert Tagen auf dem Schlachtfeld von Waterloo ihr Ende findet. Geschlagen nach Paris zurückgekehrt, muss er abermals auf den Thron verzichten. Diesmal schicken ihn die Siegermächte auf die Insel St. Helena im Südatlantik – nicht mehr als Kaiser, sondern als Gefangenen der englischen Krone.

sein kann, was nicht sein darf, und in das die treulose Mutter seines Kindes nicht passen will? Am 5. Mai 1821 stirbt Napoleon Bonaparte in Longwood House auf St. Helena, vermutlich an Magenkrebs.

DIE MUTTER

Letizia Buonaparte (1750–1836)
Madame Mère

„Ihr, ihren guten Prinzipien, schulde ich mein Glück und meine besten Taten. Alles verdanke ich meiner Mutter", bekennt Napoleon kurz vor seinem Tod auf Sankt Helena. Letizia nimmt in der Familiengeschichte der Bonapartes einen sehr – und zuweilen vielleicht zu hohen Stellenwert ein. Ihr Hauptverdienst liegt in der Aufziehung ihrer Kinder, traditionsgemäß auf Korsika eine Angelegenheit der Frau, nach dem frühen Tod ihres Mannes Carlo und der damit verbundenen finanziellen Misere eine nicht zu unterschätzende Leistung. In der Politik hat sie nie eine Rolle gespielt, weder zu Carlos Zeiten auf ihrer Heimatinsel noch während der Herrschaft ihres Sohnes in Frankreich. Ihr Hauptanliegen bleibt bis zu ihrem Tode der Zusammenhalt der Familie, ein Wunsch, der sich durch die Ereignisse sowie die verschiedenen Charaktere ihrer Kinder nicht erfüllt hat. Stattdessen hat sie den Aufstieg, aber auch den Fall Napoleons und der Bonapartes miterleben müssen. Von ihren insgesamt zwölf Kindern überlebt sie sechs, darunter auch Napoleon, sowie einen Großteil ihrer Enkel. Mit ihrem Tod endet gleichsam eine Epoche, die mit dem korsischen Freiheitskampf ihren Anfang genommen hat und in der durch den frühen Tod Napoleons II. zerstörten Hoffnung auf eine bonapartistische Restauration ihren Ausklang findet.

Maria Letizia Ramolino wird am 24. August 1750 in Ajaccio geboren. Der Vater, Gian Girolamo, steht als Generalinspekteur für Brücken und Wege im Range eines Capitains in genuesischen Diensten; ihre Mutter ist Angela-Maria di Pietra Santa. Im Gegensatz zu den Vorfahren Angela-Marias stammen die Ramolinos nicht von Korsika, sondern aus der

Gegend um Genua, von wo sie erst im 15. Jahrhundert auf die Insel übergesiedelt sind. Entsprechend stehen Letizias Eltern in dem seit den dreißiger Jahren schwelenden korsischen Unabhängigkeitskampf, seit 1756 unter der Führung Pasquale Paolis[1], treu zu Genua.

Letizia bleibt das einzige Kind dieser Ehe.[2] Im Alter von fünf Jahren verliert sie den Vater, der einer Krankheit erliegt. 1757 heiratet ihre Mutter den Schweizer Franz Fesch, einen Kapitän in der genuesischen Marine. Zu ihrem Stiefvater entwickelt Letizia eine große Zuneigung, die sich auch auf den 1762 geborenen Stiefbruder Joseph Fesch, den späteren Kardinal, überträgt. Die enge Bindung an Joseph wird bis zu ihrem Tod andauern.

Am 2. Juni 1764 ehelicht Letizia den 18-jährigen angehenden Juristen Carlo Buonaparte (1746–1785). Sie ist erst 14 Jahre alt, gilt aber bereits als das schönste Mädchen der Umgebung, als das *Wunder von Ajaccio.* Das junge Paar bezieht ein dreistöckiges Haus, die *Casa Buonaparte,* in der Via Malerba, wo es zusammen mit Carlos Onkel und Vormund, dem Archidiakon Luciano, Letizias Schwiegermutter Saveria, einer Cousine ihres Mannes – Maria – und deren Ehemann sowie einer entfernten Tante lebt. Letizias Mitgift für die Ehe besteht neben einer Mühle und einem Backhaus aus etwa 6.700 Livres, was beiden trotz Carlos verschwenderischem Charakter zunächst ein sorgenfreies Leben beschert. Carlos Aufstieg zum Sekretär und schließlich designierten Nachfolger Paolis sorgt weiterhin für den Wohlstand der Familie, die schon bald nach Corte, Paolis Residenzstadt, umzieht.

Die Ehe Letizias mit Carlo verläuft glücklich, was umso erstaunlicher ist, da die beiden jungen Leute aus Familien stammen, die politisch gänzlich konträre Richtungen vertreten – Franz Feschs Dienst als Söldner Genuas spricht ebenso

[1] Pasquale Paoli (1725–1807) führt seit 1755 den korsischen Unabhängigkeitskampf zunächst gegen die Oberherrschaft Genuas, später dann gegen Frankreich. Zu seinen engsten politischen Beratern zählt Carlo Buonaparte, Napoleons Vater. 1769, nach seiner Niederlage gegen die Franzosen bei Ponte Nuovo, flieht Paoli nach England ins Exil.

[2] Ein Jahr vor Letizias Geburt war zwar ein Kind zur Welt gekommen, doch schon bald darauf gestorben.

für sich wie Carlos Karriere an der Seite Paolis. Doch diese politische Umstellung ist für Letizia ohne Bedeutung, da sie als Frau von der Politik ohnehin ausgeschlossen ist. Für sie zählt ausschließlich der Familienzusammenhalt, für den sie sich bedingungslos einsetzt.

Das häusliche Glück wird jedoch getrübt durch den Tod zweier Kinder. 1766 stirbt ihr ein Jahr zuvor geborener Sohn Napoleone, zwei Jahre später ihre Tochter Maria Anna. Erst ihr drittes, im Januar 1768 geborenes Kind – Giuseppe (Joseph), der spätere König von Neapel bzw. Spanien – bleibt am Leben.

Im gleichen Jahr verkauft Genua die Insel Korsika an Frankreich. In dem nun ausbrechenden Krieg gegen die neue Besatzungsmacht begleitet Letizia, gemäß der korsischen Tradition, ihren Mann ins Feld, obwohl sie im sechsten Monat schwanger ist. In einer Höhle auf dem Monte Rotondo, wohin sie sich mit anderen Frauen nach der verlorenen Schlacht von Ponte Nuovo 1769 geflüchtet hat, erlebt sie das Ende des Krieges und den Beginn der französischen Herrschaft über Korsika. Schon bald darauf kehrt die Familie zurück nach Ajaccio, wo Carlo unter der Protektion der neuen Herren abermals eine steile Karriere durchläuft. Dabei nützt ihm vor allem die gute Beziehung zu dem Kommandanten der Insel, dem Comte de Marbeuf, dessen Freundschaft sich in den folgenden Jahren, zumal nach Carlos Tod, für die Familie als überaus wertvoll erweist. Diese Freundschaft verwenden in späteren Jahren die politischen Gegner der Buonapartes, um der jungen Letizia ein Verhältnis mit dem über 60-jährigen Franzosen anzudichten, ein Vorwurf, der schon aufgrund Letizias strenger Religiosität jeder Grundlage entbehrt.

Tatsächlich spielt die Religion in Letizias Leben eine große Rolle. Das hängt unter anderem mit der damaligen gesellschaftlichen Stellung der Frau auf Korsika zusammen, für die der Kirchgang eine Art Ersatz für den Schulbesuch darstellt. Letizias Bildung ist auch eher gering. So tut sie sich schwer, die französische Sprache zu erlernen, die sie nie fehlerfrei beherrschen wird. Erstaunlich allerdings ist es, dass sich die strenge Gläubigkeit der Mutter nicht auf die Kinder überträgt, deren Verhältnis zur römisch-katholischen Kirche sehr oberflächlich ist. Doch vielleicht ist es gerade der religiöse Eifer Letizias, der sich bei den Kindern ins Gegenteil verkehrt. So lässt es sich Letizia, selbst als sie hochschwanger ist, nicht nehmen, am 15. August 1769 noch der Messe *Mariä Himmelfahrt* beizuwohnen und vor dem Altar niederzuknien. Plötzlich setzen die Wehen ein, und buchstäblich in letzter Minute erreicht Letizia ihr Haus, jedoch nicht mehr das Schlafgemach; im Wohnzimmer wird sie von einem zwar sehr kleinen, aber kräftigen Jungen entbunden, der den Namen *Napoleone* (oder *Nabulione*) erhält.

Insgesamt folgen acht weitere Kinder, von denen sechs überleben: Luciano (1775–1840), Maria Anna (1777–1820), Luigi (1778–1846), Paoletta (1780–1825), Maria Annunziata (1782–1839) und Girolamo (1784–1860). Ihre Erziehung liegt traditionsgemäß allein in den Händen der Mutter, die ein strenges Regiment führt. „Meine Schwiegermutter und mein Mann waren so nachsichtig mit den Kindern", berichtet Letizia später, „dass sie beim leisesten Weinen und Wehklagen herbeiliefen, um sie zu liebkosen. Ich meinerseits war streng oder nachsichtig, wie die Gelegenheit es erforderte." Zur Abhärtung, um Entbehrungen ertragen zu können, schickt sie sie bisweilen ohne Abendessen zu Bett, aber auch als Strafe, wenn eine Tracht Prügel nichts gefruchtet hat. Vor Letzterer sind auch die Heranwachsenden nicht gefeit, eine Erfahrung, die der 17-jährige Napoleone machen muss, der, auf Heimaturlaub in Ajaccio, den Zorn seiner Mutter auf sich zieht, als er sich mit seiner Schwester Paoletta über ihre gichtkranke Großmutter lustig macht. Zwar kann er sich – im Gegensatz zu Paoletta – vorerst durch einen „taktischen Rückzug" retten; am nächsten Tag jedoch lockt ihn Letizia unter einem Vorwand in sein Zimmer, wo sie mit einer Peitsche das Versäumte nachholt.

Besonders achtet Letizia auf Reinlichkeit, was für die damalige Zeit nicht unbedingt der Norm entspricht. Die Kinder müssen sich täglich waschen und die Zähne putzen. Napoleon wird noch in späteren Jahren durch seine gründliche Körperpflege – vor allem sein tägliches Baden – seine Umgebung verwundern.

1782 verlässt Letizia zum ersten Mal Korsika, als sie ihren Mann, der an Magenkrebs leidet, zur Kur nach Frankreich begleitet. Bei dieser Gelegenheit besucht das Paar die beiden ältesten Söhne Giuseppe und Napoleone, den ersten im Priesterseminar von Autun, den zweiten in der Militärschule von Brienne.[3] Doch der Kuraufenthalt auf dem Festland kann Carlos Krankheit nicht heilen; am 24. Februar 1785 erliegt er, erst 39 Jahre alt, in Montpellier seinem Leiden.

Carlos Tod bedeutet einen tiefen Einschnitt in die finanzielle Situation der Familie. Noch zu seinen Lebzeiten ist das Vermögen durch Fehlspekulationen sowie den aufwendigen Lebensstil des Hausherren beträchtlich geschmolzen. Nun jedoch plagen die 34-jährige Witwe trotz mehrerer Grundstücke, die sie ihr Eigen nennt, echte Geldsorgen. Zwar erhält sie von der französischen Krone eine kleine Rente für Carlos geleistete Dienste, doch reicht diese für den großen Haushalt – dem neben den Kindern auch der inzwischen bettlägerige Onkel, Archidiakon Luciano, angehört – nicht aus. Den Schulbesuch ihres Sohnes Luciano in Frankreich sowie Giuseppes Jurastudium in Pisa spart sich Letizia buchstäblich vom Munde ab, auf Haushaltshilfen hat sie längst verzichten müssen. Schließlich sind es der Sold Napoleones sowie Giuseppes zunächst spärliches Einkommen als Anwalt, welche der Familie aus der größten Not helfen; Napoleone nimmt den jungen Luigi mit nach Frankreich, um die Mutter zu entlasten, während ihre Tochter Maria Anna auf Kosten der Krone dort

[3] Nach alter Tradition insbesondere der südeuropäischen Länder schickte man den ältesten Sohn – und Erben des Familienbesitzes – zum Militär, um sich dort zu profilieren, während die nachgeborenen Söhne, die ohnehin nichts erbten, meist die klerikale Laufbahn einschlugen. Bei den Bonapartes verhielt es sich anders. „Giuseppe ist für den Militärdienst ungeeignet", schreibt Napoleon einem Onkel, „seine schwache Gesundheit und die Empfindsamkeit seines Charakters machen ihn unfähig zum Infanterie- oder Pionierdienst. Auch die Artillerie und die Kriegsflotte kommen für ihn nicht in Betracht, weil er nichts von Mathematik versteht. Hingegen befähigt ihn seine ganze Erziehung vorzüglich zum Kleriker." Giuseppe kann sich gegen den zwar jüngeren, aber willensstärkeren Napoleon vorerst nicht durchsetzen und schlägt 1784 die Priesterlaufbahn ein, während Napoleon im gleichen Jahr in Brienne seine Ausbildung zum Artillerieoffizier beginnt. Doch schon nach kurzer Zeit verlässt Giuseppe Autun und wechselt ebenfalls nach Brienne zur Militärschule, bevor er Jurist in Pisa wird.

eine Klosterschule besucht und somit Letizia nicht auf der Tasche liegt. Als 1791 der für seinen Geiz bekannte alte Luciano stirbt, ist die finanzielle Krise vorerst überwunden, da man unter seiner Matratze seine gehorteten Goldstücke findet.

Seit 1789 hat sich auf Korsika zu den traditionellen, untereinander verfehdeten Parteiungen der Separatisten und der Anhänger der Krone Frankreichs eine dritte gesellt, nämlich die der Französischen Revolution, der auch Letizias Söhne Napoleone, Giuseppe und Luciano angehören. Damit geraten sie jedoch in Konflikt mit dem alten Revolutionär und Nationalhelden der Insel, Pasquale Paoli, der 1790 auf ausdrücklichen Wunsch der französischen Nationalversammlung aus seinem englischen Exil zurückkehrt ist und als „General" die Verwaltung Korsikas übernommen hat. Paoli, der die Niederlage von 1769 nie hat verwinden können und zudem von der Entwicklung der Französischen Revolution enttäuscht ist, strebt die Loslösung Korsikas von Frankreich an. Da ihm bewusst ist, dass er dieses Ziel ohne fremde Hilfe nicht erreichen kann, schließt er sogar die Auslieferung seiner Heimat an England, das sich seit 1793 im Kriegszustand mit Frankreich befindet, nicht aus. Somit wandelt sich die anfängliche Begeisterung vor allem Napoleones für den einstigen Mäzen seines Vaters schon bald in Rivalität, ja Feindschaft.

Zur Eskalation kommt es 1793, als Napoleones jüngerer Bruder Luciano, ein überzeugter Jakobiner, in einer eigenmächtigen Aktion in Toulon Anklage gegen Paoli wegen Verrates erhebt – zur Zeit der Schreckensherrschaft der Jakobiner das sichere Todesurteil für den Beschuldigten. Paoli setzt nun das Mittel ein, das auf Korsika eine jahrhundertealte Tradition hat und von ihm selbst einst als „ehrenrührig" unter Strafe gestellt worden ist: die *Vendetta*, die Blutrache. Letizia, so schreibt ihr der General, solle verschont werden, wenn sie sich bis zu einem festgesetzten Termin öffentlich von ihren Söhnen distanziere. „Ich dächte, Paoli sollte mich besser kennen!", antwortet sie dem Überbringer jenes Schreibens und stellt sich hinter ihre Familie. Schließlich muss Letizia nachts mit ihrer Familie fliehen – in ihrer Begleitung sind Luigi,

Maria Anna, Paoletta und Letizias Stiefbruder Joseph Fesch; ihre jüngsten Kinder Maria Annunziata und Girolamo lässt sie bei ihrer Mutter zurück. Unter Führung des Hirten Costa verstecken sich die Buonapartes zunächst in dem fast undurchdringlichen korsischen Buschwald, der *Macchia,* um sich dann zur Küste durchzuschlagen[4]. Mehrfach geraten sie in Lebensgefahr. Am 30. Mai endlich kann sie Napoleone, der im Auftrag der französischen Regierung mit einem kleinen Flottenverband einen – vergeblichen – Handstreich auf Ajaccio unternommen hat, an Bord seiner Schiffe in Sicherheit bringen. Nach einem kurzen Aufenthalt in Calvi, wo man den aus Bastia kommenden Giuseppe sowie die beiden jüngsten Kinder aufnimmt, verlässt die Familie Korsika und erreicht am 11. Juni 1793 Toulon.

Damit beginnt ein neuer Abschnitt in der Biografie der Familienmitglieder, die nun jene französischen Namen annehmen, unter denen sie in die Geschichte eingehen: Aus Giuseppe wird *Joseph*, aus Luigi *Louis*, Napoleone streicht das „e" am Ende, während man Girolamo in *Jérôme* umtauft; Luciano hatte sich schon zuvor in *Lucien*, Maria Anna während ihres Aufenthaltes in der Klosterschule St. Cyr in *Elisa* umbenannt, nun folgt Paoletta, die fortan *Pauline* heißt. Als Letzte nimmt Maria Annunziata 1799 auf Drängen Napoleons einen französischen Namen an, nämlich *Caroline*. Einzig Letizia behält ihre italienische Namensform bis zu ihrem Lebensende bei.[5]

Die Flüchtlinge werden zunächst in Toulon, dann in La Valette, einem kleinen Dorf nahe der Hafenstadt, untergebracht. Doch auch hier kommen sie nicht zur Ruhe, denn im August folgt einem royalistischen Aufstand in Toulon die Einnahme der Stadt durch ein englisches Geschwader. Dass damit ein entscheidender Wendepunkt in ihrem Leben ein-

[4] Napoleon hat dem Hirten Costa die Rettung seiner Familie im Übrigen nie vergessen. Noch auf St. Helena vermacht er ihm testamentarisch 100.000 Francs. Ob Costa sie bekommen bzw. zu diesem Zeitpunkt noch gelebt hat, ist unklar.

[5] Wann die Familie endgültig das „u" aus dem Nachnamen gestrichen hat, ist nicht eindeutig klar. Napoleon jedenfalls nennt sich erst nach der Übertragung des Oberbefehls über die Italienarmee *Bonaparte*, nachdem er zuvor beide Namensformen im unregelmäßigen Wechsel gebraucht hat.

getreten ist – Napoleon wird Befehlshaber der Belagerungsartillerie vor Toulon; nach seinen Plänen wird die Stadt im Dezember 1793 zurückerobert, er selbst zum Brigadegeneral befördert –, kann die Familie zu diesem Zeitpunkt noch nicht ahnen. Man flieht weiter über Nizza nach Marseille, wo Letizia mit den Kindern zunächst in einer Dachgeschoss-, dann in einer Kellerwohnung lebt. Von dort folgen weitere Umzüge, da Letizia sich in der Nähe ihres Sohnes Napoleon, der nacheinander an verschiedenen Fronten eingesetzt wird, aufhalten möchte. So wohnen sie zeitweilig wieder in der Nähe Toulons, später – während seines Dienstes in der Italienarmee – in Antibes, schließlich wieder in Marseille. Den sehr spärlichen Lebensunterhalt für sich und die drei Mädchen kann Letizia durch Napoleons kärglichen Sold sowie Zuwendungen des Wohltätigkeitsbüros in Marseille bestreiten; nach Napoleons Beförderung erhält die Familie, die als *Verfolgte durch die Feinde des Vaterlandes* eingestuft werden, zudem Unterstützung durch den Pariser *Wohlfahrtsausschuss,* das eigentliche Regierungsgremium Robespierres. Alles in allem leben sie jedoch in größter Armut. Ein Umschwung tritt ein, als 1794 Joseph die vermögende Kaufmannstochter Julie Clary heiratet; die finanzielle Misere ist damit überwunden. Am 6. Oktober 1795 (dem 14. Vendémiaire des Jahres III nach dem Revolutionskalender) schließlich erhält Letizia von Napoleon 30.000 Francs zugesandt sowie die Nachricht, dass er am Tag zuvor einen royalistischen Aufstand in Paris niedergeschlagen und dafür neben der Beförderung zum Divisionsgeneral den Ehrentitel *Retter des Vaterlandes* erhalten habe. „Unsere Familie soll von nun an nichts mehr entbehren", verspricht er seiner Mutter. Aus den verarmten korsischen Flüchtlingen ist über Nacht eine der bekanntesten und wohlhabendsten Familien Frankreichs geworden.

Mit ihrer Schwiegertochter Julie, der Ehefrau Josephs, versteht sich Letizia sehr gut, ebenso mit deren Mutter, Madame Clary. Mit Lucien dagegen kommt es zum Konflikt, als er im Mai 1794 die Gastwirtstochter Christine Boyer, eine Analphabetin, heiratet, ohne zuvor seine Mutter und – vor allem – Napoleon als selbst ernanntes Familienoberhaupt zu fragen.

Während jedoch Letizia, die zunächst auch empört ist über Luciens Eigenmächtigkeit, die neue Schwiegertochter schon sehr bald lieb gewinnt, verhärtet sich Napoleons Haltung und lässt die Mutter künftige Konflikte zwischen den ungleichen Brüdern erahnen. Umso verärgerter reagiert sie, als Napoleon selbst sie übergeht und ohne ihr Wissen am 9. März 1796 die sechs Jahre ältere Joséphine Beauharnais heiratet, eine Witwe mit zwei Kindern und – nach Letizias moralischen Maßstäben – skandalösem Vorleben. Sie weigert sich, zu ihrem Sohn nach Paris zu ziehen, und erst auf Napoleons Drängen, der die erzürnte Mutter auf seinem Weg zur Italienarmee, zu deren Oberbefehlshaber er ernannt worden ist, in Marseille besucht, beantwortet sie ein Begrüßungsschreiben Joséphines, das er selbst vorsichtshalber schon vorformuliert hat. Letizias Abneigung gegen die neue Schwiegertochter – die sie im Übrigen bis dahin noch nicht persönlich kennen gelernt hat – beeinflusst schließlich auch ihre Kinder, die der Schwägerin in unverhohlener Feindseligkeit gegenübertreten.

1797 reist Letizia mit Elisa, Caroline und Jérôme nach Mailand. Dort, im Schloss Montebello, erwartet sie Napoleon, der gerade seinen ersten Feldzug mit der Unterwerfung Italiens und dem Sieg über Österreich beendet hat. In Genua, wo Letizia Zwischenstation macht, erlebt sie die Kapitulation eben jener Stadt mit, gegen die ihr Mann jahrelang an der Seite Paolis für die Unabhängigkeit Korsikas gekämpft hat. Letizias Reise durch Italien zu ihrem Sohn gleicht einem Triumphzug, da der Mutter des berühmten Generals Bonaparte in allen Städten und Dörfern große Ehrungen zuteil werden. Den Höhepunkt ihres Besuches in Mailand bildet die Doppelhochzeit ihrer beiden Töchter Elisa und Pauline mit Felix Baciocchi bzw. Victor Emmanuel Leclerc. Dass sie hier zum ersten Mal Joséphine begegnet, trübt allerdings Letizias Freude, zumal ihr durch Pauline, die eine Zeit lang bei der Schwägerin gewohnt hat, deren Untreue und unziemliches Verhältnis mit Hyppolite Charles, einem Offizier und stadtbekannten Gecken (s. S. 140ff.), zu Ohren gekommen ist. Erstaunlicherweise nutzt Letizia dieses Wissen jedoch nicht aus, um den ahnungslosen Napoleon gegen seine Frau aufzubringen.

Noch im gleichen Jahr kehrt sie zurück nach Korsika, das inzwischen wieder von französischen Verbänden eingenommen worden ist. Mit Hilfe von Joseph, Lucien, Elisa und deren Mann Felix sowie ihrer treuen Dienerin Saveria richtet sie die *Casa Buonaparte* wieder her. Das Haus war nach ihrer Flucht von Paolis Anhängern geplündert worden und hatte danach englischen Offizieren als Quartier gedient, darunter auch einem gewissen Hudson Lowe.[6] Im Frühjahr 1799 verlässt sie die Insel jedoch wieder, da eine erneute Einnahme Korsikas durch die Engländer, deren Flotte das Mittelmeer beherrscht, nicht ausgeschlossen ist.

In Paris wohnt sie zunächst bei Joseph und Julie, dann mit ihrem Bruder Fesch in der Rue du Montblanc. In die Tuilerien weigert sie sich zu ziehen, trotz der wiederholten Bitten Napoleons, der inzwischen als Erster Konsul faktisch der Herr Frankreichs ist. 1804 kauft sie Lucien für 600.000 Francs das Hôtel de Brienne in der Rue Saint Dominique ab, wo sie mit Fesch lebt. Ein Jahr später schenkt ihr Napoleon das Schloss Pont-sur-Seine.

In den Jahren nach Napoleons Staatsstreich gilt Letizias Hauptsorge der wachsenden Spannung zwischen dem Ersten Konsul und Lucien. Doch die Eskalation kann auch sie nicht verhindern, als Lucien 1803 nach dem frühen Tod Christines die Witwe Alexandrine Jouberthon heiratet. Napoleon, empört über diese „nicht standesgemäße“ Ehe, verlangt die Scheidung, was Lucien verweigert und ihn schließlich veranlasst, mit seiner Familie nach Italien zu ziehen. Letizia versucht zu vermitteln, wobei sie offen für Lucien Partei ergreift, was wiederum die Eifersucht Napoleons weckt: Sie habe schon immer Lucien bevorzugt, wirft er seiner Mutter vor, die ihm erwidert, sie habe lediglich immer dasjenige ihrer Kinder unterstützt, welches ihrer Hilfe am meisten bedurft habe, und werde das auch weiterhin so halten. Doch im Laufe der Zeit, zumal nach der Kaiserproklamation, ändert Letizia ihre Ansicht. Sie erkennt, dass aus den Bonapartes eine politische

[6] Sir Hudson Lowe wird 1816 Gouverneur von Sankt Helena, wo er den entthronten Napoleon zu überwachen hat.

Familie geworden ist, deren Zusammenhalt sie nun durch Luciens Weigerung, sich dem Kaiser zu beugen, gefährdet sieht. Immer wieder fordert sie ihn schriftlich auf, den Wünschen des älteren Bruders nachzukommen, freilich vergebens.

Im Frühjahr 1804 reist auch sie – in Begleitung Paulines und Feschs – nach Italien, allerdings aus gesundheitlichen Gründen. In Rom, wo sie später auch Lucien trifft, erhält sie sogar auf Betreiben ihres inzwischen zum Kardinal avancierten Bruders eine Audienz bei Papst Pius VII. – für die streng katholische Letizia mit Sicherheit ein Erlebnis ganz besonderer Art. Während ihres Kuraufenthaltes in Lucca erfährt sie durch die Zeitungen, dass am 18. Mai 1804 Napoleon zum *Kaiser der Franzosen* gewählt worden ist. Tief gekränkt darüber, von ihrem Sohn keine persönliche Mitteilung bekommen zu haben, bleibt sie fast das ganze Jahr über in Italien und kehrt erst am 19. Dezember 1804 nach Paris zurück, siebzehn Tage nach der Kaiserkrönung Napoleons und Joséphines in Notre-Dame.[7]

Nachdem alle ihre Kinder – mit Ausnahme Luciens und Jérômes – hoheitliche Titel erhalten haben, fordert Letizia von ihrem Sohn das Gleiche, was Napoleon nicht wenig in Verlegenheit bringt. Der von ihr erstrebte Titel *Kaiserinmutter* scheidet seiner Ansicht nach aus, da dieser traditionell nur der Mutter eines in Purpur geborenen Herrschers zukommt. Als Prinzessin stünde sie rangmäßig auf einer Stufe mit ihren Kindern und Schwiegerkindern, ja zum Teil unter ihnen, da einige von ihnen die Königswürde erlangen. Schließlich ernennt sie Napoleon zur Schutzherrin der Wohltätigkeitseinrichtungen Frankreichs und verleiht ihr den für sie neu geschaffenen Titel *Madame Mère de l'Empereur*, wovon sich in der persönlichen oder schriftlichen Anrede bald *Madame Mère* einbürgert. Ferner erhält sie eine jährliche Apanage von 480.000 Francs sowie ein eigenes Wappen: auf blauem Untergrund ein goldener Adler, der einen Blitz umklammert.

Ihr neuer Titel könnte nicht passender sein, denn obwohl

[7] Was den Maler Jacques-Louis David nicht gehindert hat, Letizia dennoch auf seinem wohl berühmtesten Gemälde – *Le Sacre* – im Hintergrund darzustellen.

sie Napoleon als Kaiser respektiert, legt sie großen Wert auf ihre mütterliche Autorität und den damit verbundenen Rang. Als Einzige der Familie scheut sie sich nicht, dem Sohn die Meinung zu sagen und Kritik zu üben, sofern es sich um private, d.h. familiäre – und nicht politische – Angelegenheiten handelt. „Sie wissen, Sire", erklärt sie ihm einmal, „dass ich Ihnen in der Öffentlichkeit alle schuldige Achtung erweise, da ich Ihre Untertanin bin; aber im Privatleben bin ich Ihre Mutter, und Sie sind mein Sohn, und wenn Sie sagen: ‚Ich wünsche dies!', so darf ich erwidern: ‚Ich wünsche dies nicht!'" Einige halbherzige Bemühungen Napoleons, seine Autorität auch *Madame Mère* gegenüber vollends durchzusetzen, bleiben ohne Erfolg, so etwa, als er von ihr einen Handkuss fordert, was sie zurückweist. „In Wien habe ich immer die Hand des Kaisers geküsst", empört sich daraufhin Marie Louise, die zweite Ehefrau Napoleons, worauf Letizia kühl – und mehr an die Adresse ihres Sohnes gerichtet – erwidert: „Der Kaiser von Österreich ist Ihr Vater, der Kaiser von Frankreich aber ist mein Sohn. Darin liegt der Unterschied!"

Letizia verbringt die kommenden Jahre meist in ihrem Schloss Pont-sur-Seine, zusammen mit ihrem Bruder Fesch, ihrer Dienerin Saveria sowie den Hofdamen Madame Soult, Madame Davout und Madame Junot – alle drei Ehefrauen von Marschällen bzw. Generalen. Hier frönt sie ihrer Leidenschaft, dem *Reversi*-Spiel, oder gibt, was eher selten vorkommt, kleine Gesellschaften. Die allsonntäglichen Familiendiners bei Napoleon und Joséphine dagegen, die der Kaiser zum Zusammenhalt der Familie angeordnet hat, versucht sie zumindest bei Abwesenheit des Sohnes zu umgehen, um nicht der verhassten Schwiegertochter begegnen zu müssen – was ihr so manchen Tadel Napoleons einträgt. Ab 1810 kümmert sie sich um Luciens Tochter Charlotte, die nach einer gewissen Annäherung ihres Vaters und des Kaisers zur Erziehung in Frankreich lebt und bei der Großmutter wohnt.

Letizia hat schon auf Korsika, später dann in Toulon und Marseille aufgrund ihrer finanziellen Situation das Sparen gelernt. Nun, im Wohlstand, artet dies in regelrechten Geiz aus. Sie würde früh schlafen gehen, um die Kerzen zu sparen, berichtet ihre Enkelin Charlotte etwas spöttisch ihrem Vater Lucien. 1806 fordert *Madame Mère* vom Kaiser eine Aufstockung ihrer Rente von immerhin fast einer halben Million Francs, „weniger für meine Person als für Ihre", wie sie ihm schreibt, „da die Mutter Seiner Majestät von den Völkern ebenso geehrt werden muss, wie sie selbst sie ehren und lieben, und sie wissen, wie sehr äußere Pracht in der öffentlichen Meinung den Glanz der Titel und persönlichen Vorzüge erhöht. ... Ich wage es ... Ihnen zu gestehen, dass Sie mich tief beglücken werden, wenn Sie der französischen Nation die Gefühle, die Sie für mich hegen und die bis zu diesem Augenblick nur den Zauber meines privaten Lebens ausgemacht haben, durch einen feierlichen Akt kundgäben und mich dadurch gewissermaßen glorifizierten." Der Akt, der ihr vorschwebt, ist ein Senatsbeschluss, in welchem die Leibrente der Mutter des Kaisers neu festgelegt werden soll. Napoleon versteht den Wink und erhöht ihre Apanage auf eine Million Francs.

Am 14. Dezember 1809 erfüllt sich Letizias sehnlichster Wunsch: Napoleon hat einen Familienrat einberufen, um die Formalitäten seiner Scheidung von Joséphine festzulegen. Doch auch von der neuen Schwiegertochter, der österreichischen Erzherzogin Marie Louise, Tochter des Kaisers Franz, ist *Madame Mère* wenig angetan. Sie erscheint ihr als zu fade und wenig geistreich. Ein so herzliches Verhältnis wie zu Julie, der Frau Josephs, oder Katharina von Württemberg, Jérômes Gattin, kann sie auch zu Napoleons zweiter Ehefrau nicht entwickeln. Stattdessen betrachtet sie, zumal mit fortschreitender Verschlechterung der politischen und militärischen Gesamtlage, die Schwiegertochter mit Misstrauen, woran auch die Geburt eines Sohnes – Napoleon François (1811–1832) – nichts ändert.

Napoleons Siege bei Ulm (1805), Austerlitz (1805), Jena (1806), Friedland (1807) und Wagram (1809) können Letizias Skepsis und düstere Vorahnungen bezüglich der Dauerhaftigkeit des Kaiserreiches nicht beschwichtigen. „Pourvou que cela doure?" – Wie lange noch wird es gut gehen? – pflegt sie in etwas holperigem Französisch sorgenvoll in ihrer vertrauten Umgebung zu äußern. Der Griff nach der Kaiserkrone ist für *Madame Mère* einer der ersten Schritte auf den Abgrund zu, Napoleons fortlaufende Kriege sowie sein Konflikt mit der Kirche, welcher 1809 in der Verhaftung Papst Pius' VII. seinen Höhepunkt findet, tun ihr Übriges, sie pessimistisch zu stimmen. „Jedermann nannte mich die glücklichste Mutter der Welt", schreibt sie später, „während mein Leben eine Folge von Kummer und Qual gewesen ist. Bei jedem ankommenden Boten fürchtete ich immer, er bringe mir die tödliche Nachricht, dass der Kaiser auf dem Schlachtfeld gefallen sei." Ihren Kindern erklärt sie, als diese sie nach dem Grund für ihre übertriebene Sparsamkeit fragen, sie müsse das Geld zusammenhalten, schließlich werde sie einmal lauter mittellose Könige und Prinzessinnen zu versorgen haben.

Am 29. März 1814 werden Letizias Befürchtungen wahr: Vor Paris erscheinen die Heere der gegen Frankreich verbündeten Österreicher, Russen und Preußen. In einem Kronrat unter Leitung Josephs wird die Evakuierung der Kaiserin Marie Louise mit ihrem Sohn und dem Rest der Familie beschlossen. Zusammen mit der Kaiserin, dem jungen Napoleon und Jérômes Ehefrau Katharina verlässt Letizia die Hauptstadt, die einen Tag später kapituliert, und flieht über Versailles, Rambouillet und Chartres nach Blois. Hier erfährt sie von der Abdankung Napoleons in Fontainebleau und dem Ende des Krieges, und hier trennt sie sich von Marie Louise, die lieber zu ihrem Vater reist als zu ihrem Mann. „Ich hoffe, Sie werden mir stets Ihr Wohlwollen bewahren", verabschiedet sie sich von der Schwiegermutter, die eisig erwidert: „Das wird von Ihnen abhängen und von Ihrem zukünftigen Betragen!" Letizias langjähriges Misstrauen erweist sich als begründet, denn weder sie noch Napoleon werden Marie Louise und den jungen Napoleon jemals wiedersehen.

Die Nachricht von Napoleons Abdankung trifft *Madame Mère* weniger hart als der offene Verrat ihrer Tochter Caroline Murat, die mit ihrem Mann, dem König von Neapel, schon im Januar 1814 die Fronten gewechselt hat (s. S. 119ff.) und zu der Letizia den Kontakt abbricht. Letizia – froh, durch das Ende der Kriege nunmehr der ständigen Sorge um Napoleon enthoben zu sein – hofft auf eine friedliche Zukunft im Kreise ihrer Familie, für die sie der Sammelpunkt sein will. Zusammen mit Fesch begibt sie sich nach Rom, wo sie abermals vom gerade aus seiner Gefangenschaft zurückgekehrten Papst Pius VII. empfangen wird und wo Letizia nach zehn Jahren endlich Lucien wiedersieht. Sie ist glücklich, als er sich – wenn auch vorerst nur schriftlich – mit Napoleon aussöhnt; schließlich kommt es auch wieder zu einer Annäherung zwischen ihr und Caroline.

Im August reist *Madame Mère* nach Elba, um mit dem Sohn das Exil zu teilen; im Oktober folgt Pauline, die Lieblingsschwester Napoleons. Dieser hat für seine Mutter in Portoferraio ein Haus neben dem seinen herrichten lassen und ist überglücklich, sie wieder in die Arme schließen zu können. „Man hätte meinen können", berichtet ein Augenzeuge, „ein leidenschaftlicher junger Mann habe nach grausamer Trennung seine Geliebte wiedergefunden – so unbeschreiblich war die Freude, die der Kaiser über die Ankunft seiner Mutter zeigte. Er erteilte Befehle, widerrief sie, sagte einmal ‚ja', dann wieder ‚nein', ohne zu wissen, was er tat."

Auf Elba fühlt sich Letizia wohl, erinnert sie die Insel doch an ihre alte Heimat Korsika – die sie übrigens sogar bei klarer Sicht am Horizont erkennen kann. Zusammen mit Pauline versucht sie, durch Gesellschaften oder Ausflüge dem Sohn das Exil so angenehm wie möglich zu machen. Doch im Laufe der Zeit wächst Napoleons Unruhe, die eines Abends im Februar 1815 ihren Höhepunkt erreicht. Letizia berichtet: „Ich erinnere mich, es war einer der mildesten Frühlingsabende; der Mond schien hell durch die Bäume, der Kaiser war allein und ging schnellen Schrittes durch die Gartenalleen. Plötzlich blieb er stehen, lehnte den Kopf gegen einen Feigenbaum und rief aus: ‚Meiner Mutter muss ich es doch sagen!' Darauf trat ich zu ihm und fragte mit der lebhaftesten Ungeduld: ‚Was ist heute Abend mit dir? Ich sehe, dass du viel stärker als sonst von deinen Gedanken erfüllt bist.' Der Kaiser presste die Hand gegen die Stirn und zögerte einen Augenblick, dann erwiderte er: ‚Ja, ich muss es dir sagen, aber ich verbiete dir, das, was ich dir jetzt anvertraue, irgendeinem Menschen zu wiederholen, nicht einmal Pauline.' Er lächelte, umarmte mich und fuhr fort: ‚Nun wohl, ich muss dir sagen, dass ich von hier fortgehe.' (Letizia): ‚Und wohin?' (Napoleon): ‚Nach Paris.' ... Ich dachte nach und fügte hinzu: ‚Der Himmel wird es nicht zulassen, dass du durch Gift umkommst oder sonst eines unwürdigen Todes stirbst – sondern mit dem Schwert in der Hand. Geh, mein Sohn, erfülle dein Schicksal, du bist nicht geschaffen, auf dieser Insel zu sterben.'"

Am 26. Februar 1815 verlässt Napoleon die Insel Elba, um noch einmal – für hundert Tage – in Frankreich die Herrschaft an sich zu reißen. Letizia, die dem Sohn all ihre Ersparnisse mitgegeben hat, reist kurz nach seiner Abfahrt nach Neapel, wo sie sich mit Caroline endgültig aussöhnt. Dann beginnt eine abenteuerliche Reise in Richtung Frankreich. In ihrer Begleitung befinden sich ihr Bruder Fesch, Jérôme und natürlich Saveria, ihre Dienerin. Trotz der englischen Seeblockade fährt man mit einem Schiff, das jedoch, als britische Fregatten am Horizont auftauchen, eine Zwischenstation einlegen muss: in Bastia auf der Insel Korsika, die Letizia nun zum letzten Mal betritt. Am 22. Mai 1815 landet sie in Frankreich.

In Paris trifft sie neben dem Kaiser auch ihre Schwiegertöchter Julie und Hortense wieder. Zu Letzterer – der Tochter der ihr verhassten, inzwischen jedoch verstorbenen Joséphine – entwickelt *Madame Mère* nun, nach so vielen Jahren, ein gutes Verhältnis, was aus ihrer Dankbarkeit für Hortenses Unterstützung des Kaisers resultiert. Am 11. Juni verabschiedet sie Napoleon, der am Tag darauf zur Armee abreist. Am 21. Juni kehrt er zurück als kranker und geschlagener Mann. Einen Tag später dankt er zum zweiten Male ab, diesmal für immer. Die letzten Tage Napoleons auf französischem Boden verbringt er im Kreis seiner Angehörigen in Malmaison, dem Domizil seiner 1814 verstorbenen, ersten Ehefrau Joséphine. Am 29. Juni 1815 ist es dann so weit: Letizia muss sich von ihrem Sohn verabschieden, der nach Rochefort reist in der Hoffnung, sich dort nach Amerika einschiffen zu können, tatsächlich jedoch von den Engländern, denen er sich ergibt, nach Sankt Helena gebracht wird. Das Lebewohl, das Letizia ihrem Sohn sagt, ist ein endgültiges.

Nach einer Erkrankung verlässt *Madame Mère* zusammen mit Fesch unter dem Schutz österreichischer Kürassiere am 20. Juli Paris. Abermals begibt sie sich nach Rom, wo sie wiederum vom Papst gütig aufgenommen wird und wo sie von Napoleons neuem Verbannungsort erfährt. Mehrere Gesuche, ihm schreiben zu dürfen, werden von den Verbündeten abgelehnt. Stattdessen werden die Bonapartes in Frankreich geächtet, ihr gesamter Besitz konfisziert, die 1814 nach der ersten Abdankung Napoleons gewährten Leibrenten – für Letizia immerhin 300.000 Francs – gestrichen. Nun zahlt sich Letizias eiserne Sparsamkeit aus. In Rom erwirbt sie 1818 den Palazzo Rinuccini, wo sie, inzwischen der Mittelpunkt des öffentlichen Interesses, zahlreiche Besucher, darunter auch angesehene englische und amerikanische Reisende, empfängt.

In den folgenden Jahren lebt Letizia nur im Gedanken an ihren verbannten Sohn. Nachdem ihre schriftlichen Gesuche mit der Bitte um Kontaktaufnahme zu Napoleon von den Siegermächten abgelehnt bzw. gar nicht beantwortet worden sind, verfällt sie schließlich in eine Art religiösen Wahn – angesteckt durch Fesch, der sich nun im Alter selbst einer übersteigerten Frömmigkeit hingibt. Zum Entsetzen ihrer Kinder gerät Letizia sogar vollkommen unter den Einfluss einer „Hellseherin", die, mit einem sicheren Gespür für gute Geschäfte, die alte Frau finanziell ausbeutet. Als die Scharlatanin ihr einredet, sie habe in einer Vision gesehen, dass sich Napoleon nicht mehr auf St. Helena, sondern in Freiheit befinde, verschließt sich Letizia sogar den schriftlichen Bitten General Bertrands, eines der Gefährten Napoleons auf St. Helena, um Entsendung eines guten Arztes für den erkrankten Ex-Kaiser. Sie hält diese Nachricht für ein Täuschungsmanöver des österreichischen Kanzlers Metternich und engagiert lediglich den Quacksalber Antommarchi, der letztlich seinem schlechten Ruf auch gerecht wird, als er die wirkliche Krankheit seines Patienten nicht erkennt und den Beteuerungen Hudson Lowes, des britischen Kommandeurs der Insel, glaubt, dass der Gefangene nur simuliere. Am 5. Mai 1821 erliegt Napoleon seiner Krankheit, die sich nach einer Obduktion als Magenkrebs herausstellt. Von seinem Tod erfährt Letizia erst im Juli 1821. Damit endet auch für sie ein Lebensabschnitt, der mit der Hoffnung auf ein Wiedersehen mit ihrem Sohn, zumindest mit einer möglichen Erleichterung seines Schicksales verbunden gewesen ist. Übrigens wird auch ihre Bitte um Überführung der sterblichen Überreste Napoleons nach Italien abgelehnt.

1820 war bereits ihre Tochter Elisa gestorben; dem Tode Napoleons folgt 1825 der seiner Schwester Pauline; im gleichen Jahr verliert Letizia auch ihre langjährige Dienerin und Vertraute Saveria. 1830 stürzt Letizia unglücklich und zieht sich einen Oberschenkelhalsbruch zu, der sie fortan an den Rollstuhl fesselt. Der graue Star, der sich bei ihr seit den zwanziger Jahren bemerkbar macht, führt schließlich zur fast völligen Erblindung.

Neben einem Teil ihrer eigenen Kinder hat die inzwischen 80-Jährige auch einen Großteil ihrer Enkel überlebt. Nach Napoleons Tod klammert sie sich jedoch an die Hoffnung, wenigstens noch einmal seinen Sohn wiederzusehen, von dem sie glaubt, dass er einmal den Thron seines Vaters besteigen werde. Doch der junge Napoleon François Charles Joseph, wie er mit vollem Namen heißt, wird durch Metternich vollkommen von der Familie Bonaparte isoliert und als österreichischer Prinz, nicht als französischer Thronprätendent erzogen. Kontakte zu den Bonapartes sind ihm ebenso untersagt wie umgekehrt Briefe von diesen an ihn. Zu Weihnachten 1831 erhält Letizia dennoch mit einem kleinen, zu ihr geschmuggelten Porträt des Jungen ein erstes Lebenszeichen von ihrem Enkel und den Beweis, dass er seine Großmutter nicht vergessen hat. Am 21. Juli 1832 empfängt Letizia den Grafen Anton Prokesch von Osten, einen engen Freund ihres Enkels, den sie begierig über dessen Wohlergehen ausfragt. Es ist das erste Mal seit Jahren, dass sie ausgiebige Informationen über ihn erhält. Am Ende der Unterhaltung bittet sie den Grafen um einen letzten Gefallen: „Ihre Gestalt schien zu wachsen", berichtet später Prokesch-Osten, „und eine Aura von majestätischer Würde umgab sie. Ich erriet ihre Absicht und beugte mein Knie. Sie legte mir beide Hände auf' s Haupt, ich fühlte, dass sie zitterten. ‚Da ich nicht zu ihm gelangen kann', sagte sie, ‚möge sich auf Ihr Haupt der Segen seiner Großmutter, die diese Welt bald verlassen wird, herabsenken. Bis zum letzten Augenblick meines Lebens werden ihm meine Gebete, meine Wünsche, meine Tränen gelten. Bringen Sie ihm, was ich Ihnen auf's Haupt gelegt habe und was ich Ihrem Herzen anvertraue.'" Doch Prokesch-Osten kann seine Aufgabe nicht mehr erfüllen, denn zu diesem Zeitpunkt ringt der junge Napoleon bereits mit dem Tode und stirbt am Tag darauf an der Schwindsucht.

Dieser Schicksalsschlag beraubt Letizia ihres letzten Lebensinhaltes. Vier Jahre später, im Januar 1836, erkrankt sie an einer fiebrigen Erkältung, von der sie sich nicht mehr erholt. Am 22. Februar stirbt sie im Alter von 86 Jahren, umgeben von Fesch, ihrem treuesten Gefährten, sowie ihren Söhnen Lucien und Jérôme. Beigesetzt wird sie im *Kloster der Schwestern vom Heiligen Kreuz und vom Leiden Jesu* in der alten Etruskerstadt Tarquinia. 1851 lässt sie ihr Enkel Louis Napoleon, der spätere Kaiser Napoleon III., nach Ajaccio auf Korsika überführen, wohin erst über 100 Jahre später auch die Gebeine ihres Mannes Carlo gebracht werden. Ihre Grabinschrift gibt wieder, als was sie in die Geschichte eingegangen ist: *L.*(etizia) *R.* (amolino) *B.* (uonaparte) – *MATER NAPOLEONIS.*

DIE SCHWESTERN

Elisa Bacciocchi (1777–1820)
Die Semiramis von Lucca

Fürstin von Piombino und Lucca – Großherzogin von Toskana – Gräfin von Compignano

Napoleons älteste Schwester wird am 3. Januar 1777 in Ajaccio geboren und auf den Namen Maria Anna getauft. Sie ist das sechste Kind der Familie Buonaparte.

Nachdem er seine Söhne auf französischen Schulen hat unterbringen können, erhält Carlo Buonaparte (1746–1785) 1782 auch für Maria Anna einen von der Krone finanzierten Freiplatz im Kloster St. Cyr, einer Erziehungsanstalt für die Töchter mittelloser Aristokraten. Dass Carlo dieser Voraussetzung gerecht wird, beweist der Umstand, dass er erst zwei Jahre später die siebenjährige Maria Anna dorthin bringen kann, da ihm das Geld für die Reise fehlt. Im Übrigen ist sein Engagement in dieser Hinsicht insofern bemerkenswert, als der Schulbesuch nach korsischer Tradition ein männliches Vorrecht ist.

In St. Cyr, einer Gründung aus der Zeit Ludwigs XIV., werden die jungen Mädchen auf ein Leben als Ehefrauen hochgestellter Aristokraten vorbereitet. Dazu gehört neben dem Studium der französischen Geschichte und Literatur die Unterweisung in den höfischen Sitten sowie in der Religion. Beim Verlassen der Klosterschule erhalten sie eine Mitgift von 3.000 Francs sowie eine Aussteuer in gleicher Höhe – für so manchen verarmten Adligen ein ungeheurer Anreiz, seine Töchter nach St. Cyr zu schicken. Doch in den Genuss dieser Vergünstigung kommt die Familie Buonaparte nicht mehr. Im August 1792, drei Jahre nach dem Ausbruch der französischen Revolution, verfügt die Nationalversammlung die Schließung aller aristokratischen Schulen. Nach acht Jahren muss Maria

Anna, die inzwischen den Namen Elisa angenommen hat[1], die Erziehungsanstalt verlassen. In Begleitung ihres Bruders Napoleon reist sie zurück nach Korsika.

Die gemeinsame Reise über Paris und Lyon nach Marseille, wo man sich einschifft, prägt das Verhältnis der beiden Geschwister, die sich kaum kennen, nachhaltig. Die selbstbewusste Fünfzehnjährige, mit der gleichen Willensstärke wie Napoleon ausgestattet, stört sich an dem Befehlston und der Bevormundung ihres Bruders, während dem jungen Artilleriehauptmann, den die Ideale der Revolution begeistern, Elisas aristokratisches Gehabe sowie ihre übertriebene Frömmigkeit auf die Nerven fallen. So lässt sie es sich nicht nehmen, in ihrer Schülerinnentracht mit einer Haube auf dem Kopf zu reisen, ein in diesen Tagen nicht ungefährliches Unterfangen, da der Verdacht, ein Vertreter der Kirche oder der Aristokratie zu sein, ausreicht, um am Laternenpfahl zu enden. In Marseille geraten die beiden dann tatsächlich in Bedrängnis, als eine aufgebrachte Volksmenge beim Anblick von Elisas Kleidung mit dem Ruf „Nieder mit den Aristokraten!" ihre Kutsche stürmen will. Napoleon rettet die Situation, indem er seiner Schwester den Kopfputz herunterreißt und ihn mit den Worten „Nicht mehr Aristokraten als Ihr!" in die Menge wirft. Unvergessen bleibt ihm auch ein gemeinsamer Opernbesuch, in den die übereifrig religiöse Schwester nach einigem Drängen Napoleons einwilligt: „Zuerst hielt sie die Augen geschlossen, dann, als ich sie überredet hatte, sie aufzutun, war sie verwirrt, so viel Leute zu sehen. Es war also keineswegs ein Werk des Teufels oder was sonst sie sich vorgestellt hatte."

„Es gab nie Vertrautheit zwischen uns, unsere Charaktere waren zu verschieden", urteilt Napoleon später auf Sankt Helena über sein Verhältnis zu Elisa. Sie gilt als die intelli-

[1] Der Grund für diese Namensänderung ist nicht ganz klar, denn in der Schule selbst ist sie als *Marianne de Buonaparte* eingetragen. Möglicherweise erscheint ihr jedoch der adlige Modename *Elisa* vornehmer und soll ihre aristokratische Abstammung stärker betonen. Im Übrigen ist Elisa die Erste der Familie Buonaparte, die einen neuen, französischen Namen annimmt; alle anderen folgen ihr erst 1793 nach ihrer Vertreibung von Korsika.

genteste und begabteste Schwester Napoleons, die jedoch wie der Bruder auch zur Herrschsucht neigt. Als Einziges der drei Mädchen hat sie eine Schulbildung genossen, was sie deutlich von den Schwestern abhebt, für Napoleon jedoch, der für gebildete Frauen wenig übrig hat, ein weiterer Stein des Anstoßes sein mag.

Auf Korsika hat es Elisa schwer, sich in die Familie und das Leben auf der Insel einzufinden. Erzogen als französische Dame, soll sie nun wieder die traditionelle korsische Frauenrolle übernehmen und im Waschen, Putzen und Nähen ihre Erfüllung finden. Vor allem vermisst sie die geistige Herausforderung, das Gespräch über Literatur und Philosophie. Einzig ihr Bruder Lucien (1775–1840), der sich selbst literarisch betätigt, bringt ihr Verständnis entgegen, und zwischen beiden entwickelt sich ein sehr enges Verhältnis, was wiederum die Kluft zwischen ihr und Napoleon – mit dem Lucien in ständigem Streit liegt – nur vergrößert. Dass Elisa, die überzeugte Aristokratin, politisch einem völlig anderem Lager angehört als Lucien, der mit den radikalen Jakobinern symphatisiert, tut ihrem herzlichen Einvernehmen keinen Abbruch. Doch 1793 verlässt der Bruder die Insel, um in Toulon eine Stelle im örtlichen Jakobinerklub anzutreten, sodass Elisa mit ihren Neigungen wieder alleine ist.

Aber auch ihre Mutter ist unzufrieden. Nach dem Tod ihres Mannes 1785 steht die Familie vor ernsten finanziellen Problemen. Somit hofft Letizia auf eine baldige Eheschließung ihrer ältesten Tochter, um den eigenen Haushalt – sie hat drei unmündige Kinder zu ernähren, nämlich Pauline, Caroline und Jérôme – zu entlasten. Doch ernsthafte Bewerber stellen sich nicht ein, was nicht zuletzt an Elisas unvorteilhaftem Äußeren liegt. Ihre Gestalt ist hager, fast knochig, das Gesicht mit den eher männlich-herben Zügen durch auffallend dicke Lippen geprägt. Hinzu kommen ihre im Verhältnis zum Körper unverhältnismäßig langen Arme. In späteren Jahren, etwa ab 1812, verliert sie zudem ihre Haare, sodass sie gezwungen ist, Perücken zu tragen. Elisas kühles, zum Teil arrogantes Wesen tut ein Übriges, sie unattraktiv erscheinen zu lassen. Brautwerber im Hause Buonaparte fühlen sich daher von der überragenden Schönheit der jüngeren Schwester Pauline mehr angezogen als von der Intelligenz und der Bildung Elisas. Auch die Hoffnung auf eine Verbindung mit Admiral François Truguet, der im Dezember 1792 mit seinem Mittelmeergeschwader im Hafen von Ajaccio vor Anker geht und als Gast bei den Buonapartes wohnt, erfüllt sich nicht: Zwar zeigt der Admiral ein echtes Interesse an der ältesten Tochter seiner Gastgeber und flirtet ausgiebig mit ihr, doch im Januar des folgenden Jahres setzt er wieder die Segel, ohne um Elisas Hand angehalten zu haben.[2]

Die Vertreibung der Familie von Korsika, ihre notdürftigen Unterkünfte zunächst in Toulon, später dann in La Valette, Nizza und Marseille sowie die Schreckensherrschaft der Jakobiner 1793/94 vertiefen in Elisa ihre aristokratische Gesinnung und ihre Abneigung gegenüber der Revolution. Das hindert sie jedoch nicht, in Marseille zusammen mit Pauline ein recht ausgelassenes Leben zu führen und nach Herzenslust mit den jungen Männern der Umgebung, insbesondere mit den Stabsoffizieren Napoleons zu flirten, was die beiden Schwestern bald in Verruf bringt. Ihre einst so strenge Frömmigkeit gehört der Vergangenheit an. Doch auch hier in Frankreich findet sich zunächst kein Bewerber um Elisas Hand, während Pauline eifrig Heiratspläne mit dem Kriegskommissar Fréron schmiedet – und ihre Liebesbriefe an den Auserwählten von der literarisch begabten, älteren Schwester verfassen lässt. Schließlich erhält Elisa doch einen Antrag, und am 1. Mai 1797 heiratet sie ohne Wissen Napoleons Felix Pascal Bacciocchi.

Von den Schwägern Napoleons ist Felix Bacciocchi, ein korsischer Emigrant wie die Bonapartes auch und mit diesen entfernt verwandt, zweifelsohne der unbedeutendste. 1762 in Ajaccio geboren, ist er von Beruf Offizier im Range eines Hauptmanns; seine große Leidenschaft jedoch gilt dem Gei-

[2] Der Grund seines Aufenthalts auf Korsika ist die Vorbereitung der französisch-korsischen Expedition gegen die Insel Maddalena. Für Napoleon, der daran teilnimmt, ist es das erste militärische Unternehmen; es endet mit einem Misserfolg.

genspiel. Nach seiner Flucht von Korsika im März 1794 wohnt er zeitweise im Haus der Bonapartes in Marseille, wo er seine künftige Frau kennen lernt und sich in sie verliebt. Bacciocchi wird sowohl im Leben als auch in der Ehe buchstäblich die zweite Geige spielen, denn dem herrischen Wesen Elisas hat er nichts entgegenzusetzen. Die neue Verwandschaft fördert natürlich seine Karriere: Bis zum Ende des Kaiserreiches bekleidet er den Rang eines Brigadegenerals und wird zudem Mitglied des Senats. Allerdings dürfen diese Titel nicht darüber hinwegtäuschen, dass Bacciocchi nie – weder militärisch noch politisch – irgendeine Bedeutung erlangt. Und auch als Fürst, zu dem ihn Napoleon schließlich erhebt, bleibt er ohne Einflussnahme, da Elisa das Zepter in der Hand hält. 1841 stirbt er, von der Welt vergessen, im Alter von 79 Jahren in Bologna.

Als Napoleon von der Heirat erfährt, ist er wenig begeistert, da Bacciocchi weder Geld noch Ansehen in die Familie einbringt. Dass er erst nachträglich von der Ziviltrauung der Schwester unterrichtet wird, ist auf Letizia zurückzuführen, die sich so für Napoleons heimliche Eheschließung mit Joséphine Beauharnais revanchiert. Doch der siegreiche General, der soeben Norditalien erobert und Österreich geschlagen hat, vermeidet einen Eklat und lädt im Gegenteil die Familie nach Mailand ein, wo er im Schloss Montebello sein Hauptquartier aufgeschlagen hat. Hier findet am 14. Juni 1797 in der Kapelle San Francesco die kirchliche Trauung sowohl Elisas mit Felix als auch Paulines mit General Victor Emmanuel Leclerc statt – die Ehe mit Fréron hatte Napoleon seiner Lieblingsschwester Pauline kategorisch verboten.

Im Anschluss an ihre Italienreise begleiten Elisa und ihr Mann Letizia nach Korsika. Felix ist dort – natürlich auf Betreiben seines einflussreichen Schwagers – zum Kommandanten der Festung von Ajaccio ernannt worden, während Letizia das von Paolis Anhängern geplünderte Familienhaus wieder herrichten möchte. Doch die zweite Rückkehr auf die Heimatinsel befriedigt die ehemalige Schülerin von St. Cyr ebenso wenig wie die erste fünf Jahre zuvor; sie sehnt sich nach dem kulturellen Leben in Frankreich. Im Juni 1798 ist sie wieder in Marseille, wo ihr Mann das Kommando über die Festung Saint Nicolas übernommen hat und wo Elisa ihr erstes Kind, Felix Napoleon, zur Welt bringt, das jedoch schon sieben Monate später stirbt. Ende 1799 erreicht sie Felix' Beförderung zum Generaladjutanten der 17. Militärdivision in Paris, wohin die Bacciocchis nun ziehen.

In der Hauptstadt kann sich Elisa endlich ihren kulturellen Neigungen hingeben. Zusammen mit Lucien eröffnet sie einen literarischen Salon. Künstler, Schriftsteller und Gelehrte sind gern gesehene Gäste, die wiederum das geistreiche Gespräch mit dem Geschwisterpaar des Ersten Konsuls suchen. Zu den bekanntesten gehören Chateaubriand, David, Gros und Fontaine. Elisas Favorit ist der Dichter Louis Fontanes, mit dem sie sogar ein Verhältnis eingeht. Bald schon kommt es jedoch zu Konflikten mit Lucien, da Elisa vor allem Royalisten bevorzugt, was den einstigen Jakobiner natürlich stört, zumal die Treffen in seinem Haus in der Rue St. Dominique, später in Plessis-Chaumant stattfinden. Auch ihre Angewohnheit, schonungslose Kritik zu üben, missfällt dem Bruder. „Elisa ist unter die Gelehrten gegangen", schreibt Lucien 1801, „aus ihrem Salon hat sie einen Gerichtshof gemacht, vor dem die Schriftsteller erscheinen, um sich aburteilen zu lassen." Den Zorn des Ersten Konsuls Napoleon zieht Elisa auf sich, als sie – von ihren trotz Unterrichts eher dürftigen schauspielerischen Fähigkeiten überzeugt – in äußerst gewagten Kleidern vor ihren Gästen auf der Bühne auftritt.

Luciens Versetzung nach Spanien – er wird Botschafter in Madrid – trifft Elisa dennoch härter als die ihres Mannes, der seinen Schwager begleitet. Unter Tränen interveniert sie sogar bei der ihr verhassten Joséphine, um den Bruder – nicht Felix – in Paris halten zu können, doch vergeblich. Zu diesem Zeitpunkt ist Elisas Ehe schon sehr brüchig, beide Eheleute suchen Trost in den Armen anderer. Da Luciens Frau Christine 1800 verstoben ist, zieht Elisa zunächst in das Haus des Bruders, um dessen Kinder zu versorgen. Doch ihre Gesundheit beginnt sich zu verschlechtern, sie leidet unter Magenbeschwerden und Rheumatismus, was auch ihre häufigen Badekuren nicht zu lindern vermögen. 1803 erwirbt Elisa das Hôtel

Maurepas in Paris; es ist der erste eigene Besitz der Bacciocchis. Im gleichen Jahr bringt sie ihr zweites Kind zur Welt, das jedoch wie das erste früh stirbt.

Unter dem Bruch Napoleons mit Lucien 1803/04 (s. S. 39f.) leidet Elisa neben ihrer Mutter am meisten, zumal Lucien, der sich weigert, seinem Bruder Folge zu leisten und sich von seiner neuen Frau Alexandrine Jouberthon zu trennen, die Konsequenzen zieht und Frankreich verlässt. Wie Letizia auch stellt sich Elisa zunächst auf die Seite Luciens, was bei Napoleon freilich wenig Eindruck macht. Doch schon drei Jahre später ändert sie ihre Meinung; die Bonapartes seien eine politische Familie, so schreibt sie Lucien nach Italien, die zusammenhalten müsse und dem Kaiser zu Dank verpflichtet sei für ihren Aufstieg. Ihre abschließende Aufforderung, sich von Alexandrine zu trennen, verübelt ihr Lucien derart, dass er den Kontakt vorläufig abbricht.

Am 18. Mai 1804 erhebt der französische Senat den Ersten Konsul Napoleon Bonaparte zum *Kaiser der Franzosen*. Doch die Freude des Tages ist nicht ungetrübt: Schon beim Bankett am Abend, zu dem Napoleon die Familie eingeladen hat, kommt es zum Konflikt, als Elisa und Caroline – nicht zu Unrecht – gegen die Zurücksetzung durch ihren Bruder protestieren. Der nämlich verweigert den Schwestern den Titel einer *Kaiserlichen Hoheit*. Während die Brüder zu Prinzen aufsteigen und ihre Frauen somit Anspruch auf den hoheitlichen Rang erlangen, sollen Elisa und Caroline weiterhin als Madame Bacciocchi bzw. Madame Murat bei Hofe auftreten.[3] „Man könnte meinen, ich habe sie um das königliche Erbe unseres Vaters betrogen", beschwert sich Napoleon später bei Joseph, gibt dann aber doch ihrem Drängen nach. Unerschütterlich bleibt er jedoch bei seiner Forderung, die einen neuen Sturm der Entrüstung auslöst, dass nämlich seine Schwestern

[3] Napoleons Schwester Pauline ist von dem Konflikt weniger betroffen als Elisa und Caroline, da sie durch ihre Ehe mit Camillo Borghese als Fürstin sogar über den meisten Familienmitgliedern rangiert. Im Übrigen ist sie bei dem Bankett nicht anwesend, sondern befindet sich zu diesem Zeitpunkt mit ihrem Mann und ihrer Mutter in dem italienischen Kurort Lucca, wo sie alle drei von der Kaiserproklamation aus der Zeitung erfahren.

bei der am 2. Dezember 1804 stattfindenden Krönungszeremonie in Notre-Dame die Schleppe Joséphines tragen sollen. Diese rächen sich auf ihre Weise, indem sie die verhasste Schwägerin während der Prozession durch einen abgestimmten Ruck beinahe zu Fall bringen.

Welche Wertschätzung Napoleon seiner ältesten Schwester trotz ihres kühlen Verhältnisses entgegenbringt, wird deutlich, als er Elisa am 18. März 1805 durch Senatsbeschluss das Fürstentum Piombino in Italien überträgt. Abgesehen davon, dass sie von den Geschwistern somit die Erste ist, die ein eigenes, souveränes Staatsgebiet erhält, ist der Beschluss insofern bemerkenswert, als sie und nicht ihr Mann die Regentschaft führt. Zwar wird auch Felix in den Fürstenstand erhoben und regiert als *Felix I.* neben seiner Frau, doch die Staatsgeschäfte leitet Elisa – ein Zustand, mit dem sich der ohnehin schwache und ehrgeizlose Charakter Bacciocchis aber leicht abfindet. Seine Funktion beschränkt sich in den folgenden Jahren auf das Abhalten von Paraden, eine Beschäftigung, der er jedoch nicht immer ungestört nachgehen kann, da seine Frau mitunter selbst in Husarenuniform die Reihen der Soldaten abreitet.

Dass Piombino, in der Toskana gegenüber der Insel Elba gelegen, ein Zwergstaat mit nur einigen tausend Einwohnern ist, stört Elisa wenig. Sie ist klug genug, insbesondere die wirtschaftliche Bedeutung des an Bodenschätzen reichen Landes zu erkennen. Vor allem aber ist sie sich bewusst, dass ihre Regentschaft in den Augen Napoleons eine Bewährungsprobe ist, aus der weiterer Gebietszuwachs entstehen kann – was auch wenige Monate später geschieht, als ihr zusätzlich die ehemalige Adelsrepublik Lucca mit etwa 150.000 Einwohnern zufällt. Tatsächlich erweist sie sich als geschickte und fähige Regentin, die ihrem Land eine nicht geahnte Blütezeit beschert. Elisa lässt Brücken und Straßen bauen, die Sümpfe in Piombino trockenlegen, verstärkt die Befestigungen im Land, verbessert die Hafenanlagen und fördert das Entstehen neuer Wirtschaftszweige, darunter Gerbereien, Raffinerien sowie zahlreiche Seiden- und Seifenfabriken. Die Rechtsprechung wird modernisiert und durch Einführung des *Code Napoléon* Frankreich angepasst. Als ihr Napoleon auch kurzzeitig das Gebiet von Carrara mit seinen marmorhaltigen Steinbrüchen überträgt, beweist die Fürstin ihr Gespür für einträgliche Geschäfte, denn sie lässt massenweise Marmorbüsten des Kaisers anfertigen, die – vor allem natürlich in den von Frankreich kontrollierten oder abhängigen Staaten Europas – reißenden Absatz finden.

Auch kulturell blüht das Land auf. Elisa gründet neben zwei Bibliotheken eine medizinische Akademie sowie an den Universitäten Lehrstühle für französisches Recht und französische Geschichte. Ferner eröffnet sie eine Gemeinschaftsschule für Jungen und Mädchen sowie ein nach ihr selbst benanntes Institut für Mädchen aus vornehmen Familien – vermutlich eine Reminiszenz an ihre alte Klosterschule St. Cyr. Der Erwerb Carraras inspiriert sie zudem zur Stiftung einer Bildhauerakademie. Ihr Hof in der Hauptstadt Lucca wird zum Zentrum insbesondere der musikalischen Kultur, die Elisa nach Kräften fördert. Zu ihren Gästen gehören Gaspare Spontini, der der Fürstin die Oper *La Vestale* widmet, Giovanni Pacini, der ihr Hofkapellmeister und ab 1820 der Liebhaber ihrer Schwester Pauline wird, sowie der junge Violinvirtuose Niccolò Paganini, mit dem Elisa ein Verhältnis hat – und den sie eigenartigerweise zum Hauptmann ihrer Leibwache ernennt.

Daneben genießen auch Christian Friedrich Tieck und Christian Daniel Rauch, Bartolini und Antonio Canova Elisas Gastfreundschaft. Die Fürstin selbst führt bei verschiedenen gelehrten Gesellschaften den Vorsitz und stiftet hoch dotierte literarische und kulturelle Preise.

Auch der Luxus kommt nicht zu kurz. Elisa lässt ihre Paläste in Piombino, Lucca, Massa und Viareggio, wo sie rauschende Feste feiert, reich ausstatten. Ihr Lieblingssitz wird das Landschloss Marli außerhalb Luccas, Elisas schönster Besitz, zu dem neben einem groß angelegten englischen Garten ein eigenes Freilichttheater gehört. Ihrer Leidenschaft für das Theater kann die Fürstin hier in ihrem eigenen Reich ungestört frönen, nicht selten spielt sie selbst die Hauptrolle, vor allem die *Phaedra* in Racines gleichnamiger Tragödie. Trotz dieser Vergnügungen achtet die Fürstin jedoch peinlich genau auf die Etikette, welche an ihrem Hof zu den strengsten Europas zählt.

Dass Elisa trotz ihres recht ausschweifenden Lebensstils sich finanziell zunächst behaupten kann, liegt an dem unermüdlichen Arbeitseifer der Fürstin, deren persönliches Regiment sie kaum zur Ruhe kommen lässt und ihr die Hochachtung Napoleons einträgt. „Mein bester Minister ist die Fürstin von Lucca", erklärt der Kaiser seiner Umgebung. Schon bald gilt sie als die *Semiramis von Lucca*, eine Bezeichnung, die vermutlich auf Talleyrand zurückgeht.[4] 1809 belohnt Napoleon seine Schwester, indem er sie – jedoch nicht Felix – nach einigen Bitten ihrerseits um Gebietserweiterung zur Großherzogin der Toskana ernennt.

Damit jedoch tut er ihr keinen wirklichen Gefallen. Im Gegensatz zu den eigenständigen Zwergstaaten Piombino und Lucca ist die Toskana eine französische Provinz[5], was Elisas Unabhängigkeit einschränkt und sie eigentlich nur zu einer Gouverneurin macht. Dass die Großherzogin das anfangs nicht erkennt, beweisen die Konflikte mit Napoleon, der sie klar in ihre Schranken verweist: „Sie haben wohl das Recht, sich an mich zu wenden, wenn sie gegen die Entscheidungen meiner Minister Verwahrung einlegen wollen, aber Sie haben kein Recht, deren Ausführungen auf irgendeine Weise zu verhindern. Die Minister handeln in meinem Namen. ... Sie sind Untertanin und wie alle Franzosen gezwungen, den Befehlen der Minister zu gehorchen. Ein Haftbefehl von Seiten des Polizeiministers kann sie ebenso gut treffen wie irgendeinen anderen; ..." Auch fühlt Elisa sich in ihrer neuen Residenzstadt

[4] Talleyrands im Übrigen eher spöttische Bezeichnung bezieht sich auf die sagenhafte Königin Semiramis, die der Legende nach im 9./8. Jahrhundert vor Christus über das Reich von Babylon herrschte. Von großer Anmut und Klugheit, verhalf sie trotz ihres ausschweifenden Lebensstils dem Land zu einer Hochblüte. Selbst als Feldherrin soll Semiramis hervorgetreten sein. Ihre *Hängenden Gärten* in Babylon gehörten zu den sieben Weltwundern.

[5] Die Provinz Toskana umfasst einen Großteil des ehemaligen Königreichs Etrurien, das Napoleon 1802 erschaffen und zu dessen Königin er die spanische Prinzessin Marie Louise gemacht hat. Deren Missachtung der Kontinentalsperre veranlasst 1808 den Kaiser zu ihrer Absetzung und zur Auflösung des Staates. Die nicht zum Großherzogtum Toskana gehörenden Territorien werden überwiegend von Frankreich annektiert.

Florenz, wo sie – getrennt von ihrem Mann – im Pallazzo Pitti wohnt, sehr unwohl. Schuld daran ist die ablehnende Haltung der Bevölkerung und der toskanischen Aristokratie, welche dem bonapartistischen System skeptisch gegenüberstehen. Ihre Symphatie verliert Elisa endgültig, als sie in den Konflikt ihres Bruders mit dem Papst hineingezogen wird und auf Anweisung Napoleons 1811 die Güter und Klöster des Klerus beschlagnahmt, um den Geldforderungen aus Paris gerecht zu werden. Die Staatsraison siegt hier über Elisas einstige Frömmigkeit, welche jedoch der ehemaligen Klosterschülerin ohnehin nur noch in schwacher Erinnerung ist.

Am 3. Juni 1806 hatte Elisa eine Tochter zur Welt gebracht, die auf den Namen *Napoleone Elisa* (1806–1869) getauft wurde. Als sie 1810 nach Paris reist, ist sie abermals schwanger. Der Grund für die Fahrt ist Napoleons Hochzeit mit Marie Louise, der Tochter des Kaisers von Österreich. Wieder muss Elisa zusammen mit ihrer Schwester Pauline[6] die Schleppe der neuen Kaiserin tragen, was ihr diesmal allerdings leichter fällt, da sie sich mit der Schwägerin gut versteht – was ihr auch Napoleon wieder näher bringt. „Die Großherzogin von Toskana ist sehr klug", berichtet Marie Louise ihrem Vater nach Wien, „sie ist hässlich, aber sie hat eine dreijährige Tochter, die das schönste Kind ist, das ich je gesehen habe." Im Juli wird Elisa von einem Jungen entbunden, der den Namen *Jérôme Charles* erhält und bereits im Jahr darauf stirbt. Das sich kurzzeitig erwärmende Verhältnis zu Napoleon trübt sich wieder, als sie im September gegen den Willen des Bruders Paris verlässt und zurück nach Florenz reist. Es ist ihr letzter Besuch in der französischen Hauptstadt. Im gleichen Jahr verliert sie ihre Hoheitsrechte über Carrara und die Insel Elba, die der Kaiser dem Königreich Italien angliedert und auf deren Einkünfte sie nun verzichten muss.

Die Auswirkungen der napoleonischen Europapolitik sowie die militärischen Niederlagen in Russland verschonen auch Elisas Herzog- und Fürstentümer in Italien nicht. Die Kontinentalsperre, die die Wirtschaft fast des gesamten Kontinents

[6] Caroline, selbst in anderen Umständen, ist diesmal von der Aufgabe befreit, da sie Marie Louise aus Brünn abgeholt und nach Paris begleitet hat.

lahm legt, fordert von ihren Staaten ihren Tribut, so dass schon bald die Arbeitslosigkeit um sich greift und die bonapartistische Herrschaft weiter diskreditiert. Nach dem Untergang der *Grande Armée* 1812 kann die Fürstin die von ihr bislang weitestgehend vermiedenen Rekrutierungen im Land nicht mehr verhindern. Napoleons Niederlage bei Leipzig im Oktober 1813 schließlich zerstört alle Illusionen über den Fortgang des Krieges.

Einer der Ersten, der die Konsequenzen zieht, ist Elisas Schwager Murat, der König von Neapel und Carolines Ehemann. Auf Anraten seiner Frau tritt er in Verhandlungen mit den Alliierten, um seinen eigenen Thron zu retten, und schließt Anfang 1814 mit diesen ein Bündnis. Das wiederum bringt Elisa in eine prekäre Lage, da sie – selbst ohne eigene Streitkräfte – zwischen Murat und Eugène Beauharnais, dem Vizekönig von Italien, eingeschlossen und auf deren militärische Unterstützung angewiesen ist. „Soll Dich der König (von Neapel; Anm. d. Verf.) einkerkern oder gar töten – aber lasse Dich unter keinen Umständen zu einer Verletzung Deiner Pflicht gegen die Nation verleiten!", schreibt ihr Napoleon, was für Elisa nur ein schwacher Trost ist. Tatsächlich schwankt die Fürstin zwischen ihrer Treue zum Bruder im fernen Paris und einem Bündnis mit Murat, dessen Truppen an ihren Grenzen aufmarschieren. Der König selbst macht ihr verschiedene Angebote, die anzunehmen ihr Fouché, Napoleons ehemaliger Polizeiminister, dringend rät.

Fouchés Anwesenheit auf der Apenninhalbinsel ist natürlich kein Zufall. Im Auftrag Napoleons soll er einen möglichen Frontwechsel des Königs von Neapel verhindern. Allerdings erweist sich die Entsendung des intriganten Ex-Ministers als ein schwerer Fehler, denn Fouché, seit spätestens 1808 zusammen mit Talleyrand einer der gefährlichsten Gegenspieler des Kaisers, rät Murat zum Abfall und reist weiter nach Florenz, um auch Elisa dahin gehend zu beinflussen. In seinen Memoiren beschreibt er die Zustände an ihrem Hof im Jahr 1814: „Während diese Ereignisse vor sich gingen [gemeint sind die Verhandlungen mit den Österreichern; Anm. d. Verf.], traf ich am Hofe der Großherzogin von Toskana ein, die mich ganz vorzüglich aufnahm. Ich fand in ihr eine sehr eigenartige Frau, die ich diesmal Zeit hatte, gründlich zu studieren. Elisa war weder schön noch reizvoll, doch nicht ohne Geist. Die ersten Aufwallungen ihres Herzens waren immer gut, aber ein unheilbarer Mangel an Urteilskraft und ihre Neigung zu einem ausschweifenden Leben stürzten sie in Verirrungen und Tollheiten. Sie hatte eine förmliche Manie, alle Gewohnheiten ihres Bruders nachzuahmen, wie z. Bsp. sein barsches Wesen, den gesuchten Aufwand des Hofes sowie den ganzen militärischen Apparat. Dabei vernachlässigte sie die Künste, ja sogar die Wissenschaften, zu deren Beschützerin sie sich doch einst aus Vorliebe gemacht hatte. In einem Lande, wo der Ackerbau und der Handel so außerordentlich geblüht hatten, beschäftigte sie sich mit nichts anderem, als sich einen glänzenden, servilen Hof zu bilden, Bataillone aus Konskribierten zusammenzustellen und Generale ein- und abzusetzen. Mit einem Wort: Elisa war gefürchtet, aber nicht beliebt." Dieses vermutlich sehr überzogene Bild Fouchés von Elisa hindert ihn nicht, mit der Großfürstin eine enge Freundschaft zu schließen, die ihm später – nach seiner eigenen Verbannung aus Frankreich – von großem Nutzen sein wird.

Dass sich die Fürstin schließlich unter Fouchés Einfluss von Frankreich lossagt, kann die sich überschlagenden Ereignisse nicht mehr aufhalten. Im März besetzen Murats Armeen die Toskana, und Elisa flieht unter Schmähungen des Volkes aus Florenz nach Lucca, wo sie hofft, ihre Regentschaft aufrechterhalten zu können. Doch diese Hoffnungen werden zunichte gemacht, als englische Truppen unter Sir William Bentinck auf Lucca marschieren und die Italiener zum Aufstand gegen Elisa aufrufen. Als der englische General Verhandlungen mit Elisa ablehnt, flieht die wieder schwangere Fürstin zunächst nach Genua, wo sich ihr Felix anschließt, dann nach Montpellier, das sie jedoch wegen royalistischer Unruhen schon bald wieder verlassen muss. In Marseille findet ihre Flucht vorerst ein Ende. Inzwischen hat Napoleon dem Thron entsagt, das Kaiserreich gehört der Vergangenheit an.

Dem Bruder ins Exil zu folgen, kommt für Elisa, die ihm viel verdankt, nicht in Frage. „Niemals werde ich mich auf der

Insel Elba niederlassen", schreibt sie ihrem Freund Fouché. Stattdessen setzt sie sich für die Rückgabe ihrer von den Alliierten widerrechtlich konfiszierten Besitztümer ein, deren Unantastbarkeit im Vertrag von Fontainebleau garantiert worden war.[7] Sie reist sogar trotz Schwangerschaft nach Wien, um vor Kaiser Franz ihre Interessen zu vertreten, jedoch vergeblich. Erst im Dezember erhält sie ihr Privatvermögen zurück, nicht jedoch ihre Grundstücke, geschweige denn das von ihr erhoffte Herzogtum Piombino. Zu diesem Zeitpunkt leben die Bacciocchis in Bologna[8] unter strenger Aufsicht der österreichischen Behörden, nachdem Elisa, die sich nach einer ihrer Besitzungen *Gräfin von Compignano* nennt, zunächst ohne ihren Mann Zuflucht bei Jérôme in Graz und schließlich in Triest gesucht hat. Ihr Ersuchen, in der Toskana leben zu dürfen, wird von den Österreichern abgelehnt. Im August 1814 wird auf der Reise nach Bologna Elisas Sohn Frédéric Napoleon geboren.

Im März 1815, als Napoleon nach Frankreich zurückkehrt und erneut die Macht ergreift, wird Elisa zusammen mit ihrer Tochter Napoleone kurz vor dem Einzug des Bruders in Paris von der österreichischen Polizei verhaftet und auf der Festung Brünn interniert. Erst im Februar 1816, acht Monate nach der zweiten Abdankung Napoleons, wird sie entlassen und erhält die Genehmigung, sich mit der Familie in Triest niederzulassen. Nach wie vor überwacht die österreichische Polizei die Comtesse de Compignano, die sich durch den Kontakt zu ihrem Bruder Jérôme weiterhin verdächtig macht, vermutet man doch ein Komplott der Bonapartes zur Befreiung Napoleons von St. Helena. Doch Elisa verschwendet kaum einen Gedanken an ihren Bruder im Exil, dem sie die Schuld am Unglück der Familie gibt. Stattdessen hält sie weiterhin „Hof" wie zu Zeiten ihrer Herrschaft in Lucca und empfängt ehe-

[7] Der Vertrag vom 11. April 1814 sicherte den Bonapartes ihre gesamten Besitztümer zu und legte eine Leibrente für jedes Familienmitglied – auch für Napoleon auf Elba – fest. Die Nichteinhaltung dieser Vereinbarung durch die Bourbonen spielt eine nicht unwesentliche Rolle bei Napoleons Entschluss, nach Frankreich zurückzukehren.

[8] Bologna gehört ebenso wie Triest zu diesem Zeitpunkt zu Österreich.

mals hochrangige Franzosen, darunter den einstigen Außenminister Maret, Napoleons Polizeichef Savary sowie natürlich dessen Amtsvorgänger Fouché.

Dank ihres Vermögens betätigt sich die Gräfin von Compignano weiterhin als Mäzenin. Vermutlich inspiriert durch ihren Bruder Lucien[9], ist es diesmal die Archäologie, die sie finanziell fördert, hier insbesondere die Grabungsarbeiten im illyrischen Aquileia. Sehr wahrscheinlich bei der Besichtigung dieser Ausgrabungsstellen zieht sich Elisa, die ohnehin von schwächlicher Konstitution ist und an permanenten Magenbeschwerden leidet, eine Malariainfektion zu, der sie am 7. August 1820 im Alter von 43 Jahren in Bologna erliegt. Von der Familie ist außer ihrem Mann nur Jérôme anwesend, der in den letzten Jahren Luciens Stelle als ihr Lieblingsbruder eingenommen hat. Elisa ist das Einzige der Geschwister, das vor Napoleon stirbt – der, zu diesem Zeitpunkt selbst schon unheilbar erkrankt, von ihrem Tod schwer erschüttert ist. Beigesetzt wird Elisa Bacciocchi, die ehemalige Fürstin von Piombino und Lucca, Großherzogin der Toskana, im Dom von Bologna.

[8] Lucien Bonaparte hat sich auf seinem italienischen Landsitz Canino ganz der Wissenschaft verschrieben. Neben der Ornithologie ist es vor allem die Archäologie, der er viel Zeit und Geld opfert. Seine wissenschaftlichen Abhandlungen finden allgemeinen Anklang, und Lucien gilt alsbald als einer der Mitbegründer der Etruskologie, die ihm viel zu verdanken hat.

Pauline Borghese (1780–1825)
Die korsische Venus

Fürstin Borghese – Fürstin von Guastalla

„Ich habe den Kaiser nicht als Souverän geliebt; ich habe ihn als meinen Bruder geliebt und werde ihm treu bleiben bis zum Tode", schreibt Pauline 1814, kurz nach Napoleons erster Abdankung, ihrem Schwager Felix Bacciocchi. Als Einzige der Schwestern kann sie für sich in Anspruch nehmen, dem Menschen Napoleon näher gestanden zu haben als dem Herrscher, was sie dadurch beweist, dass sie sein Exil auf Elba teilt und sich später bemüht, ihm nach St. Helena folgen zu dürfen. Diese Anhänglichkeit hat Napoleon seiner Lieblingsschwester nie vergessen, obwohl sie so manches Mal Gegenstand seines Zornes gewesen ist; am Ende seines Lebens angelangt, schreibt er: „Pauline war vermutlich in jedem Lebensabschnitt die schönste Frau ihrer Zeit und wird für mich bis zu ihrem Tod das beste Geschöpf der Welt bleiben."

Pauline, geboren am 20. Oktober 1780 in Ajaccio, ist in jeder Beziehung das genaue Gegenteil ihrer älteren Schwester Elisa: Von überragender Schönheit, verfügt sie jedoch über wenig Bildung und keinerlei politischen Ehrgeiz. Ihr wildes, leidenschaftliches Temperament steht in krassem Gegensatz zu der kühlen Arroganz Elisas. Paulines einzige Interessen sind Vergnügungen sowie die Pflege des eigenen Körpers. Später, nach der Geburt ihres Sohnes, kommt noch die Sorge um ihre sich rapide verschlechternde Gesundheit hinzu, die nicht selten – und darin ähnelt sie ihrem ebenfalls schwer kranken Bruder Louis (s. S. 184) – an Hypochondrie grenzt. Eine politische Bedeutung wie ihre Geschwister erlangt Pauline nie.

Bereits als Kind ist Paoletta, wie sie eigentlich heißt, von zügelloser Wildheit. Aufgeschlagene Knie gehören ebenso zu ihrem Alltag wie zerrissene Kleider. Auch versteht sie es, bei den Geschwistern ihren Kopf durchzusetzen, was sie – darin Napoleon nicht unähnlich – dem Bruder nur symphatischer macht.

Nach der Flucht von Korsika 1793 (s. S. 35f.) nimmt die Dreizehnjährige zunächst die französische Namensform *Paulette* an; erst nach ihrer zweiten Eheschließung 1803 und der damit verbundenen Erhöhung zur *Fürstin Borghese* wählt sie den vornehmeren Namen *Pauline.*[1] In den folgenden Jahren leben die Bonapartes, d. h. Letizia mit ihren Töchtern Elisa, Paulette und Maria Annunziata, die sich erst 1799 *Caroline* nennt, in verschiedenen südfranzösischen Städten, und dies zunächst in großer Armut. Napoleons Aufstieg zum Brigadegeneral, dann, 1795 nach der Niederschlagung des royalistischen Aufstands in Paris (s. S. 135), zum Befehlshaber der Heimat- und schließlich der Italienarmee verbessert die finanzielle Situation der Familie spürbar.

Die tristen Zeiten hindern die Schwestern nicht, den jungen Männern ihrer Umgebung bzw. aus Napoleons Stab den Kopf zu verdrehen. Ihre ausgiebigen Flirts, bei denen sich vor allem Paulette hervortut, bringen sie jedoch bald in Verruf, ja die Feinde Napoleons berichten später sogar von käuflichen Liebesdiensten der Mädchen und bezichtigen sie des Inzests mit den Brüdern. Zahlreiche Verehrer halten um Paulettes Hand an, darunter auch Andoche Junot, Napoleons Adjutant und späterer Heerführer; doch Napoleon als selbst ernanntes Familienoberhaupt lehnt alle ab, da er für seine zweitälteste Schwester einen vermögenden Mann erhofft.

Paulettes erste, wirklich große Liebe ist der 42-jährige Konventsgesandte und Frauenheld Stanislas Fréron, den die Fünfzehnjährige Ende Oktober 1795 durch ihren Bruder Lucien in Marseille kennen lernt. „Ich liebe Dich ewig, mit ganzer Leidenschaft, für immer; ich liebe Dich, ich liebe Dich, mein herrlicher Schatz, … ich liebe Dich, ich liebe Dich, ich liebe

[1] Pauline ist das einzige Familienmitglied, das gleich zweimal den Namen ändert. Ihre übrigen Geschwister begnügen sich mit der einmaligen Französisierung ihrer italienischen Namen, während ihre Mutter Letizia eine Änderung ablehnt.

Dich, ich liebe Dich, mein über alles geliebter Geliebter", schreibt sie ihm voller Leidenschaft auf Italienisch, eine Angewohnheit, die Pauline bis zu ihrem Tod beibehält. Dass die schriftlich versiertere Elisa die Liebesbriefe für ihre Schwester verfasst, tut der Romantik dabei keinen Abbruch. Doch weder Paulettes Mutter noch ihr Bruder Napoleon sind von dieser Verbindung begeistert, obwohl Fréron, der einen Heiratsantrag macht, durchaus als wohlhabend zu bezeichnen ist. Allerdings ist er kein unbeschriebenes Blatt, weder privat noch – und das ist für Napoleon ausschlaggebend – politisch. Zwar war Stanislas Fréron 1794 am Sturz Robespierres beteiligt, was jedoch niemanden darüber hinwegtäuscht, dass er einer der engsten Vertrauten des Diktators gewesen ist, der sich vor allem 1794 durch sein Blutgericht in Marseille nach der Niederschlagung eines royalistischen Aufstandes sowie durch Korruptionsskandale einen Namen gemacht hat. Zwar agiert er nun – 1795/96 – wiederum als Vertreter der Regierung in Marseille, doch erkennt Napoleon sehr deutlich, dass sich Frérons politische Karriere dem Ende zuneigt und eine familiäre Bindung womöglich sogar seiner eigenen schadet. Tatsächlich werden gegen Fréron schon bald Verfahren eingeleitet und Ende 1796 muss er – nicht ganz ohne Zutun Napoleons, der über seine Gemahlin Joséphine bei dem Direktoriumsmitglied Paul Barras gegen den ungebetenen Freier seiner Schwester intrigiert – mit Schimpf und Schande den *Rat der Fünfhundert*, dem er angehört, verlassen. Die Information, dass Fréron in Paris mit einer Frau zusammenlebe, mit der er sogar Kinder habe, kommt Napoleon gerade recht, um auch Paulette gegenüber die Ablehnung einer ehelichen Verbindung zu begründen. Die fügt sich dem Urteil des Bruders, wenn auch unter Tränen: „Ich würde ... lieber mein ganzes Leben lang unglücklich sein, als mich ohne Ihre Zustimmung zu verheiraten und mir Ihren Fluch zuzuziehen", schreibt sie ihm nach Italien, „... ich fühle, es wird mir unmöglich sein, Fréron aufzugeben nach all den Versicherungen, die ich ihm gegeben habe, nur ihn allein zu lieben."

Bereits wenige Monate später, am 14. Juni 1797, steht Paulette vor dem Traualtar – nicht neben Fréron, der für sie bereits der Vergangenheit angehört, sondern neben Charles Victor Emanuel Leclerc, Brigadegeneral und Stabsangehöriger ihres Bruders. Leclerc, geboren 1772, ist der Sohn eines wohlhabenden Müllers und hat sich auf verschiedenen Kriegsschauplätzen seine Sporen verdient. 1794 lernt er bei der Belagerung Toulons auch Napoleon und dessen Schwester Paulette kennen, in die er sich verliebt. Bald darauf wird er Kommandant von Marseille, wo die Bonapartes wohnen, und folgt schließlich dem künftigen Schwager nach Italien. Paulette ist von dem Fünfundzwanzigjährigen sehr angetan und willigt freudig in die Eheschließung ein, die ihr Napoleon anträgt und die in dessen italienischem Hauptquartier Mombello bei Mailand vollzogen wird. Es ist eine Doppelhochzeit, da am gleichen Tag Elisa dem Korsen Felix Bacciocchi das Jawort gibt. „Welch merkwürdiges Gemisch von vollendeter Schönheit des Körpers und größter Wunderlichkeit des Geistes", erinnert sich später einer der Hochzeitsgäste an Paulette, „wenn sie die reizendste Person war, die man sehen konnte, so war sie auch die unvernünftigste, die man sich vorstellen konnte. Wie ein Backfisch plapperte sie unbekümmert in die Welt hinein, wegen eines Nichts brach sie bei jeder Gelegenheit in Lachen aus, die gewichtigsten Persönlichkeiten machte sie nach, ihrer Schwägerin (d.h. Joséphine; Anm. d. Verf.) steckte sie die Zunge heraus, wenn diese nicht hinsah, mich stieß sie mit dem Knie, wenn ich auf ihre Tollheiten nicht genug Acht gab, und so warf ihr Bruder ihr denn auch von Zeit zu Zeit einen jener flammenden Blicke zu, mit denen er die unbotmäßigen Männer zur Ordnung rief."

Das junge Paar zieht nach Beendigung des Italienfeldzuges nach Paris in die Rue de la Ville l'Évêque. Auf Drängen ihres Bruders besucht Paulette kurzzeitig die Schule St. Germain, um die versäumte Bildung nachzuholen, verlässt sie jedoch schon bald darauf wieder aufgrund ihrer Schwangerschaft. Im April 1798 wird ihr erstes und einziges Kind geboren; der Junge erhält den Namen Dermide Louis Napoleon. Ein besonders inniges Verhältnis zu ihrem Sohn entwickelt Paulette nicht, die das eigene Vergnügen der Rolle einer fürsorglichen Mutter vorzieht. Dermides früher Tod – er leidet an Epilepsie, der er schließlich 1804 erliegt – trifft sie zwar sehr, doch hat sie den Verlust schon bald verwunden.

Die überaus schwere Geburt bleibt nicht ohne Auswirkungen auf Paulettes Gesundheit, die sich seit der Entbindung rapide verschlechtert. Schuld daran ist vermutlich eine dauerhafte Unterleibsentzündung. Hinzu kommt ein Nervenleiden, das die Ärzte als eine Art krankhafter Hysterie diagnostizieren. Mattigkeit, Fieberanfälle sowie hochgradige Reizbarkeit begleiten Paulette bis an ihr Lebensende; hinzu kommen später Lungen- und Magenbeschwerden. Somit verbringt sie einen großen Teil ihrer Zeit mit Kuraufenthalten und in Heilbädern, die jedoch nur zeitweise Linderung verschaffen. Eine eigene Badewanne, in der sie zweimal wöchentlich Milchbäder nimmt, gehört zu ihrem ständigen Reisegepäck. Der wirkliche Grad ihrer Krankheit ist jedoch nur schwer zu ermessen, denn wie auch ihr Bruder Louis neigt Paulette zur Hypochondrie. Vor allem aber weiß sie ihre angeschlagene Gesundheit geschickt einzusetzen, um ihren Willen zu erzwingen.

Ihr Befinden hindert sie jedoch nicht, sich Vergnügungen aller Art hinzugeben. Schon bald nach der Hochzeit weicht Paulettes anfängliche Begeisterung für ihren Mann der Ernüchterung und schließlich der Langeweile. So nützt sie seine Abwesenheit – Leclerc dient zunächst in der Rheinarmee, 1799/1800 dann in Italien und schließlich in Portugal – weidlich aus für neue Eroberungen. Mit drei hochrangigen Generalen der Republik geht sie gleichzeitig ein Verhältnis ein und macht sich einen Spaß daraus, sie gegeneinander auszuspielen. Bei den dreien handelt es sich um Victor Moreau, Napoleons Konkurrenten in Armee und Politik, Alexandre Macdonald, den späteren Marschall und Herzog von Tarent, sowie Pierre-Paul Beurnouville, den ehemaligen Kriegsminister. Als die drei Offiziere dahinter kommen, beenden sie ihre Beziehung zu Paulette, was diese nur wenig betrübt, da sie schon wieder neue Liebschaften eingegangen ist, darunter auch mit dem Schauspieler Pierre Rapenouille, der unter dem Künstlernamen *Lafon* in Frankreich eine Berühmtheit ist.

Dass sich bei ihr die Verehrer die Klinke in die Hand geben, liegt in der außergewöhnlichen und von allen Zeitzeugen bestätigten Schönheit Paulines begründet, die sie durch ihre raffinierte – und nicht selten ausgesprochen laszive – Garderobe hervorzuheben versteht. „Nichts vermag die richtige Vorstellung von dieser reizenden Erscheinung zu geben", schreibt Jahre später die Herzogin von Abrantès, Laure Junot[2], anlässlich eines Balls, auf dem Paulette als antike Bacchantin erscheint, „der Salon wurde heller, in den sie eintrat. In allen Teilen des entzückenden Ensembles lag eine solche Harmonie, dass ein Raunen der Bewunderung sie empfing, sobald sie erschien, ein Raunen der Bewunderung, das sich ohne Rücksicht auf die anderen Damen fortsetzte." August Frédéric Louis Marmont, der spätere Marschall von Frankreich und Herzog von Ragusa, meint: „Sie war bezaubernd, die Schönheit ihres Gesichts und ihrer Gestalt von fast idealer Vollkommenheit." Einer der Mamelucken Napoleons, Ali, beschreibt Pauline im Jahre 1814 bei ihrer Ankunft auf Elba: „Ihre Erscheinung hatte, soweit das zu sehen war, die herrlichen Maße der medizeischen Venus. ... Ihre Augen waren entzückend und sehr geweckt, ihre Hände und Füße waren klassisch geformt." Daran knüpft Napoleon an, der auf St. Helena berichtet: „... die Künstler hielten sie einstimmig für eine zweite Venus von Milo." Vor allem auf ihre überaus hübschen Füße ist Pauline so stolz, dass sie sogar Besucher einlädt, damit diese bewundernd ihrer Pediküre beiwohnen können. Pauline selbst ist sich ihrer eigenen Schönheit in geradezu narzisstischer Weise bewusst. Um der Nachwelt diese zu erhalten, lässt sie sich 1804 von dem Bildhauer Antonio Canova als nackte Venus verewigen, jene Göttin, die Pauline in den Augen vieler verkörpert und deren Statue sie unsterblich macht.[3] Auch sonst geizt Pauline nicht mit ihren Reizen: So empfängt

[2] Es handelt sich um die Frau Andoche Junots, des Generals und einstigen Verehrers Paulines. Laurette – so der richtige Name – ist eine geborene Permon, deren Familie aus Korsika stammt und mit den Bonapartes befreundet ist.

[3] Mit einer anderen Nacktstatue findet Canova allerdings weniger Anklang. Es handelt sich um die Darstellung Napoleons als unbekleideten Herkules. Der Kaiser verbannt das Werk empört in eine abgelegene Kammer des Louvre, wo es 1815 ausgerechnet dem Herzog von Wellington in die Hände fällt, der es mit nach England nimmt.

sie Herrenbesuche nicht selten in der Badewanne, und ihre gewagten Ballkleider erregen immer wieder den Zorn Napoleons. Auf die Frage, ob es ihr denn nichts ausgemacht habe, nackt vor Canova zu posieren, antwortet sie verwundert: „Wieso denn? Es war doch geheizt!"

Paulettes vergnügungsvolles Leben in Paris findet 1801 ein jähes Ende, als ihr Bruder, inzwischen Erster Konsul Frankreichs, seinen Schwager Leclerc mit einem neuen Kommando betraut: Er soll in der französischen Kolonie Santo Domingo den Eingeborenenaufstand unter der Führung des Schwarzen Pierre Dominique Toussaint l'Ouverture (1743–1803) niederschlagen. Leclerc ist von dem Auftrag wenig angetan, da er „Ruhm und Ehre" nicht im Kampf gegen weit entfernte Eingeborenenstämme zu finden glaubt. Doch Napoleon – dem Schwager für seine Unterstützung beim Staatsstreich vom 18./19. Brumaire noch einen Gefallen schuldig – überzeugt ihn schließlich, dass es neben dem Ansehen auch viel Geld zu gewinnen gibt, was bei Paulettes aufwendigem Lebensstil ein durchaus schlagendes Argument ist. Hinzu kommt, dass Leclerc seinem großen Vorbild Bonaparte ohnehin nichts verwehren kann. Seine Bewunderung geht so weit, dass er den Ersten Konsul sogar in Kleidung und Gestik imitiert. Nicht ungern hört er es, wenn man ihn in seinem Stab als den „blonden Napoleon" bezeichnet – was sich allerdings auf seine der Bonapartes nicht unähnliche Statur bezieht, nicht aber auf seine eher durchschnittlichen Fähigkeiten.

Leclercs geplanter Feldzug in die Karibik entsetzt Paulette weniger als vielmehr Napoleons Aufforderung an sie, ihren Mann zu begleiten. „Sie soll den Tod nicht fürchten", schreibt der Erste Konsul an Leclerc, „würde sie doch ruhmvoll sterben, wenn sie bei der Fahne stürbe und ihrem Gatten nützt. Alles geht schnell vorüber auf der Erde, nur nicht die Meinung, die wir in der Geschichte hinterlassen." Diese Auffassung teilt Paulette freilich nicht; mit allen Mitteln versucht sie, sich der Reise zu entziehen, doch ihr Bruder bleibt eisern. Als sie eine Schwangerschaft vortäuscht, schickt Napoleon einen Arzt, der den Schwindel aufdeckt. Auf ihren Hinweis, dass ihre strapazierten Nerven die Wagenfahrt nach Brest auf dem holperigen Kopfsteinpflaster nicht vertrügen, sendet er der Schwester eine Sänfte[4] samt Trägern. Schließlich fügt sich Paulette in ihr Schicksal und schifft sich mit ihrem Sohn im Dezember 1801 nach Santo Domingo ein, begleitet von 22.000 Soldaten auf insgesamt 35 Linien-, 41 Transportschiffen und 10 Fregatten. Am 1. Februar 1802 erreicht die französische Expeditionsstreitmacht ihr Ziel.

Mit dabei ist auch Stanislas Fréron, Paulettes große Jugendliebe. Er ist von Napoleon als Unterpräfekt der Stadt Cayes auf Santo Domingo vorgesehen, was letztlich seinen politischen Abstieg nur unterstreicht. Dass Paulette ihr altes Verhältnis wieder hat aufleben lassen, ist ebenso unwahrscheinlich wie die ihr vielfach während ihres Aufenthalts in der Karibik nachgesagten Liebesbeziehungen, die – angeblich alle Ränge vom schwarzen Bediensteten bis zum höchsten Offizier umfassend – vermutlich eher auf die erotischen Phantasien der Autoren als auf die Wirklichkeit zurückzuführen sind. Im Gegenteil, Paulette unterstützt nun ihren Mann im Rahmen ihrer Möglichkeiten mit allen Kräften und versucht, vor allem für die mitgereisten Offiziersfrauen durch Bälle und Veranstaltungen das Leben in der Kolonie so erträglich wie möglich zu gestalten. Auch angesichts von Gefahren erweist sie sich ihres Bruders würdig, so im September 1802, als ein Angriff der Eingeborenen die französischen Stellungen zu überrennen droht: Paulette weigert sich, auf die im Hafen liegenden Schiffe zu flüchten und gibt damit ein mustergültiges Beispiel von Kaltblütigkeit und Mut.

Doch die Expedition Leclercs ist zum Scheitern verurteilt. Zwar kann der General anfangs einige Erfolge erzielen und sogar Toussaint l'Ouverture gefangen nehmen, aber den Aufstand vermag er trotz zahlreicher Verstärkungen aus Frankreich nicht niederzuschlagen. Im Gegenteil weitet dieser sich aus, als die Franzosen – die sich eigentlich als Verfechter der Revolutionsideale *Freiheit, Gleichheit, Brüderlichkeit* ver-

[4] Mit diesem Geschenk trifft Napoleon übrigens genau den Geschmack seiner Schwester, die sich von nun an überwiegend in der Sänfte tragen lässt. Neben der schon erwähnten Badewanne wird der Tragesessel ihr markantestes Reiseutensil.

stehen – die Wiedereinführung der Sklaverei proklamieren. Der schlimmste Feind ist jedoch nicht die gegnerische Übermacht, sondern das Klima. Schon bald grassiert das Gelbfieber, das die Truppe dezimiert. Täglich sterben an die 160 Mann; insgesamt fallen der Seuche angeblich über 30.000 Soldaten und Matrosen zum Opfer, darunter auch Fréron und – am 2. November 1802 – schließlich der Oberbefehlshaber Leclerc selbst.

Ende Januar 1803 kehrt die 22-jährige Witwe mit ihrem Sohn und der einbalsamierten Leiche ihres Ehemannes nach Frankreich zurück. „Die Überfahrt war furchtbar, meine Gesundheit ist zerstört, und doch ist das mein geringster Schmerz", schreibt sie Napoleon. Tatsächlich trifft sie Leclercs Tod schwer; als Zeichen ihrer Trauer hat sie sich die Haare scheren lassen und diese dem Sarg beigegeben. Auch sind die Strapazen und Schrecken des Aufenthalts in der Karibik nicht spurlos an ihr vorübergegangen, ein Ekzem an ihrer Hand ist ein Andenken an jene Zeit – was freilich ihre Feinde, allen voran Fouché, als Syphilis und somit als Beweis für ihr lasterhaftes Leben auf Santo Domingo auslegen.

Doch Paulette wäre nicht sie selbst, würde sie sich nicht schon bald über den erlittenen Verlust hinwegtrösten. Finanziell durch die Hinterlassenschaft ihres Mannes sowie Dotationen Napoleons abgesichert, nimmt sie ihr altes Leben wieder auf. Noch im gleichen Jahr verliebt sie sich in den jungen Fürsten Fillippo Ludovico Camillo Borghese (1775–1832), den sie auf Mortefontaine, dem Landsitz ihres Bruders Joseph, kennen lernt. Er entstammt dem römischen Hochadel, seine Familie kann in ihrer Geschichte sogar zwei Päpste – Paul V. und Clemens VIII. – vorweisen. Dass Camillo noch weniger Bildung und politischen Ehrgeiz besitzt als Paulette, stört diese ebenso wenig wie Napoleon, der sich durch eine Verbindung mit der römischen Aristokratie einen politischen Vorteil für seine Italienpolitik verspricht. Mit Hilfe ihres ältesten Bruders Joseph, der als französischer Gesandter in Rom weilt, und unter Beteiligung der Kurie werden Fäden gesponnen, und ehe sich's der Fürst – dem eine gewisse geistige Langsamkeit nicht abzusprechen ist – versieht, ist er mit der Schwester des von ihm hoch geschätzten Generals Bonaparte verlobt. Napoleon stellt für seine Zustimmung jedoch die Bedingung, dass sich Paulette an die im *Code Civil* festgelegte Trauerzeit für Witwen hält, was diese aber geflissentlich ignoriert: Am 3. August 1803 erfolgt auf Mortefontaine die kirchliche Trauung im Beisein der gesamten Familie mit Ausnahme des Oberhauptes, das von den Vorgängen keine Ahnung hat. Als Napoleon schließlich davon erfährt, ist er so empört, dass er der zivilen Trauung im November fernbleibt.

Schon bald muss Pauline, wie sie sich nun nach ihrer Erhebung in den Fürstenstand nennt, erkennen, dass ihre überstürzte Hochzeit ein Fehler gewesen ist. So hat sie nicht bedacht, dass sie ihrem Mann nach Rom folgen und somit ihr geliebtes Paris aufgeben muss. Alle Versuche, die Reise aufzuschieben, scheitern an Napoleon, der sie ermahnt, sich ihrem Gemahl unterzuordnen und sich in Italien gut aufzuführen. Mitte November 1803 fügt sie sich in das Unvermeidliche und verlässt Frankreich. In Rom wird die Fürstin Pauline Borghese vom Papst empfangen, der von ihrer Erscheinung entzückt ist, und glänzt auf den Bällen ihres Mannes, doch schon bald stellt sich die Langeweile sowie die Sehnsucht nach ihrer Familie ein. Vor allem aber erweist sich Camillo in jeder Beziehung als Enttäuschung. Die Kinderlosigkeit ihrer Ehe sowie einige öffentliche, boshafte Äußerungen Paulines lassen den Schluss zu, dass der Fürst impotent ist. Seine Geistlosigkeit tut ein Übriges, um die Ehe spätestens ab dem Frühjahr 1804 als gescheitert ansehen zu können. Paulines anfängliche Begeisterung für den stattlichen Italiener schlägt bald in Desinteresse und schließlich Abscheu um.

Den Sommer 1804 verbringt Pauline in Begleitung ihres Mannes und ihrer Mutter Letizia in dem Kurort Lucca. Dort erfahren sie aus den Zeitungen von der Umwandlung des Konsulats Napoleons in ein erbliches Kaisertum. Ebenfalls in Lucca erhält Pauline die Nachricht vom Tod ihres Sohnes Dermide, der am 14. August in Frascati einem epileptischen Fieber erlegen ist. Sie erleidet einen Nervenzusammenbruch, von dem sie sich aber rasch wieder erholt. Von Napoleon erhält sie nun endlich die so erwünschte Genehmigung zur

Rückkehr nach Frankreich, um ihren Sohn dort an der Seite seines Vaters Leclerc zu bestatten.

Dank des Engagements Elisas und Carolines werden die Schwestern Bonaparte zu kaiserlichen Prinzessinnen erhoben, im März 1805 folgen Napoleons Schwäger, die er zu Prinzen ernennt. Zum Konflikt kommt es, als Napoleon darauf besteht, dass seine Schwestern bei der Krönungszeremonie am 2. Dezember 1804 in Notre-Dame Joséphines Schleppe tragen sollen. Neben Elisa ist es vor allem Pauline, die die Schwägerin abgrundtief hasst. Zum einen hat sie Joséphines Einmischung bezüglich Frérons nicht vergessen, zum anderen ist Pauline neidisch, da die Schwägerin neben ihrer Schönheit auch vollendete Umgangsformen besitzt, was sie im Gegensatz zur Fürstin Borghese zur wirklichen Dame macht. Dass die siebzehn Jahre ältere Kreolin tatsächlich eine Konkurrenz für Pauline darstellt, hat diese schon als Sechzehnjährige zu spüren bekommen: Damals, kurz vor ihrer Hochzeit mit Leclerc, wohnte Paulette eine Zeit lang bei Joséphine in Mailand und Bologna, wo sie sich in den jungen Husarenoffizier Hippolyte Charles verliebte, der ihr jedoch die kalte Schulter zeigte und sich der Generalin Bonaparte zuwandte (s. S. 140ff.).

In den folgenden Jahren bleibt Pauline in Frankreich, während Camillo an den Feldzügen in Österreich, Preußen und Polen teilnimmt. Das Leben der Fürstin Borghese wechselt zwischen Liebesabenteuern, Krankheiten und Kuren. Ihre Gesellschaften sind ebenso teuer wie geistig anspruchslos, wie die Herzogin von Abrantès beklagt: „Von allen Prinzessinnen empfing sie am schlechtesten, und von allen Prinzessinnen tat sie am wenigsten für die Blüte jener erneuten Gesellschaft, die der Kaiser wollte. Die Prinzessin interessierte sich für nichts, ausgenommen ihre Toilette." Bemerkenswert ist, dass Pauline trotz des verschwenderischen Lebensstils gut mit Geld umgehen kann, neben ihrer Schönheit vermutlich ein weiteres Erbe ihrer Mutter. Ihr Hofstaat ist beachtlich, ihm gehören neben sechs Gesellschafterinnen drei Vorleserinnen, ein Kammerherr, ein Stallmeister sowie ein Leibarzt an. Eine ihrer Gesellschaftsdamen ist die Großmutter Camillo Cavours

(1810–1861), der eines Tages als Einiger Italiens in die Geschichte eingehen wird und dessen Patenschaft Pauline übernimmt. Im Übrigen ist der Dienst bei der launischen Prinzessin nicht immer einfach; in ihrer gereizten und bisweilen verletzenden Art ähnelt sie ihrem Bruder, dem Kaiser. Auch müssen ihre Damen die merkwürdigsten Dienste verrichten, wie ein Beobachter berichtet: „Wenn die Prinzessin zu sehr an den Füßen fror, musste sie (Madame de Chambaudoin, eine ihrer Gesellschaftsdamen; Anm. d. Verf.) sich von Zeit zu Zeit zu wenig dezenten Gefälligkeiten herbeilassen, damit Pauline eine Stelle fand, wo ihre Füße warm genug waren." Wie das genau aussieht, beschreibt die Herzogin von Cars, die die Fürstin Borghese 1808 in Nizza besucht: „Madame de Chambaudoin lag ausgestreckt vor der Prinzessin, die ihre Füße auf der stark dekolletierten Büste ihrer Ehrendame herumspazieren ließ. Madame de Chambaudoin war für den infamen Platz, den sie einnahm, sichtlich so geboren, dass sie keineswegs darüber verwirrt schien. ... An der Seite der Prinzessin sitzend, konnte ich meinen Blick von dem Schauspiel nicht abwenden und nur mühsam ein lautes Lachen unterdrücken, wenn ich diese Brust sah, die ein Fuß in Bewegung setzte. ... Unterdessen fragte mich Madame Borghese, ob ich das Theater gern habe und was ich am liebsten sähe. ‚Tragödien', antwortete ich. ‚Ich auch', fiel Madame de Chambaudoin ein, ‚ich schwärme für Tragödien, weil sie die Seele erheben.' Ihre durch den Fuß Madame Borgheses erschütterte Stimme machte die Bemerkung noch reizvoller ... Ich erstickte fast vor Lachen und kürzte meinen Besuch ab."

Weniger amüsant ist Camillos Situation, in dessen Gegenwart Pauline nach seiner Rückkehr aus dem Krieg ungestört ihre Liebschaften fortsetzt und ihren Mann nach allen Regeln der Kunst schikaniert. Dieses schlechte Verhältnis hindert Napoleon nicht, beiden im März 1806 das Fürstentum Guastalla in Italien zu übertragen, nachdem sich Pauline bitter über ihre Zurücksetzung hinter die anderen Geschwister, insbesondere hinter Elisa beklagt hat. Ihre Freude wird getrübt, als sie feststellen muss, dass Guastalla – auf kaum einer Karte verzeichnet – ein Marktflecken zwischen Parma und Piacenza mit nur wenigen Dörfern ist. So stimmt sie schon bald der Eingliederung des Fürstentums in das Königreich Italien zu, zumal sie einsieht, dass sie für die Regentschaft eines Landes nie die notwendige Energie aufbringen wird wie etwa Elisa in Piombino und Lucca. Die Borgheses behalten den mit Guastalla verbundenen Fürstentitel sowie einen Teil der Einkünfte, die sich aus den Domänen ergeben. Dass Napoleon von seinem Vorhaben, seiner Schwester die Krone Portugals zu geben, Abstand nimmt, ist verständlich und dient dem Wohle aller Beteiligten.

1808 fasst Napoleon das ehemalige Königreich Sardinien und Piemont zum *Generalgouvernement jenseits der Alpen* zusammen und überträgt dessen Verwaltung Camillo Borghese. Schweren Herzens muss Pauline ihrem Mann nach Turin, seinem Dienstsitz, folgen. Hier besucht sie ihren Bruder Lucien, der seit 1804 mit seiner von Napoleon ungeliebten Familie in Italien lebt, sowie Joseph, der auf dem Weg nach Spanien ist, um dort König zu werden. Aber schon bald langweilen sie die Bälle in der Stadt, die für sie mit Repräsentationspflichten verbunden sind und mit Vergnügungen wenig zu tun haben. Noch vor Ablauf des Jahres schreibt sie dem Kaiser, dass ihre angegriffene Gesundheit einen weiteren Aufenthalt nicht möglich macht und reist – ohne dessen Einverständnis – zur Kur nach Südfrankreich, um sich schließlich wieder in Paris niederzulassen. Napoleon, der kurz darauf von seinem Feldzug aus Spanien zurückkehrt, resigniert nun endlich angesichts Paulines gescheiterter Ehe und erlaubt ihr, in Paris zu bleiben; zudem erhält sie eine Leibrente von zunächst 600.000 Francs, die später auf eine Million erhöht wird. Auch schenkt ihr Napoleon das Schloss Neuilly bei Paris, den bisherigen Wohnsitz der Murats, die nun an Stelle Josephs in Neapel residieren.

Abermals wechseln Liebesgeschichten, Krankheiten (so eine schwere Lungentuberkulose) und Kuraufenthalte einander ab. Pauline hat Verhältnisse mit Offizieren, darunter dem russischen Kosakenhauptmann Tschernitschew und dem in Napoleons Diensten stehenden polnischen General Poniatowski, mit Diplomaten – wie dem Österreicher Metternich – und

Künstlern, zu deren bekanntesten der Schauspieler François Joseph Talma sowie der Komponist Felix de Blangini gehören. Ferner schenkt sie ihre Gunst auch dem Prinzen Georg von Mecklenburg-Strelitz, einem Bruder der preußischen Königin Luise. Ihr Treiben entwickelt sich zum öffentlichen Skandal, was ihr den Tadel ihrer Mutter sowie ihres Onkels Fesch einträgt. Auch die Ärzte mahnen zur Zurückhaltung, da sie Paulines zerrüttete Gesundheit auf ihren Lebenswandel zurückführen. Bisweilen greift Napoleon selbst ein, so im Falle des Husarenoffiziers Jean de Canouville, mit dem Pauline in einem eheähnlichen Verhältnis lebt: Der Kaiser schickt den Adjutanten Marschall Berthiers kurzerhand mit einer „überaus wichtigen" Mitteilung nach Portugal zu Marschall Masséna, in der Hoffnung, Canouville würde den Wink verstehen. Der jedoch entledigt sich seines Auftrages in aller Eile, um kurz darauf wieder bei seiner Geliebten zu sein. Abermals sendet ihn Napoleon nach Süden, abermals kehrt der verliebte Husar zurück zu Pauline. Schließlich versetzt ihn der erzürnte Imperator nach Danzig. Am 7. September 1812 fällt Canouville in der Schlacht bei Borodino, auf sein Herz gepresst ein Bild Paulines, das ihr Murat zukommen lässt. Diese jedoch hat sich über den Verlust schon längst mit einem anderen Geliebten hinweggetröstet – mit dem schon erwähnten Talma, der kurz darauf ebenfalls in Vergessenheit gerät. Eine ernstere und länger andauernde Affäre hat Pauline mit dem Artillerieoffizier Augustine Duchand, der sie jedoch – was selten genug vorkommt – 1814 verlässt.

Wie auch ihre Schwester Caroline betätigt sich Pauline als Kupplerin und macht den Kaiser ständig mit neuen attraktiven Frauen bekannt. Damit will sie Joséphine treffen und den Bruder davon überzeugen, dass die Kinderlosigkeit seiner Ehe nicht auf ihn zurückzuführen ist. Als sich Napoleon im Dezember 1809 von seiner Frau trennt, gehört Pauline zu den glücklichsten unter den Bonapartes. Ihr Verhältnis zu ihrem Bruder wird in den folgenden Monaten noch enger und herzlicher, da Napoleon bei der Auswahl einer neuen Ehefrau gern auf den Rat der in Liebesangelegenheiten so erfahrenen Schwester zurückgreift. Wiederum entsteht in dieser Zeit das

Gerücht über ein blutschänderisches Verhältnis der beiden, das jedoch jeder Grundlage entbehrt.

Freudig begrüßt Pauline die neue Schwägerin Marie Louise, mit der sie sich anfangs sogar anfreundet. Das gute Einvernehmen hat aber keinen langen Bestand, da Pauline schöne Frauen neben sich nicht duldet. Das wiederum führt zu einer Abkühlung ihres Verhältnisses zu Napoleon. Hinzu kommt, dass Pauline offen für ihren Bruder Louis Partei ergreift, als dieser, der Bevormundung des Kaisers müde, der holländischen Krone entsagt und nach Österreich ins Exil flieht. Napoleon, empört über diese Einmischung und ihren ungestörten Briefwechsel mit dem Ex-König, lässt die Prinzessin schließlich sogar bespitzeln.

Die französische Niederlage von Leipzig im Oktober 1813 holt auch Pauline in die Wirklichkeit zurück. Wohl ahnend, dass eine Katastrophe droht, bietet sie ihrem Bruder 300.000 Francs an, den Erlös ihres verkauften Schmucks. Napoleon lehnt dankend ab, gerührt über diese innerhalb der Familie einzigartige Geste. Ferner verkleinert sie ihren Hofstaat und beginnt mit Einsparungen aller Art. Doch es ist zu spät: Im April 1814 erfährt sie in Le Luc bei Fréjus, wo sie auf ihrer Rückkehr von ihrer Kur in Nizza Zwischenstation macht, von der Kapitulation der Hauptstadt und der Abdankung Napoleons. Kurz darauf, am 26. April, steht der Bruder selbst vor ihr, zu Paulines Empörung verkleidet in einer österreichischen Uniform, die er zu seinem eigenen Schutz vor der bourbonisch gesinnten Bevölkerung im Süden Frankreichs hat anlegen müssen. Napoleon befindet sich auf dem Weg nach Elba, seinem Exil. Pauline verspricht, ihm zu folgen. „... man darf den Kaiser nicht so ganz allein lassen", schreibt sie ihrer Mutter, „jetzt, da er unglücklich ist, müssen wir ihm unsere Anhänglichkeit beweisen."

Am 1. Juni 1814 erreicht sie Portoferraio, die Hauptstadt Elbas, bleibt jedoch nur für eine Nacht, um tags darauf nach Neapel weiterzureisen. Der Grund dieser Fahrt ist unklar, vermutlich jedoch soll sie Nachrichten zwischen Napoleon und Murat austauschen. Das Königspaar Murat hatte sich im Januar 1814 den Alliierten angeschlossen, was der König nun, nach dem Friedensschluss, bitter bereut, zumal ihm die von den Österreichern zugesicherte Krone Neapels auf dem Wiener Kongress doch noch entrissen zu werden droht (s. S. 119ff.). Von Neapel aus, wo sie wiederum Heilbäder aufsucht, lässt Pauline ihre gesamten französischen Besitzungen verkaufen, was ihr einen schönen Gewinn einbringt. Vor allem aber bewahrt es sie vor der Enteignung, die die neue französische Regierung kurz darauf – und unter Bruch des Vertrags von Fontainebleau – über alle Familienmitglieder der Bonapartes verhängt. Ihre Einkünfte aus Guastalla streicht ihr die eigene Schwägerin Marie Louise, die zur Großherzogin von Parma ernannt worden ist und nicht daran denkt, ihrem Mann ins Exil zu folgen. Paulines *Hôtel* in der Rue du Faubourg St. Honoré erwirbt übrigens kein Geringerer als der neu ernannte britische Botschafter in Paris, der Herzog von Wellington.

Am 31. Oktober 1814 kehrt sie zurück nach Elba. Hier bewohnt sie in Napoleons Haus die ursprünglich Marie Louise zugedachten Räume. Paulines Anwesenheit auf der Insel heitert nicht nur den Kaiser, sondern auch sein Gefolge auf und sorgt für willkommene Abwechslung. Sie veranstaltet Bälle und Ausflüge und versucht auf vielerlei Art, ihren Bruder von seinem Schicksal abzulenken. Bei seinen Generalen und Adjutanten ist sie ebenso beliebt wie bei den *Grognards*[5] der Alten Garde. Dabei vermeidet die Fürstin es, neue Liebschaften einzugehen, da sie begreift, dass Eifersüchteleien unter den Getreuen Napoleons nur das Klima vergiften. Überhaupt ordnet sich Pauline bedingungslos den Wünschen ihres Bruders unter und erträgt stoisch seine Launen. So erregt bisweilen ihre Garderobe sein Missfallen, was er in der ihm eigenen, barschen Art zum Ausdruck bringt. Trägt sie schwarze Kleidung, kritisiert er sie schonungslos, da er schwarz nicht ausstehen kann. „Ein anderes Mal", berichtet später einer der Anwesenden, „hatte die Prinzessin aus Paris eine reich ge-

[5] *Grognard* bedeutet soviel wie Brummbär, aber auch Haudegen. Es ist das Kosewort Napoleons für seine Gardegrenadiere, das sich vermutlich auf ihr grimmiges Aussehen mit den Bärenfellmützen und den Schnauzbärten bezieht.

stickte weiße Toilette kommen lassen; der Kaiser sagte ihr: ‚Sieh da, Madame im Leichenhemd!' – Was die Prinzessin veranlasste, umzukehren und eine andere Toilette zu wählen." Von diesen unbedeutenden Unstimmigkeiten abgesehen verläuft das Leben auf Elba recht harmonisch. Doch Napoleon ist längst entschlossen, nach Frankreich zurückzukehren. Eine Voraussetzung dafür ist, dass sich der englische Kommandant Elbas nicht auf der Insel aufhält. Den entscheidenden Hinweis erhält Napoleon dann indirekt durch Pauline, die für den 26. Februar 1815 einen Ball plant und dazu auch Sir Neil Campbell einlädt. Da dieser sich wegen Abwesenheit entschuldigen lässt, ist für Napoleon der Zeitpunkt für seine Flucht gekommen.

Als Napoleon seinen Plan in die Tat umsetzt, schenkt ihm Pauline ihr Brillantkollier. „Er wird es brauchen können, wenn ihn das Glück verlassen sollte", erklärt sie seinem Kammerdiener Marchand, dem sie den Schmuck aushändigt und der die Abschiedsszene überliefert hat, „wenn das der Fall sein sollte, Marchand, verlassen Sie ihn nie. Achten Sie gut auf ihn!" Erschüttert wendet dieser ein, dass das Vorhaben gelingen und die Prinzessin den Bruder wohlbehalten wiedersehen werde, worauf Pauline unter Tränen erwidert: „Das glaube ich nicht!" Ihre Vorahnungen sollen sich als richtig erweisen.

Am 4. März 1815 verlässt auch Pauline Elba, nachdem sie den Wutausbruch Sir Neil Campbells hat über sich ergehen lassen. Verschreckt durch seine Drohung, sie zu verhaften, flüchtet sie nach Italien. Gemäß Napoleons Weisung will sie – wie auch die übrigen Familienmitglieder – zunächst in Rom Zuflucht zu suchen, da der Seeweg nach Frankreich wegen der englischen Mittelmeerflotte zu unsicher ist. Später sollen die Bonapartes über den Landweg nach Paris reisen. Doch dazu kommt es nicht. Pauline betritt in Viareggio italienischen Boden und sucht zunächst in Compignano, der Villa ihrer Schwester Elisa, Zuflucht. Doch sie wird erkannt. Am nächsten Tag umstellen österreichische Reiter das Gebäude und nehmen die Fürstin Borghese gefangen. Weder die Proteste ihres Schwagers Murat, des Königs von Neapel, noch Paulines

Hinweis auf ihre angegriffene Gesundheit helfen ihr weiter. Erst am 5. Juni erhält sie die Erlaubnis, die Heilbäder von Lucca aufzusuchen, freilich unter strengster Bewachung. Im Oktober schließlich endet ihre Internierung, vier Monate nach dem zweiten Sturz Napoleons.

Pauline zieht nach Rom. Dort wohnt sie zunächst bei ihrer Mutter und deren Bruder Fesch, später siedelt sie über in die Villa Borghese. Das führt zu einem erbitterten Kleinkrieg mit Camillo, der inzwischen mit einer Geliebten in Florenz lebt und seiner verhassten Frau dieses Haus verwehrt. Da Paulines finanzielle Lage sich inzwischen drastisch verschlechtert hat, setzt sie alles auf eine Karte und verklagt ihren Mann auf Abtretung der römischen Villa sowie Gewährung einer Leibrente. In diesem Streit vermittelt schließlich Papst Pius VII. persönlich: Im Januar 1816 werden der Fürstin neben der Villa Borghese in Rom auch zwei weitere Häuser in Frascati bzw. Monte Pincio zugesprochen, ferner wird Camillo zu einer jährlichen Zahlung von 14.000 Scudi verpflichtet. Das hindert Pauline nicht, nach Pius' Tod 1823 einen neuen Prozess anzustrengen, den sie jedoch verliert. Im Grunde hat sie diesen Konflikt nicht nötig, wie die zahlreichen Häuser beweisen, die sie inzwischen hinzuerworben hat und die alle den Namen *Villa Paolina* erhalten.

Neben ihren Streitereien mit Camillo richtet sich ihr Hauptinteresse auf das Schicksal ihres Bruders im fernen Exil. Mehrfach ersucht sie um die Genehmigung, ihm nach St. Helena folgen zu dürfen, was die Regierung in London ablehnt. Pauline verlegt sich daraufhin auf eine andere Strategie: Sie empfängt einflussreiche, englische Reisende, die sie im Sinne einer Hafterleichterung für Napoleon zu beinflussen sucht. Damit erweckt sie tatsächlich ein Interesse an dem prominenten Gefangenen. Als Pauline im Juli 1821 von General Montholon, einem der Begleiter des abgedankten Kaisers, die vom März datierende Nachricht vom bevorstehenden Tod ihres Bruders erhält, wendet sie sich abermals nach London mit der Bitte, seine letzten Stunden mit ihm teilen zu dürfen. Doch es ist schon zu spät, denn Napoleon ist bereits am 5. Mai 1821 seinem Leiden erlegen. Auf die Nachricht von seinem

Ende erleidet sie einen schweren Nervenzusammenbruch, der sie längere Zeit ans Bett fesselt.

Paulines letzte Lebensjahre lassen nichts mehr von dem Glanz ahnen, der sie in ihrer Jugend umgeben hat. Sie lebt zurückgezogen von der Außenwelt, die sie – sofern es den römischen Adel betrifft – meidet, und von ihrer Familie, hier insbesondere von ihrer Mutter und Fesch, mit denen sie sich entzweit hat, seit diese einer Art spirituellem Wahn verfallen sind. Paulines Liebesgeschichten gehören ebenfalls der Vergangenheit an. Eine letzte Affäre hat sie mit dem Komponisten Giovanni Pacini, einst Kapellmeister am Hof ihrer Schwester Elisa, die jedoch 1824 nach vier Jahren endet, als der junge Sizilianer sie betrügt – für Pauline, die personifizierte Untreue, ein schwerer Schlag. Vor allem aber verschlechtert sich ihre Gesundheit in immer stärkerem Maße. 1818 ringt sie wegen eines Lungenleidens mit dem Tode, 1822 erkrankt sie abermals schwer und verfasst in Erwartung ihres baldigen Ablebens ihr Testament. Der Tod Napoleons verdüstert zudem ihr Gemüt und führt zu schweren Depressionen; Paulines Launenhaftigkeit steigert sich ins Unerträgliche.

Ende 1824 geschieht das Unglaubliche: Pauline und Camillo söhnen sich miteinander aus. Die schwer kranke, an Schwäche- und Fieberanfällen sowie Schwindsucht leidende Fürstin zieht schließlich sogar nach Florenz, um an der Seite ihres Mannes zu leben. Die Gründe für Paulines Einlenken sind unbekannt; Reue über ihr Verhalten in den vergangenen Jahren ist ebenso denkbar wie pure Berechnung. Dahingestellt bleiben muss, ob dieser Neuanfang eine Zukunft gehabt hätte. Aber das herauszufinden, fehlt die Zeit, denn Pauline erkrankt schon bald an einer Lungenentzündung, der sie am 9. Juni 1825 im Alter von erst 45 Jahren erliegt. Bestattet wird sie in der Paolinischen Kapelle, der Familiengruft der Familie Borghese in Santa Maria Maggiore in Rom.

Caroline Murat (1782–1839)
Ein weiblicher Machiavell

Großherzogin von Cleve und Berg – Königin von Neapel

Gilt Elisa als die Intelligenteste, Pauline als die Schönste der Schwestern Napoleons, so ist Caroline, geboren am 25. März 1782 in Ajaccio und getauft auf den Namen Maria Annunziata, zweifelsohne die Ehrgeizigste und Skrupelloseste. „Als Kind hielten wir sie für dumm und für das Aschenbrödel der Familie", erinnert sich Napoleon auf St. Helena, „doch entwickelte sie sich später zu einer sehr hübschen und, durch Selbsterziehung, gescheiten und gewandten Frau; es steckten gute, doch durch übersteigerten Ehrgeiz gefährdete Anlagen in ihr." In ihrem Streben nach politischer Macht gleicht sie von allen Geschwistern ihrem berühmten Bruder am meisten. „Ein Kopf wie Cromwell auf dem Körper einer schönen Frau", urteilt Talleyrand über Caroline, eine Anspielung, die sich nicht nur auf den überproportionalen Umfang ihres Hauptes bezieht.[1]

Anders als bei ihren Schwestern ist Carolines Schicksal eng verbunden mit der Lebensgeschichte ihres Ehemannes, Joachim Murat. Den 1767 in der Gascogne geborenen Reitergeneral lernt Maria Annunziata, wie sie zu diesem Zeitpunkt noch heißt, 1797 in Napoleons Hauptquartier Mombello bei Mailand kennen. Es ist bei beiden Liebe auf den ersten Blick, was Napoleon mit Unbehagen bemerkt. Zwar schätzt er Murat als tapferen Kavalleristen auf dem Schlachtfeld, nicht

[1] Oliver Cromwell (1599–1658), englischer General und Staatsmann, führte im englischen Bürgerkrieg das Parlamentsheer und stieg 1653 als *Lordprotektor* zum Diktator Englands auf.

jedoch als Menschen und schon gar nicht als möglichen Schwager; die Eitelkeiten des Gascogners – seine prunkvollen Phantasieuniformen sind ebenso auffällig wie seine Prahlereien unerträglich – sowie sein rüdes Benehmen sind ihm zutiefst zuwider. Es werde sie anekeln, wenn Murat seine brachiale Reitertaktik auch im Schlafzimmer anwende, prophezeit Napoleon der jüngsten Schwester, die sich aber an dem Gedanken nicht stört. Doch Napoleon verweigert die Zustimmung zur Ehe.

Um Maria Annunziata auf andere Gedanken zu bringen, schickt Napoleon sie zusammen mit Joseph und dessen Anhang nach Rom, wo der älteste der Bonapartebrüder als Botschafter im Kirchenstaat fungiert. Ein Aufstand gegen die Franzosen beendet jedoch noch im gleichen Jahr ihren Aufenthalt in der Ewigen Stadt, aus der die Bonapartes nur unter großer Gefahr fliehen können.

Wieder in Frankreich, besucht Maria Annunziata auf Verlangen Napoleons die Schule St. Germain, wo sie 1799 den vornehmeren Namen *Caroline* annimmt. Doch ihre schulischen Leistungen stehen weit hinter den Erwartungen des Familienoberhauptes zurück. Wie ihr jüngster Bruder Jérôme sonnt sich auch Caroline im Ruhm des Generals Bonaparte und vertraut auf dessen weitere Karriere, von der sie sich ein sorgenfreies Leben verspricht. Vor allem aber sieht sie ihre Zukunft als Ehefrau Murats, den sie – trotz fast zweijähriger Trennung – noch immer liebt.

Murat hat sich inzwischen in Ägypten abermals hervorgetan und die Hochachtung des Oberbefehlshabers Bonaparte gewonnen. So ist es seine Reiterattacke, die in der Schlacht von Abukir am 25. Juli 1799 die Entscheidung herbeiführt, bei der er selbst den gegnerischen Oberbefehlshaber Mustapha Pascha im Zweikampf besiegt und gefangen nimmt. Doch noch immer verweigert ihm Napoleon die Hand seiner Schwester. „Murat [muss] offenbar jede Nacht mit einer Frau schlafen", erklärt er einem seiner Offiziere, „aber jedes Weib genügt ihm, ob es die Syphilis hat oder nicht. Wenn man so leicht zufrieden zu stellen ist, dann findet man, was man braucht, überall." Wieder in Frankreich, sucht er unter den anderen Generalen nach geeigneten Heiratskandidaten für Caroline, jedoch vergebens: Moreau, sein großer Gegenspieler[2], den er durch eine Heirat mit ihr an sich zu binden hofft, lehnt dankend ab, Lannes und Augereau, die späteren Marschälle, sind noch – wenn auch unglücklich – verheiratet.

In der Nacht zum 19. Brumaire des Jahres VIII (9./10. November 1799) werden die Mädchen des Pensionats St. Germain rüde aus dem Schlaf geschreckt, als vier berittene Grenadiere an die Tore klopfen und großspurig verkünden, die Generale Bonaparte und Murat hätten das Direktorium gestürzt. Während sich Madame Campan, die Leiterin, über diesen nächtlichen „Überfall" empört, ist Caroline verzückt von dem Zuneigungsbeweis ihres Angebeteten, von dem natürlich – wie die maßlos übertriebene Hervorhebung der Rolle Murats beim Staatsstreich Napoleons vom 18./19. Brumaire erraten lässt – diese Nachricht stammt. Da aber Napoleon, nunmehr Erster Konsul Frankreichs, dem General dennoch zu Dank verpflichtet ist und sich schließlich auch Joséphine bei ihm für Murat und Caroline verwendet, stimmt er schließlich der Trauung zu, die am 20. Januar 1800 auf Mortefontaine erfolgt. Zwei Jahre später, am 4. Januar 1802, schließen sich Caroline und Joachim überraschend auch der kirchlichen Vermählung des jüngeren Bonapartebruders Louis' mit Joséphines Tochter Hortense an und erbitten den priesterlichen Segen. „Wer weiß, was für eine Heirat ich für sie hätte arrangieren können", klagt Napoleon bitter gegenüber Madame Campan, deren Schule Caroline nach der Heirat natürlich sofort verlassen hat, „die Zeit wird kommen, wo vielleicht souveräne Fürsten ihre Hand einander streitig machen würden. Sie ist eine dumme Gans und würdigt meine Stellung nicht."

2 General Jean-Victor Moreau (1763–1813), ein ebenso namhafter Heerführer der Revolutionskriege wie Bonaparte, galt vielen als Alternative zu dem ehrgeizigen Korsen, dessen Militärdiktatur Moreau stets ablehnte. 1804 wird er im Zusammenhang mit einer Verschwörung gegen das Leben Napoleons zum Tode verurteilt, dann vom Ersten Konsul jedoch begnadigt und lebenslang verbannt. 1813 dient Moreau als Berater der gegen Frankreich kämpfenden Koalition; am 26. August 1813 wird er während der Schlacht bei Dresden an der Seite des Zaren schwer verwundet und stirbt wenige Tage später.

Doch darin irrt er. Caroline erkennt sehr wohl die Möglichkeiten, die sich für sie und ihren Mann aus der überragenden Stellung des Bruders ergeben. Wozu sollte sie einen ihr unbekannten europäischen Souverän heiraten, wenn umgekehrt Napoleon die Macht besitzt, aus den Geschwistern souveräne Herrscher zu machen? Murats Aufstieg in den folgenden Jahren verdankt er zu einem großen Teil dem Ehrgeiz seiner Frau, die es geschickt versteht, ihre Interessen bei ihrem Bruder durchzusetzen. Schon im Dezember 1799 wird der General zum Kommandeur der Konsulargarde ernannt, was Caroline aber noch nicht genügt. Ein Armeekommando für Murat ist das Mindeste, was sie erhofft, da ein solches neben dem Erwerb von Reichtümern auch weiteren Ruhm und größeres Ansehen verspricht – Napoleon selbst hat es ja vorexerziert.

Um ihr Ziel zu erreichen, umwirbt Caroline auch Joséphine, zu der sie ein scheinbar gutes Verhältnis hat, obwohl sie hinter dem Rücken der Schwägerin bedenkenlos intrigiert. Sie hat Erfolg: Nach der Rückkehr Napoleons vom zweiten Italienfeldzug, auf dem sich Murat als Befehlshaber der Kavallerie vor allem in der Schlacht von Marengo bewährt hat, ernennt der Konsul den Schwager zum Militärbefehlshaber Oberitaliens und damit zum Oberbefehlshaber der Italienarmee. Zudem schenkt er dem Paar das Schloss Neuilly bei Paris.

Caroline tut alles, um dem Bruder zu gefallen und sich bei ihm unentbehrlich zu machen. So dient natürlich ihre „Freundschaft" zu Joséphine dem Zweck, das Wohlwollen Napoleons auf sich zu ziehen. Das hindert sie aber nicht, ihm später junge Frauen zuzuführen und für die Schäferstündchen sowohl ihr Heim als auch ihren Mann zur Verfügung zu stellen, der die nicht zu verheimlichenden Stelldichein Napoleons öffentlich als die Seinen ausgibt. Vor allem aber erkennt Caroline, dass es für die eigene Karriere unabdingbar ist, sich permanent in der Nähe des Herrschers aufzuhalten, um sich so den eigenen Einfluss auf ihn zu sichern. Auch in späteren Jahren leben die Murats oft getrennt, da Caroline bei Napoleon in Paris antichambriert und buhlt.

Andererseits erkennt Napoleon sehr wohl die Fähigkeiten

seiner Schwester. Seine Hochachtung erringt sie, als sie als Einzige – trotz Schwangerschaft – bei dem Attentat vom 24. Dezember 1800 in der Rue St. Nicaise[3] eine Kaltblütigkeit an den Tag legt, die eines schlachterprobten Haudegens würdig wäre. Als die so genannte „Höllenmaschine" detoniert, befindet sie sich in einem Wagen zusammen mit Joséphine, deren Tochter Hortense und dem General Jean Rapp. Während ihre Begleiterinnen in Hysterie verfallen, ordnet Caroline ihre Kleider und besucht, ohne ein weiteres Wort zu verlieren, wie geplant die Oper.

Ihre Bemühungen um einen raschen Aufstieg Murats werden beinahe durch den eigenen Ehemann zunichte gemacht, der sich in Italien nach seiner geliebten Caroline und seinem gerade geborenen Sohn sehnt und den Schwager um die Erlaubnis zur Rückkehr nach Paris anfleht. „Man muss Vater sein, um ganz zu fühlen, wie nötig dieses Wiedersehen zu meinem Glück ist", appelliert der General in sehr ungeschickter Weise an den Ersten Konsul, dessen eigene Kinderlosigkeit ihn in diesem Punkt verletzlich macht. Kein Wunder, dass er unerbittlich bleibt und ihm lediglich Ende 1801 einen kurzen Urlaub gewährt. Den Zorn Napoleons zieht sich Murat zu, als er sich in Italien durch Unterschlagungen derart schamlos bereichert, dass selbst der Erste Konsul – der seinen Generalen in dieser Hinsicht vieles nachsieht – die Angelegenheit nicht mehr vertuschen kann. Nach Paris zurückbeordert, um sich zu rechtfertigen, gelingt es zwar Murat, seinen Schwager durch einen temperamentvollen Wortschwall zu beschwichtigen, seine Rehabilitierung verdankt er aber letztlich Caroline, die den Bruder durch ein glänzendes Fest zu seinen Ehren wieder versöhnt. 1803 wird die Italienarmee nach Frankreich zurückverlegt, Murat erhält im Januar 1804 einen neuen Posten als Gouverneur von Paris.

Im Januar 1801 bringt Caroline ihr erstes Kind zur Welt,

[3] Seit dem Staatsstreich vom 18./19. Brumaire des Jahres VIII (9./10. November 1799) ist Bonaparte wiederholt die Zielscheibe von Attentaten. Dem bekanntesten vom 24. Dezember 1800 entgeht er nur knapp, als auf seinem Weg zur Pariser Oper in der Rue St. Nicaise neben Napoleons Kutsche eine Bombe detoniert und er unverletzt bleibt; mehrere Begleiter werden jedoch getötet oder verwundet.

Achill Napoleon (1801–1847). Drei weitere folgen, nämlich Letizia Joséphine (1802–1859), Lucien Charles Napoleon (1803–1878) und schließlich Louise Julie Caroline (1805–1889). 1810 erleidet sie eine Fehlgeburt, ein Jahr später stirbt ein Sohn kurz nach der Entbindung. Auch die Kindererziehung ist auf das Wohlwollen Napoleons ausgerichtet, als dessen mögliche Nachfolger Caroline ihre Söhne sieht. So werden die Kinder schon früh einer strengen Etikette unterzogen und müssen Schach lernen, um dem Onkel, der das Spiel wegen seines militärischen Charakters sehr schätzt, zu gefallen. Wiederum ist es Murat, der die Anstrengungen seiner Frau stört: Seine Kinder abgöttisch liebend, hält er wenig von den strengen Hausvorschriften und scheut sich nicht, mit ihnen zu toben und am Boden herumzutollen. Auch dürfen sie ihn mit „Du" anstelle des unpersönlichen „Sie" ansprechen, allerdings nur in Carolines Abwesenheit.

Das Jahr 1804 ist ein entscheidender Wendepunkt in der Geschichte der Familie Bonaparte. Der Senat in Paris beschließt im Mai die Umwandlung des Konsulats in ein erbliches Kaisertum. Damit jedoch kommt es zum Konflikt unter den Geschwistern. Wenn auch ein Großteil der Angehörigen Napoleons von dieser Erhöhung profitiert, gehen jedoch nach dem Willen des Kaisers seine Schwestern leer aus. Während die Brüder Joseph und Louis – später auch Jérôme – zu Prinzen aufsteigen, ihre Frauen somit den Rang von Prinzessinnen erhalten, bleiben Elisa, Pauline und Caroline, was sie sind, nämlich Madame Bacciocchi, Fürstin Borghese und Madame Murat. Noch am 18. Mai, dem Tag des Senatsbeschlusses, kommt es beim Familiendiner zu einer lautstarken Auseinandersetzung zwischen Elisa und Caroline[4] sowie dem Kaiser. Vermutlich ist es das Durchsetzungsvermögen der jüngsten Schwester, das Napoleon zum Nachgeben bewegt; kurz darauf werden alle drei zu Prinzessinnen erhoben. Im gleichen Monat erhalten 18 verdiente Generale den wieder eingeführten Rang eines *Marschalls von Frankreich*; unter ihnen ist Murat, der

[4] Pauline Borghese ist nicht anwesend, sondern befindet sich zu diesem Zeitpunkt zusammen mit ihrer Mutter Letizia im italienischen Kurort Lucca.

ein Jahr später zusammen mit Felix Bacciocchi und Camillo Borghese zum Prinzen ernannt wird.

Carolines Ehrgeiz erleidet einen schweren Rückschlag, als Napoleon ihre Kinder von der möglichen Thronfolge ausschließt. Dabei beruft er sich auf das in Frankreich noch immer gültige Salische Recht, welches die männliche Erbfolge vorschreibt. Zum „Kronprinzen" für die Dauer seiner eigenen Kinderlosigkeit bestimmt der Kaiser seinen zweijährigen Neffen Napoleon Charles, den Sohn seines Bruders Louis und dessen Frau Hortense – Joséphines Tochter. Caroline ist empört, zumal damit die verhasste Beauharnais-Familie gegenüber den Bonapartes bevorzugt wird. Ihr entgeht, dass für Napoleon ein Sohn Joachim Murats als möglicher Nachfolger in jedem Fall ausscheidet.

1805 nimmt Murat als Befehlshaber der Kavallerie am Feldzug gegen Österreich und Russland teil, wo er sich bei Ulm und Austerlitz wieder einmal hervortut. Im Frieden von Pressburg trifft Napoleon neue Gebietsregelungen: So muss Preußen, als Strafe für seine höchst zweideutige Haltung während des Krieges, das Herzogtum Cleve sowie Ansbach abtreten, erhält dafür jedoch Hannover. Bayern verliert das Herzogtum Berg im Austausch gegen Ansbach. Cleve und Berg fasst Napoleon zum Herzogtum, später zum Großherzogtum zusammen und überträgt es im März 1806 seinem Schwager Murat. Damit will der Kaiser nicht zuletzt auch Carolines Ehrgeiz befriedigen, die sich seit einem Jahr bitter über die Ernennung Elisas zur Großherzogin von Piombino und Lucca beschwert.

Das Großherzogtum Cleve-Berg umfasst etwa 320.000 Einwohner. 1807, nach dem Frieden von Tilsit, werden ihm weitere Territorien zugeschlagen, so Lippstadt, Teile des Fürstentums Münster sowie die Grafschaften Tecklenburg und Lingen. Ebenfalls hinzu kommen die Gebiete der ehemaligen Abteien Elden, Essen und Werden. Damit steigt die Bevölkerungszahl auf fast eine Million. In den zwei Jahren seiner Regierung verbringt Murat insgesamt nur vier Monate in Düsseldorf, der Hauptstadt des Großherzogtums. Die Verwaltung überlässt er seinen Sekretären, während der Marschall selbst

Napoleon auf seinen Feldzügen begleitet. Auch Caroline zieht den Elysée-Palast in Paris, den ihr Napoleon 1805 geschenkt hat, dem Schloss Benrath – der großherzoglichen Residenz – vor.

Napoleons Hoffnung, die Schwester mit Cleve-Berg zufrieden gestellt zu haben, erweist sich als trügerisch. Hat nicht ihr Mann mehr geleistet für Frankreich und insbesondere den Kaiser als etwa Joseph und Louis, die nun Königskronen[5] tragen? Ist Murat nicht mehr wert als der Geige spielende Bacciocchi, mit dem er nun rangmäßig auf einer Stufe steht? Die Königswürde ist es, die Caroline anstrebt.

Napoleons Feldzug an der Weichsel 1806/07 erweckt bei Caroline Hoffnungen, und zwar in zweierlei Hinsicht. Zum einen scheinen neue Throne in Sicht, für deren Besetzung ihrer Ansicht nach nur Murat in Frage kommt. Da ist zum einen Preußen, das nach den Niederlagen von Jena und Auerstedt als Militärmacht aufgehört hat zu bestehen. Die Flucht des Königs Friedrich Wilhelm III. und seiner Frau Luise verlängert zwar den Krieg, kann die totale Niederlage aber nicht abwenden. Eine Entmachtung der Hohenzollern zu Gunsten eines Satelliten Napoleons ist sehr wahrscheinlich. Zum anderen erwartet man vom Kaiser die Wiederherstellung des Königreichs Polen, das nach den Teilungen durch die Großmächte Österreich, Russland und Preußen ausgelöscht worden war. Aber Caroline wird enttäuscht: Zwar plant Napoleon tatsächlich die Besetzung der beiden Reiche mit einem Familienmitglied, allerdings ist es Jérôme, den er im Auge hat. Der Friede von Tilsit schließlich macht auch dieses Vorhaben obsolet, da Zar Alexander auf die Bewahrung der Hohenzollernmonarchie drängt und Napoleon, um den Russen nicht zu verstimmen, statt eines Königreichs Polen nur das Großherzogtum Warschau gründet – und dieses dem König von Sachsen überträgt.

Doch Carolines Pläne in diesem Winter sind noch weit reichender. Die Meldungen von der bedrohlichen Lage auf dem

[5] Joseph wird 1806 König von Neapel, Louis im gleichen Jahr König von Holland.

polnischen Kriegsschauplatz lassen sie aufhorchen: Was geschieht, wenn den Kaiser die tödliche Kugel trifft? Zwar hat Napoleon ja den Sohn seines Bruders Louis zum Thronfolger bestimmt, doch ist jedem bewusst, dass diese Regelung auf Sand gebaut ist. Vielmehr ist zu erwarten, dass die Marschälle und Generale um die Macht im Staate ringen werden. Und wer von diesen wenn nicht Murat hätte den größten Anspruch auf den Kaiserthron? Caroline beginnt, für den von ihr erwarteten Tod des Bruders vorzubeugen, was schließlich in einem Verhältnis mit General Andoche Junot gipfelt. Junot ist – als Nachfolger Murats – Gouverneur von Paris und als solcher Befehlshaber aller in der Hauptstadt stehenden Truppen. Damit fällt ihm die Bedeutung zu, die einst die Prätorianerpräfekten im antiken Rom besaßen, deren Stellungnahme – stellvertretend für das hauptstädtische Heer – bei der Kaiserausrufung meist ein besonderes Gewicht hatte.

Abermals erfüllen sich Carolines Bestrebungen nicht, denn Napoleon kehrt wohlbehalten aus Polen zurück. Ihr wenig geheim gehaltenes Liebesverhältnis zu Junot hat sich jedoch inzwischen zu einem Skandal entwickelt, über den der Kaiser derart empört ist, dass er den General seines Postens enthebt – ihm aber kurz darauf ein neues Kommando übergibt, nämlich den Oberbefehl über die Portugalarmee. Einen bleibenden, zu diesem Zeitpunkt nicht vorhersehbaren Schaden trägt im Übrigen Caroline davon: Sie hat sich Junots Frau Laurette, die spätere Herzogin von Abrantès, zur erbitterten Feindin gemacht, die mit ihren nach dem Zusammenbruch des Kaiserreichs entstandenen Memoiren das Bild Caroline Murats in der Geschichte nachhaltig und äußerst negativ geprägt hat.

Carolines Verhalten während des polnischen Krieges ist insofern bemerkenswert, als sie zum ersten Mal ihre eigenen Interessen von denen Napoleons loslöst. Dass sie dabei selbst vor der Untreue gegenüber ihrem Mann nicht zurückschreckt, zeigt ihre Entschlossenheit, ihr Ziel zu erreichen. Schon bald geht sie ein neues Verhältnis ein, diesmal mit Clemens Lothar von Metternich, dem österreichischen Gesandten in Paris. Zwar handelt es sich um eine eher erotische Liebesaffäre, doch darf dieser Umstand nicht darüber hinwegtäuschen, dass sich

Caroline auch politische Vorteile verspricht, denn als künftige Regentin darf sie gute Beziehungen zum Wiener Hof natürlich nicht verschmähen. Übrigens ist es die gedemütigte Laurette Junot, die ihr den Österreicher wieder ausspannt. Ob Caroline auch mit Talleyrand ein Verhältnis gehabt hat, ist unklar; auf jeden Fall knüpft sie an ihre Hoffnungen des Jahres 1807 an und verbündet sich 1808/09 mit ihm und mit Fouché, dem Polizeichef, um Napoleon – sollte ihm in Spanien etwas zustoßen – durch Murat zu ersetzen. Abermals jedoch kehrt der Kaiser unbeschadet heim und bricht mit Talleyrand, der schon etwas übereilt in verräterische Verhandlungen mit Wien getreten ist; Caroline bleibt unbehelligt.

Dass sie aber auch erotische Abwechslung sucht, beweisen ihre zahlreichen Affären mit politisch eher unbedeutenden Männern, etwa mit Adjutanten ihres Ehemanns oder des Kaisers, so mit Charles de Flahaut, einem Stabsoffizier Napoleons.[6] Auch wenn sich Caroline nicht mit der Schönheit ihrer Schwester Pauline messen kann, wird sie als ausgesprochen anmutig und attraktiv geschildert. Eine anschauliche Beschreibung hat Louise Murat, ihre Tochter, hinterlassen: „Sie war eher klein als groß und ein wenig füllig. Ihre Haut war so blendend weiß, dass ihre Schultern in Abendkleidern aussahen, als wären sie in weißen Atlas gehüllt. Meine Mutter hatte weder die regelmäßigen Gesichtszüge noch die Makellosigkeit der Linien, die ihre ältere Schwester Pauline auszeichneten, mit der sie so oft verglichen worden ist. Pauline glich einer griechischen Statue in höchster Vollendung, aber meine Mutter gefiel, obwohl weniger vollkommen, ebenso, ja vielleicht noch mehr wegen ihrer natürlichen Anmut, ihrer Liebenswürdigkeit und ihrer Eleganz. Sie hatte mandelförmig geschnittene, samtige Augen und einen sanften, gütigen Blick. Ihre Hände und Füße waren klein und von seltener Fehlerlosigkeit, sie waren wirklich das Schönste an ihr." In späteren Jahren wird Caroline etwas dick, was jedoch ihrer Anziehungskraft ebenso wenig schadet wie der überproportionale

[6] Diese Affäre zieht ihr die Feindschaft Hortenses zu, die selbst in den jungen Offizier verliebt ist und mit ihm in späteren Jahren in einem eheähnlichen Verhältnis lebt.

Kopf und ihre zu langen Arme. Carolines Untreue beeinträchtigt im Übrigen ihre Ehe keineswegs, zumal auch Murat verschiedene Affären hat und im Krieg kein Frontbordell auslässt. Dass der temperamentvolle Gascogner dennoch zu Eifersuchtsausbrüchen fähig ist, zeigt während seiner Königsherrschaft in Neapel die Affäre Daure: Von dem Liebesverhältnis seines Polizeiministers mit Caroline informiert, eilt Murat mit zwei Pistolen bewaffnet zu dem Ehebrecher, um ihn persönlich zu erschießen. Der hat jedoch rechtzeitig von der ihm drohenden Gefahr erfahren und ist nach Frankreich geflohen.

Carolines Ehrgeiz erhält neuen Auftrieb, als Napoleon die Besetzung der iberischen Halbinsel beschließt. Nach den Enttäuschungen bezüglich Preußens und Polens sehen sich die Murats als künftige Herrscher Spaniens. Genährt wird diese Hoffnung durch die Ernennung Murats zum Oberbefehlshaber der 100.000 Mann starken Besatzungsarmee. Unter dem Vorwand, Junots Heeresgruppe in Portugal zu verstärken, marschieren die Franzosen in Spanien ein und besetzen Madrid. Ein Thronstreit zwischen König Karl IV. und seinem Sohn Ferdinand unterstützt Napoleons Pläne, die spanische Linie der Bourbonen durch einen seiner eigenen Anhänger zu ersetzen; kurzerhand befiehlt er die streitende Familie nach Bayonne, wo er sowohl Karl als auch Ferdinand zur Abdankung zwingt. In Madrid, wo die Bevölkerung den Franzosen feindselig gegenübersteht, kommt es am 2. Mai 1808 zum Aufstand, den Murat blutig niederschlägt. Nun endlich erfüllt sich sein und Carolines Traum von einer eigenen Krone, wenn auch anders als gedacht: „Ich bestimme den König von Neapel [Joseph Bonaparte] zum Herrscher von Madrid", schreibt ihm der Kaiser, und weiter: „Ihnen werde ich das Königreich Neapel oder Portugal geben. Antworten Sie mir sogleich, wie Sie darüber denken, denn es muss sich in einem Tage entscheiden." Murat ist bitter enttäuscht: Nicht er soll also die Früchte dieses Feldzuges ernten, sondern Napoleons älterer Bruder. Deprimiert entscheidet er sich für das süditalienische Reich und begibt sich zunächst zur Kur.

Dass die Murats das größere und an Kolonien reiche Spanien dem kleinen Staat Neapel[7] vorgezogen hätten, erscheint zunächst verständlich. Letztlich aber haben sie mit der Entscheidung Napoleons Glück, denn die Krone Spaniens erweist sich für Joseph als eine dornenreiche. Caroline und ihr Mann hingegen ziehen in ein Königreich, das sich durch die exzellente Verwaltung ihres Vorgängers und somit relativ geordnete Verhältnisse auszeichnet. Dass sie dafür alle ihre Besitzungen in Frankreich, darunter Schloss Neuilly und den Elysée-Palast, für den Spottpreis von 500.000 Francs an den Kaiser abtreten sowie auf das Großherzogtum Cleve-Berg verzichten müssen, ist nur ein Wermutstropfen angesichts der neuen Stellung. Allerdings scheuen sie sich nicht, ihre ehemaligen Schlösser in Frankreich und Düsseldorf regelrecht auszuplündern und alles bewegliche Gut nach Neapel abzutransportieren, was dem frisch gebackenen Königspaar einen herben Verweis des Kaisers einträgt – zumal die meisten Sachen ihnen gar nicht gehören. Als Ausgleich finden sie in Neapel einen leeren Palast vor, denn auch Joseph hat sich nicht gescheut, „seine" Besitztümer, die überwiegend von seinen Vorgängern stammen, nach Madrid mitzunehmen.

Mit dem Beginn ihrer Herrschaft im Königreich Neapel verschlechtert sich zusehends das bisher gute Verhältnis der Eheleute zueinander. Zwar trägt nun Caroline die lang begehrte Krone, doch hat sie ihr Bruder nur zur Thronfolgerin, nicht zur Regentin bestimmt. Die Macht im Staat liegt allein in den Händen ihres Mannes, der als König Joachim I. – bzw. Gioacchino, wie ihn die Italiener nennen – regiert. So verlangt sie mit einem Seitenblick auf die Selbstständigkeit ihrer Schwester Elisa in Piombino-Lucca die Gleichberechtigung neben ihrem Mann, insbesondere die Zulassung zum Staatsrat. Doch genau das Beispiel der Bacciocchis ist es, das umgekehrt Murat davon abhält, der Königin zu viel Macht einzuräumen. Den

[7] Das Königreich *Beider Sizilien*, wie es eigentlich heißt, hat Napoleon 1806 seinem älteren Bruder Joseph übertragen, nachdem sich König Ferdinand IV. und seine Frau Marie Caroline trotz Neutralitätsvertrag im Krieg von 1805 gegen Frankreich gestellt hatten. Da jedoch Joseph die dem Reich namengebende Insel Sizilien aufgrund der englischen Flottenüberlegenheit nicht hat besetzen können, begnügt man sich mit dem bescheideneren Titel eines Königreichs Neapel.

Ehrgeiz Carolines kennend und nunmehr fürchtend, verspürt der Gascogner wenig Neigung, das Los seines Schwagers Felix Bacciocchi zu teilen, der als Prinzgemahl unter seiner Frau steht. Erst 1812 setzt sich Caroline durch, als sie für die Dauer seiner Abwesenheit – Murat beteiligt sich am Russlandfeldzug – die Regentschaft führt.

Eine weitere Belastung ihrer Ehe stellt die sich verschlechternde Beziehung Murats zum Kaiser dar. Caroline ist sich bewusst, dass man im Reiche Napoleons Königskronen ebenso schnell wieder verliert, wie man sie erhalten hat. Aus diesem Grunde bemüht sie sich wieder um das Wohlwollen ihres Bruders, der Neapel letztlich als eine Art Kolonie zur Befriedigung der französischen Bedürfnisse betrachtet. Murat dagegen fühlt sich – darin seinem Schwager Louis in Holland nicht unähnlich – „seinen" Untertanen gegenüber verantwortlich und will in ihrem Sinne regieren. „Es ist auch meine Ansicht", schreibt er seiner Frau nach Paris, „dass der Kaiser das Recht haben muss zu verlangen, dass wir seine Richtlinien befolgen, ... aber er sollte unser Mentor sein und nicht unser Herr. Man ist nicht König, nur um zu gehorchen. Und dann, wie kann er Völkern, die er Fürsten aus seiner Familie anvertraut hat, sagen, dass die Interessen der Franzosen ihren eigenen vorgingen?" Schon bald gibt es eine „französische" und eine „italienische" Partei am Hofe. Die Konflikte sind vorprogrammiert.

Ein wesentliches Problem des Königreiches ist die leere Staatskasse. Der Haushalt weist ein Defizit von 1,5 Millionen Dukaten – umgerechnet über 6,5 Millionen Francs – auf. Schuld daran sind zum einen die Aufbauarbeiten, die Murats Vorgänger und Schwager Joseph hat leisten müssen, zum anderen aber auch dessen Verschwendungssucht. Vor allem jedoch belasten die 30.–40.000 französischen Besatzungssoldaten, die auf Kosten Neapels leben, den Staatsschatz erheblich. Aber an eine Reduzierung ihrer Präsenzstärke denkt Napoleon nicht. Im Gegenteil: Als er von Murat die Stellung von Soldaten für den Russlandkrieg fordert, schlägt ihm der König vor, doch die Franzosen aus seinem Land abzuziehen, was der Kaiser empört zurückweist. Doch es sind nicht nur die Kosten für die Besatzungstruppen, die den Staat belasten: Neapel hat eine eigene Streitmacht von zunächst 21.000 Mann und 18 Kriegsschiffen zu unterhalten, über die der Kaiser in Paris nach Belieben verfügt. In späteren Jahren steigen die Ansprüche Napoleons; schon 1810 besteht das neapolitanische Heer aus 40.000 Mann. Erschwerend kommt hinzu, dass das Königreich unter den Auswirkungen der Kontinentalsperre leidet, die den Handel lähmt. „Er beschneidet unsere Einkünfte, erdrückt meinen Handel, lähmt unsere Fabriken, befiehlt mir, eine gefährliche Expedition zu unternehmen, verlangt von mir, eine Flotte zu unterhalten, verbietet meine Ausfuhren", klagt der König seiner Frau, „mit einem Wort, er macht es mir unmöglich, diese riesige Last ... auf die Dauer zu tragen. Und wenn es seiner Politik und seiner Laune gefällt, mich vom Thron zu stoßen, so wird es mir genauso gehen wie Louis."[8]

Ein weiterer Konfliktstoff ist der Versuch Murats, als eigenständiger Souverän zu regieren. Doch wie schon Joseph und Louis muss er feststellen, dass er im Grunde nur ein Statthalter seines Schwagers ohne weiter reichende Kompetenzen ist. So verbietet ihm Napoleon die Ernennung von Marschällen in seinem Königreich, weil dieses Recht allein der Kaiser der Franzosen habe. Als der König den in Neapel eingeführten *Code Napoléon* dahingehend modifiziert, dass er das Scheidungsrecht streicht – Murat erhofft sich dadurch die bislang versagte Anerkennung des Papstes sowie die Gewinnung des katholischen Adels –, führt das zu schweren Protesten aus Paris. 1811 kommt es beinahe zum offenen Bruch, als Murat per Dekret vom 11. Juni die Annahme der neapolitanischen Staatsbürgerschaft für alle Ausländer, die in seinem Königreich ein öffentliches Amt bekleiden, verfügt – was faktisch ausschließlich Franzosen betrifft. Ferner enthebt er den Befehlshaber der französischen Besatzungsarmee, Marschall Cathérine-Dominique Perignon, seines Postens und

[8] Louis Bonaparte, der König von Holland, hat ähnliche Probleme mit Napoleon wie Murat. Vom Kaiser wiederholt bedrängt und bedroht, zieht er 1810 die Konsequenz und dankt eigenmächtig ab, um einer Entthronung zuvorzukommen.

ersetzt ihn durch einen Italiener. An die Stelle der kaiserlichen Adler setzt der König die neapolitanische Trikolore. Napoleon reagiert prompt: In einem Gegendekret hebt er Murats Verfügungen auf und droht dem Gascogner unverhohlen. Zeitweilig werden auch die neapolitanischen Gesandten aus Paris ausgewiesen.

Bei all diesen Konflikten versucht Caroline, zwischen ihrem Mann und dem Kaiser zu vermitteln, wozu sie sich häufig in Paris aufhält. „Was ist Dein Ziel?“, schreibt sie dem König nach Neapel. „Es ist doch, uns den Platz zu halten, wo wir sind, und das Königreich zu bewahren. Daher müssen wir so handeln, wie er es wünscht, und dürfen ihn nicht erzürnen, wenn er etwas verlangt, denn er ist stärker als Du, und Du kannst nichts gegen ihn unternehmen.“ Und in einem anderen Brief beschwört sie ihn: „Du musst Deinen Kopf, der sich leicht entflammt, ein wenig kühlen und mit etwas mehr Geduld ... die Zeit abwarten, wo wir ungestörter und unabhängiger sein werden.“ Spielt Caroline damit auf die Zeit *nach* Napoleon an? Möglich wäre es, denn die Königin ist – wie sich zeigen wird – intelligent genug, die sich ändernden Vorzeichen zu erkennen.

Insgesamt erweist sich die Herrschaft der Murats als ein Segen für Neapel. An die Vorarbeiten Josephs anknüpfend, bauen Joachim und Caroline das Land weiter aus, fördern die Infrastruktur und können sogar – dank der Unterstützung ihrer hervorragenden Minister und trotz der eigenen verschwenderischen Hofhaltung – die finanzielle Misere beheben. Letzteres ist insbesondere das Werk des Grafen Agar de Mosbourg, eines Finanzgenies, das bereits im Großherzogtum Cleve-Berg Murats Geldangelegenheit zu dessen vollster Zufriedenheit geregelt hat. Neben ihm sind es vor allem Giuseppe Zurlo als Innen- und Francesco Riccardi als Justizminister, die dem Herrscherpaar tatkräftig zur Seite stehen.

Auch militärisch kann Murat Erfolge verbuchen. Noch im Oktober 1808, kurz nach seinem Einzug in Neapel, erobert der frisch gebackene König die Insel Capri, deren englischer Kommandant Sir Hudson Lowe – der spätere Gouverneur auf St. Helena – kapituliert, per Kontrakt jedoch freien Abzug erhält.

1809 besetzen Murats Truppen auf kaiserlichen Befehl den Kirchenstaat. Zur Krise kommt es, als im gleichen Jahr englische Truppen an der neapolitanischen Küste sowie auf Ischia landen, um durch eine neue Front Österreich zu entlasten. Es ist Caroline, die einen kühlen Kopf behält und den in Panik verfallenen Murat zur Pflichterfüllung mahnt. Schließlich ziehen sich die Engländer wieder zurück, als sich die Nachricht von Napoleons Sieg bei Wagram verbreitet.

Ein anderes, von Joseph niemals bewältigtes Problem ist der Guerilla-Krieg vor allem in Kalabrien. Ähnlich wie in Spanien terrorisieren ganze Banden die Gegenden, meist allerdings mehr aus Raublust denn aus Loyalität zu der vertriebenen Dynastie der neapolitanischen Bourbonen. 1810/11 lässt der König die Landschaft durch französische Truppen unter General Manhès „befrieden", was jedoch aufgrund des brutalen Vorgehens der Soldaten den Franzosenhass nur schürt – Murat selbst wird ihm schließlich 1815 zum Opfer fallen. Immerhin wird das Räuberunwesen weitestgehend eingedämmt.

Die von Napoleon bereits an Joseph gestellte Forderung nach einer Eroberung Siziliens kann auch Murat nicht erfüllen, da die Präsenz der englischen Flotte das Unternehmen unmöglich macht. Als er es im September 1810 dennoch versucht – die Engländer sind durch die französischen Erfolge in Spanien und Portugal abgelenkt –, scheitert die Invasion an den Kompetenzstreitigkeiten mit dem die kaiserlichen Truppen befehlenden General Grenier.

Auch auf kulturellem Gebiet sind die Murats nicht untätig. Es werden Schulen gegründet sowie Militärakademien für das Artillerie-, Marine- und Brückenbauwesen. Wie Elisa in Florenz und Lucca betätigt sich auch Caroline in Neapel als Mäzenin für Künstler aller Art. Davon profitiert insbesondere die Archäologie, die der Familie Bonaparte viel zu verdanken hat. Das bekannteste Projekt, das erst durch ihre finanzielle Unterstützung gedeiht, sind die Ausgrabungsarbeiten von Pompeji. Dass das Herrscherpaar dennoch nicht die Herzen der Neapolitaner gewinnt, ist auf die äußeren Umstände zurückzuführen. Das Land leidet unter den Auswirkungen der Kontinentalsperre, was sich durch die Lähmung des Handels und die fortschreitende Arbeitslosigkeit ausdrückt. Als weitere Last erweisen sich die Kriege Napoleons, für die das Land immer wieder Truppen stellen muss. Schließlich diskreditiert der Konflikt des Kaisers mit der Kirche die Herrschaft seines Vasallen Joachim, der als Helfershelfer des vom Papst exkommunizierten „Antichristen" angesehen wird.

Der Konflikt Murats mit Napoleon trübt Carolines Verhältnis zu ihrem Bruder erstaunlicherweise nicht. Wie schon erwähnt, hält sich die Königin häufig in Paris auf, um in der Nähe des Kaisers die eigenen Interessen zu vertreten. Als Gunstbezeugung überträgt ihr Napoleon im Frühjahr 1810 nach seiner Scheidung von Joséphine die Aufgabe, die zur neuen Ehefrau erkorene Erzherzogin Marie Louise von Österreich nach Frankreich zu geleiten. Obwohl sie schwanger ist, macht sich Caroline auf die beschwerliche Reise, denn sie will sich die günstige Gelegenheit, das Vertrauen ihrer künftigen Schwägerin zu gewinnen und somit ihre eigene Position zu festigen, nicht entgehen lassen. Von Braunau aus reisen die beiden Frauen zusammen nach Paris, im Eiltempo, 16 Stunden am Tag, da Napoleon ungeduldig auf seine Zukünftige wartet. Die Fahrt wird für Marie Louise zu einer Art Triumph, überall wird sie freudig begrüßt. Weniger begeistert ist die Königin. „Die ganze Nacht hindurch habe ich diese Worte in den Ohren und wache selbst schon auf und schreie: ‚Es lebe die Kaiserin!'" klagt Caroline ihrem Mann, und weiter: „Bitte, sage doch Paulette und allen anderen von der Familie, dass das Erste, was sie von mir zu hören bekommen werden, wenn sie mich sehen, ‚Es lebe die Kaiserin' sein wird, da ich auf längere Zeit hinaus nichts mehr anderes sagen kann!"

Die Freundschaft der neuen Schwägerin kann sie jedoch nicht gewinnen. „Ich traue ihr nicht ganz; ich glaube, dass nicht Diensteifer allein die Ursache ihrer Reise war", vertraut Marie Louise ihrem Vater, dem Kaiser Franz I., an, womit sie eine gute Menschenkenntnis beweist. Ihre Symphatie verliert die Königin endgültig, als sie gegen Marie Louises Willen deren einzige österreichische Vertraute verabschieden lässt, um selbst diesen Platz einzunehmen. Doch letztlich zählt für die Königin von Neapel allein das Wohlwollen des Kaisers, der mit seiner Schwester auch durchaus zufrieden ist. Caroline wird – im Gegensatz zu Pauline und Elisa – davon befreit, bei der Trauung die Brautschleppe zu tragen und darf schließlich sogar das Paar auf seiner Hochzeitsreise nach Belgien begleiten. Das erweist sich aber als wenig ersprießliche Angelegenheit, da Napoleon die Fahrt hauptsächlich zur Inspektion der militärischen Anlagen nutzt.

1812 plant Napoleon den Angriff auf Russland. An der Spitze seiner Kavallerie wünscht er sich Murat, seinen legendären Reiterführer aus den Tagen von Abukir, Marengo und Austerlitz. Zwar lädt er den König von Neapel demonstrativ nicht nach Dresden ein, wo der Kaiser im Mai noch einmal seine Vasallenfürsten versammelt, doch zeigt er sich versöhnlich, als ihm der Marschall seine Teilnahme am Feldzug zusichert. Tatsächlich ist Murat glücklich, wieder unter Napoleon im Felde stehen zu dürfen, denn der Konflikt mit dem von ihm aufrichtig verehrten Schwager belastet seine Seele. So war er tief betrübt, in den Jahren zwischen 1809 und 1811 nicht zu den Fahnen gerufen worden zu sein, sei es gegen die Österreicher, sei es gegen die Engländer und Spanier. In Danzig treffen sie zusammen, und nach einer kurzen, stürmischen Aussprache sinken sich Kaiser und König in die Arme, um den alten Zwist zu begraben.

Ausgesöhnt hat sich Murat auch mit Caroline. Bereits 1810, als sich beide anlässlich der Hochzeit des Kaisers in Paris treffen, wird ihr Konflikt zunächst beigelegt, ja das Ehepaar durchlebt hier gewissermaßen seine zweiten Flitterwochen. Zurück in Neapel, kommt es jedoch erneut zum Streit, als Murat öffentlich die Interessen Frankreichs denen seines Königreiches unterordnet. Caroline wird, da der König ihre Einmischung fürchtet, von der Außenwelt isoliert und von der Politik gänzlich ferngehalten. Schließlich bedarf er aber doch wieder ihrer Hilfe, um Napoleon zu versöhnen, und abermals reist Caroline nach Paris. Nun, für die Dauer seiner Abwesenheit, übernimmt sie die Regentschaft, und die Eheleute trennen sich in inniger Zuneigung.

Während Caroline sich als Herrscherin bewährt, versagt ihr Mann als Feldherr. Im Dezember 1812, nachdem er die Reste seines Heeres bei klirrendem Frost über die Beresina geführt hat, überträgt Napoleon dem König das Kommando, weil seine eigene Anwesenheit in Paris dringend erforderlich ist. Es kommt zur endgültigen Katastrophe, denn Murat macht unverzeihliche Fehler, die noch einmal Tausenden das Leben kosten und zur endgültigen Auflösung der Armee führen. Mitte Januar 1813 schließlich ernennt er eigenmächtig Eugène Beauharnais zu seinem Nachfolger und reist nach Neapel ab – mit der Bemerkung, das Klima sei ihm nicht bekömmlich.

Caroline ist ebenso außer sich wie Napoleon, der mit der standrechtlichen Erschießung Murats droht. Inwieweit Caroline sich an den nun folgenden Aktivitäten ihres Mannes beteiligt, ist unklar. Auf jeden Fall knüpft der König Kontakte zum Wiener Hof und zu den Engländern, vertreten durch Sir William Bentinck, den britischen Befehlshaber im Mittelmeer. Sein Hauptinteresse gilt der Frage, ob im Falle eines Ausscheidens aus dem Krieg seiner Dynastie die Krone erhalten bleibe. Doch das sich scheinbar wieder wandelnde Kriegsglück Napoleons – im Mai 1813 siegt er über die Verbündeten bei Lützen und Bautzen – lässt Murat die Verhandlungen abbrechen. Im August steht der König, nicht zuletzt auf Drängen Carolines, wieder zu seiner Verfügung und kämpft in den Schlachten von Dresden und Leipzig. In Erfurt trennen sich nach der Niederlage in der Völkerschlacht Napoleon und Murat, um einander nie wiederzusehen.

In dieser Zeit verhandelt Caroline selbst mit dem österreichischen Gesandten Graf Mier. Doch der Wiener Hof verlangt angesichts der nach Leipzig veränderten Lage mehr als nur die Neutralität Neapels, wenn die Murats ihre Krone behalten wollen: Man fordert den Übertritt zu den Alliierten. Dazu ist der König nicht bereit, wohl aber Caroline. Im Dezember 1813 wendet sich Murat beschwörend an den Kaiser, doch das Unglück nicht herauszufordern und den verlorenen Krieg zu beenden: „Im Namen all dessen, was Ihnen auf der Welt am teuersten ist, im Namen Ihres Ruhmes, leisten Sie nicht länger Widerstand. Schließen Sie Frieden, schließen Sie ihn um jeden Preis. Gewinnen Sie Zeit, und Sie werden alles gewinnen. Ihr Genie und die Zeit werden das Übrige tun. Wenn Sie aber die Bitten Ihrer Freunde, Ihrer Untertanen in den Wind schlagen, werden Sie verloren sein und auch uns alle zugrunde richten." Umsonst, Napoleon setzt den Krieg fort. Nach seinem Willen soll der König von Neapel zusammen mit den Truppen des Vizekönigs von Italien, Eugène, die Streitkräfte Österreichs binden und somit dem Hauptheer in Frankreich Erleichterung verschaffen.

Anfang Januar 1814 reist der österreichische Gesandte Graf Adam Neipperg – der spätere Liebhaber Marie Louises – nach Neapel und stellt dem Königspaar ein Ultimatum. Sollte der König sich nicht bald entscheiden, würde die mehr als doppelt so starke österreichische Italienarmee auch sein Reich angreifen. Zur gleichen Zeit erscheint im Auftrag des Kaisers Fouché, Napoleons einstiger Polizeiminister, am Hofe, um Murat und Caroline von einem möglichen Seitenwechsel abzuhalten. Dass ausgerechnet er einen Verrat verhindern soll, ist kurios, denn Napoleon macht mit Fouchés Entsendung den Bock zum Gärtner. Schon seit 1808 auf den Sturz des Kaisers hinarbeitend, rät der intrigante Ex-Minister zur Annahme der Wiener Bedingungen, um kurz darauf zu Elisa nach Florenz weiterzureisen und sie ebenfalls zur Lossagung von Frankreich zu überreden.

Es ist Caroline, die den Abfall Neapels durchsetzt. Am 11. Januar 1814 schließt der von Schuldgefühlen geplagte Murat ein Bündnis mit Österreich, kurz darauf erklärt er Frankreich den Krieg. Am 23. Januar besetzen neapolitanische Truppen Rom und schließen 2.000 französische Soldaten, die eine Kapitulation verweigern, in der Engelsburg ein. Schon bald steht Murats Heer in Elisas Fürstentümern Piombino und Lucca, um von hier aus gegen Eugènes Italienarmee zu marschieren.

Der „Verrat" Carolines und ihres Mannes an Napoleon ist schon von ihren Zeitgenossen verdammt worden. Der Kaiser ist fassungslos, Letizia bricht mit der Tochter – um sich freilich 1815 wieder mit ihr auszusöhnen. Auch spätere Historiker haben das machiavellistische Verhalten des Herrscherpaares verurteilt. Während jedoch Murat durch sein Ende 1815

(s. u.) in der Geschichtsschreibung teilweise eine Rehabilitierung erfahren hat, trägt Caroline bis heute das Mal der Verräterin. Objektiv betrachtet hatten die Murats im Jahr 1814 aber kaum eine Wahl. Dass sie bestrebt waren, ihre Krone zu behalten, ist nicht wirklich verwerflich. Murat hat zwar als Marschall von Frankreich seinen Kaiser im Stich gelassen, als König von Neapel jedoch richtig gehandelt, denn sein Hauptanliegen – und seine Aufgabe als Landesfürst – musste es sein, sein Reich vor den Verheerungen eines ohnehin verlorenen Krieges zu schützen. Hinzu kommt, dass 1814 die Fortsetzung des Kampfes durch Napoleon jeglicher Grundlage entbehrte. Seine Armee war zerschlagen, das alliierte Heer dem seinen vielfach überlegen. Dennoch machten ihm die Verbündeten im November 1813 ein Friedensangebot, das lediglich die Aufgabe des Suprematieanspruchs Frankreichs über Europa fordert, ansonsten aber die Grenzen des Jahres 1801 – d. h. den Besitz des linken Rheinufers – garantierte. Napoleon lehnte ab, zum Entsetzen seiner Marschälle, die nun ebenfalls anfingen, sich vom Kaiser zu lösen. Seinen Sturz hat er somit selbst zu verantworten.

Vielleicht kann man den Murats sogar glauben, wenn sie später behaupten, durch den Frontwechsel haben sie dem Kaiser nicht schaden, sondern im Gegenteil nützen wollen. So merkwürdig dieses Argument klingt, es ist nicht von der Hand zu weisen. Dazu muss man wissen, dass die mögliche Absetzung Napoleons zu diesem Zeitpunkt noch nicht vorherzusehen ist. Noch im März 1814, wenige Wochen vor der Besetzung von Paris, gibt es Konflikte zwischen den Verbündeten über den Thron Frankreichs. Vor allem Österreich drängt auf den Fortbestand der Dynastie Napoleons; England stimmt zu unter der Bedingung eines baldigen Friedensschlusses. Allein Zar Alexander plädiert für die Ersetzung Napoleons durch Marschall Bernadotte, den intriganten Kronprinzen von Schweden, ein Vorschlag, dem sich auch der sonst so russlandhörige Preußenkönig Friedrich Wilhelm III. widersetzt. Somit wäre die Erhaltung der Murats als Herrscher von Neapel für Napoleon – von dem Caroline hat annehmen müssen, dass er rechtzeitig Frieden schließt, um den eigenen Thron zu retten – nützlicher gewesen als ihr heroischer Untergang, denn dem Kaiser wäre für die Zeit nach dem Krieg ein Verbündeter geblieben.

Tatsächlich führt Murat gegen die Truppen Eugènes in Oberitalien nur einen Scheinkrieg. Der Vizekönig wird über die neapolitanischen Truppenbewegungen rechtzeitig informiert, um Gefechte zu vermeiden, und Gefangene werden sofort ausgetauscht bzw. freigelassen. Damit macht sich Murat bei den Österreichern verdächtig, zumal er mit der Eroberung Norditaliens – für Napoleon ohnehin verloren – eigene Pläne verfolgt: Dem König von Neapel schwebt nichts Geringeres vor als die Einigung Italiens.

Im April 1814 dankt Napoleon ab und begibt sich nach Elba ins Exil. Der Hof von Neapel wird nun zum Sammelpunkt vieler Emigranten, die vor den wieder eingesetzten Bourbonen fliehen. Doch das künftige Schicksal der Murats ist ungewiss, denn trotz der Abmachungen vom Januar 1814 verhandelt man auf dem Wiener Kongress – zu dem der König bezeichnenderweise nicht eingeladen worden ist – über die mögliche Restauration der 1806 von Napoleon vertriebenen neapolitanischen Bourbonendynastie. Dieser Plan findet seinen Niederschlag in einem Geheimvertrag, den im Januar 1815 die drei Außenminister Metternich (Österreich), Castlereagh (England) und Talleyrand (Frankreich) schließen. Die Rückkehr Napoleons im März des gleichen Jahres verhindert zunächst seine Ausführung.

Während man noch in Wien über die neue Situation berät – Österreich ist trotz vertraglicher Verpflichtung mit den ehemaligen Bündnispartnern nicht abgeneigt, Napoleons usurpierte Herrschaft zu tolerieren –, ergreift Murat in Italien die Initiative. Am 15. März erklärt er Österreich den Krieg und marschiert nach Norden, um Oberitalien zu erobern und dem Schwager in Paris Erleichterung zu verschaffen. Da Napoleon jedoch noch gar nicht bedroht ist, sondern im Gegenteil auf eine friedliche Einigung vor allem mit Kaiser Franz hofft, tut ihm der König von Neapel keinen Gefallen, denn der Wiener Hof, von einem abgesprochenen Plan Napoleons und Murats überzeugt, schließt sich nun der antifranzösischen Koalition an, die ihre Armeen erneut gegen den Kaiser sendet. Sein Untergang erfasst diesmal jedoch auch Neapel.

Während Murat bis zum Po vorstößt, führt Caroline abermals die Regentschaft. Aber sie steht auf verlorenem Posten, denn schon bald nach der Abreise ihres Mannes blockieren englische Kriegsschiffe den Hafen der Hauptstadt und verlangen die Übergabe. In der Hoffnung, ihren Thron zu retten, beginnt die Königin mit Verhandlungen. Am 18. Mai kehrt Murat zurück; bei Tolentino ist am 3. Mai sein Heer vernichtend geschlagen worden, er selbst hat nur knapp entkommen können. „Madame, es war mir nicht vergönnt zu sterben", erklärt er seiner Frau. In der Hoffnung, bei Napoleon Unterstützung zu finden, verlässt er sein Reich und Caroline, die weiterhin regieren und die Stadt halten soll. Sie werden sich nicht mehr wiedersehen.

Die Nachricht vom Zusammenbruch löst in Neapel eine Anarchie aus: Plündernde Massen verwüsten die Stadt und bedrohen sogar den Palast. Schließlich muss Caroline mit ihren Kindern auf den englischen Kriegsschiffen Schutz suchen. Am 22. Mai besetzen österreichische Truppen unter Graf Neipperg Neapel. Da man ihr die Reise nach Frankreich verwehrt, stellt sich die Königin unter den „Schutz" des Wiener Hofes. Man bringt sie nach Triest, das sie am 6. Juli erreicht. Zu diesem Zeitpunkt ist Napoleon bereits gestürzt, die Dynastie der Bourbonen sowohl in Frankreich als auch im Königreich Neapel wieder eingesetzt.

In Triest lebt Caroline unter dem Namen einer Gräfin von Lipona, womit sie sich eines alten Anagramms Neapels bedient. Den Anspruch auf den Thron hält sie bis zu ihrem Lebensende aufrecht. Mehrere Anträge auf eine Rückkehr nach Frankreich werden ebenso abgelehnt wie ihr Wunsch, sich in Italien niederlassen zu dürfen. Stattdessen wird die Ex-Königin strengstens überwacht; selbst das Lesen französischer Zeitungen wird ihr verboten. Nach einem kurzen Aufenthalt in Graz siedelt sie schließlich um in das Schloss Hainburg nahe Wien, wo sie die Ankunft ihres Mannes erwartet. Hier erfährt sie von seinem missglückten Versuch, sein Königreich zurückzugewinnen und von seiner Hinrichtung am 13. Oktober 1815.[9] Caroline trauert aufrichtig um ihren Mann, den sie trotz Querelen bis zuletzt geliebt hat. Sowohl in Hainburg als auch in ihren späteren Wohnsitzen richtet sie jeweils ein mit Bildern und einer Reiterstatue Murats geschmücktes Zimmer zu seinem Andenken ein.

Die finanzielle Lage Carolines ist prekär, da sie aus Neapel nur wenig Geld, Schmuck und Wertsachen hat mitnehmen können. Nach Murats Tod stellen sich zudem die Gläubiger ihres Mannes ein, die von ihr das dem König – tatsächlich oder angeblich – geliehene Geld zurückfordern. Mit ihrem Bruder Jérôme, der mit seiner Familie zeitweilig in Hainburg lebt und sich selbst in permanenten Geldnöten befindet, kommt es zum Streit, als er von der Schwester ebenfalls eine halbe Million Francs verlangt, die er dem Schwager einst geliehen haben will. Man trennt sich im Bösen. Eine unerwartete Geldquelle ergibt sich aus dem Verkauf von Uniformteilen Murats; allein für die Goldborten des Marschalls erhält Caroline 250.000 Francs.

Einer ihrer Getreuen, der das Exil mit ihr teilt, ist der General Francesco Macdonald, ein Verwandter des gleichnamigen Marschalls und Herzogs von Tarent. Der ehemalige Kriegsminister Murats wird Carolines Liebhaber, möglicherweise sogar ihr morganatisch angetrauter Ehemann. Zusammen mit ihm zieht Caroline 1817 nach Schloss Frohdorf bei Wiener Neustadt, wo sie bis 1823 leben.

Der Tod Napoleons im Jahre 1821, der allen Mitgliedern der Familie Bonaparte gewisse Erleichterungen bezüglich der über sie verhängten Sanktionen verschafft, hat auf Carolines Leben keinen Einfluss. Im Gegenteil, als 1820 in Neapel eine Revolte ausbricht, drängt König Ferdinand IV. auf eine stärkere Bespitzelung der Ex-Königin, da er sie für die Unruhen verantwortlich macht. Hausdurchsuchungen und Schikanen der österreichischen Behörden sind in den nächsten Jahren beinahe

9 1815 versuchte Murat, es Napoleon gleichzutun und durch einen kühnen Handstreich seinen Thron zurückzuerobern. Doch anders als sein kaiserlicher Schwager scheiterte der ehemalige König von Neapel bereits am Strand, wo er mit seinen wenigen Getreuen verhaftet und auf Befehl des wieder eingesetzten Bourbonenkönigs Ferdinand IV. standrechtlich erschossen wird.

alltäglich. Nur ihrem einstigen Liebhaber Metternich verdankt sie die Verhinderung weiterer Verschärfungen sowie die Erlaubnis, sich schließlich 1823 – trotz Protesten Ferdinands – in Triest niederzulassen. Carolines Antrag im Jahr 1830, ihre erkrankte Mutter in Rom besuchen zu dürfen, führt zu weiteren Klagen des neapolitanischen Hofes, doch setzt Metternich eine befristete Aufenthaltsgenehmigung durch. „Meine Isolierung sollte eigentlich jede Besorgnis beschwichtigen und mir gestatten, mich an dem Wenigen zu erfreuen, auf das ich schon lange warte und das ich nicht bekommen kann", klagt sie ihrer Freundin, Madame Récamier. „Wer in meinem Herzen lesen könnte, würde sehen, dass mein geheimster Wunsch der Friede ist, und warum wird mir das verweigert, was meine Familie so leicht erlangt hat? Man lässt sie in Rom zufrieden, alle können reisen, sie haben keine Behinderungen zu erdulden – ich bin die Einzige, die verfolgt wird."

In Triest lebt Caroline mit Macdonald in bescheidenen finanziellen Verhältnissen. Ihre Lage bessert sich erst durch die Hinterlassenschaft ihrer Schwester Pauline, die 1825 stirbt. Verständlich also, dass sie verbissen um die Rückgabe ihrer konfiszierten Besitzungen und Vermögenswerte kämpft. Doch sowohl Neapel als auch Frankreich verweigern die Herausgabe.

Der Thronwechsel in Frankreich nach der Juli-Revolution von 1830 verschafft Caroline endlich die erhoffte Erleichterung. König Louis Philippe lockert die Sanktionen gegen die Bonapartes, nicht zuletzt, um angesichts der starken bonapartistischen Strömungen im eigenen Land die Angehörigen Napoleons nicht zu Märtyrern zu machen. So erwirkt der „Bürgerkönig" beim Wiener Hof für Caroline die Erlaubnis, sich in Florenz niederzulassen, wo auch Louis und Jérôme leben. Hier wohnt die Gräfin Lipona, wie sie sich noch immer nennt, in der von Pauline geerbten Villa. Ihre Gesellschaften werden gerne besucht, vor allem auch von Engländern und Amerikanern, die gebannt den Erzählungen der Ex-Königin lauschen. Zur Familie hat sie wenig Kontakt, zwischen ihr und den „Jérômes" herrscht sogar offener Streit.

Als 1836 ihre Mutter stirbt, kommt es zwischen den Geschwistern zum Konflikt um das Erbe Letizias. Vor allem Caroline streitet in schon peinlicher Weise um ihren Anteil, der letztlich aber zu ihrer Unzufriedenheit ausfällt. Im gleichen Jahr erhält sie von der französischen Regierung die lang ersehnte Erlaubnis, in Paris persönlich für die Herausgabe ihrer Güter einzutreten. Im Frühjahr 1838 reist sie in die französische Hauptstadt, wo sie auch der Beerdigung ihrer Schwägerin Hortense beiwohnt, mit der sie sich in deren letzten Lebensjahren wieder ausgesöhnt hat. Ihre Reise ist nicht völlig ergebnislos: Zwar erhält sie ihre Besitzungen nicht zurück, doch erklärt sich die französische Krone bereit, der Ex-Königin eine Rente von jährlich 100.000 Francs zu zahlen. Befriedigt über ihren Erfolg kehrt sie zurück nach Florenz, wo inzwischen während ihrer Abwesenheit ihr Lebensgefährte Macdonald gestorben ist.

Caroline kann die finanziell nunmehr sorgenfreie Zeit nicht lange genießen. Bereits in Paris hat sie durch die Konsultation verschiedener Ärzte erfahren, dass sie an dem Familienübel der Bonapartes, an Magenkrebs erkrankt ist. Am 18. Mai 1839 stirbt sie im Alter von 57 Jahren in Florenz, umgeben von ihrer Tochter Louise und ihrem Bruder Jérôme, mit dem sie kurz zuvor den alten Streit beigelegt hat. „Ich, Caroline, Witwe des Königs Joachim Murat, Schwester des Kaisers Napoleon, zur Zeit bekannt unter dem Titel Comtesse de Lipona ...", beginnt ihr Testament, mit dem sie bis zum letzten Atemzug ihren Anspruch auf ihren Königstitel aufrechterhält. Beigesetzt wird Caroline Murat in der Kirche von Ognissanti in Florenz.

DIE GEMAHLINNEN

Joséphine de Beauharnais (1763–1814)
Notre Dame de la Victoire

Kaiserin der Franzosen – Herzogin von Navarre

Einer Legende zufolge prophezeite eine alte Wahrsagerin auf Martinique der jungen Joséphine, sie werde früh heiraten, aber unglücklich werden; ihr Gemahl werde sterben, sie aber ein zweites Mal den Bund der Ehe eingehen – und mehr sein als eine Königin.

2. Dezember 1804: Rund eine halbe Million Zuschauer bewundern und umjubeln den Festzug, der sich von den Tuilerien zur Kathedrale *Notre-Dame* bewegt. Marschall Murat, Gouverneur der Hauptstadt, führt den Zug an, gefolgt von den übrigen Marschällen und Generalen des Kaiserreiches. Nun kommen mehrere Schwadronen Kavallerie in farbenprächtigen Uniformen, dann, in zehn Kutschen, die zivilen Würdenträger des Reiches. Endlich erscheint die goldene Karosse des Kaiserpaares, gezogen von acht braunen Pferden mit großen, weißen Federbüschen. Napoleon trägt ein Gewand aus rotem Samt, Joséphine „ein diamantenes Band in den Haaren, das im Geschmack Ludwigs XIV. angeordnet war, und ein Kleid und einen kurzen Umhang aus weißem, mit Gold und Silber besticktem Atlas", wie Madame de Rémusat, eine der Hofdamen, sich später erinnert, „sie trug alles auf ihre gewöhnliche Weise und sah wie ein Mädchen von 25 Jahren aus."

Kurz vor zwölf Uhr erreicht die Prozession ihr Ziel. In der Sakristei tauscht Napoleon die Kleidung gegen den kaiserlichen Ornat, dann beginnt die Krönungszeremonie. Die Herzogin von Abrantès berichtet: „Der Papst salbte seine Hände und seine Stirn mit der dreifachen Salbung und erteilte den Segen. Aber in dem Augenblick, da der Heilige Vater seine Hand nach der Krone Kaiser Karls des Großen ausstreckte, ergriff Napoleon die Krone mit seinen eigenen Händen und setzte sie sich selbst auf sein Haupt. ... Darauf war die Reihe an Joséphine, vom Throne herabzusteigen und zum Altar zu gehen. Ihre Hofdamen folgten ihr, während die Prinzessinnen Caroline, Pauline und Elisa ihre rote Samtschleppe trugen ... [Napoleon] sah mit einer Gebärde stolzer Befriedigung nach seiner Kaiserin, als sie zu ihm und zum Altar hinschritt; und als sie niederkniete, als ihre Tränen, die sie nicht unterdrücken konnte, auf ihre gefalteten gegen den Himmel – besser gegen Napoleon – gestreckten Hände fielen, schienen beide einen von jenen flüchtigen Augenblicken reiner Glückseligkeit zu genießen." Als er ihr die Krone aufs Haupt setzt, erfüllt sich die Prophezeiung: Joséphine Bonaparte, verwitwete Beauharnais, ist Kaiserin der Franzosen.

Geboren wird Marie Joseph Rose de Tascher de la Pagerie, wie sie eigentlich heißt – erst Napoleon benennt Rose um in „Joséphine"[1] – am 23. Juni 1763 auf Martinique. Sie ist die älteste von drei Töchtern, ihr Vater Joseph Gaspard de Tascher de la Pagerie (gest. 1790) ist Hafenkapitän in Port Royal und Besitzer einer Zuckerrohrplantage bei Les-Trois-Ilets. Hatte schon Joséphines Großvater, der 1726 Frankreich den Rücken kehrte und sich auf der Karibikinsel niederließ, vergeblich versucht, zu Reichtum zu gelangen, so scheitert ihr Vater – ein Lebemann und Schürzenjäger – erst recht. Zwar wirft die von zahlreichen Sklaven bewirtschaftete Zuckerrohrplantage einigen Gewinn ab, doch ist es zu einem nicht unbeträchtlichen Teil das Vermögen seiner ihm standesmäßig überlegenen Frau Marie Rose des Vergers de Sannois (gest. 1807), das die Familie über Wasser hält.

Entsprechend erscheint es Gaspard als glückliche Fügung, dass seine eigene Schwester, Désirée Renaudin, eine viel versprechende eheliche Verbindung für eine ihrer Nichten arrangiert. Die kinderlose Désirée ist die Geliebte des Marquis de Beauharnais, des ehemaligen Gouverneurs der Insel, dem sie nach Paris gefolgt ist; durch eine Ehe beider Familien erhofft

[1] Gleichwohl wird sie im folgenden Text, um Verwirrung zu vermeiden, durchgehend „Joséphine" genannt.

sie sich eine Stärkung der eigenen Position. Sie hat Glück: Alexandre de Beauharnais (1760–1794), der Sohn ihres Liebhabers, ist nicht abgeneigt, eine ihm unbekannte Kreolin[2] zu heiraten, und somit ist 1777 die Vermählung mit Gaspards zweitjüngster Tochter Catherine-Désirée – sie ist dreizehn Jahre alt – beschlossene Sache. Doch es kommt anders: Das Mädchen stirbt an Tuberkulose. Da die jüngste Tochter Marie Françoise erst elf Jahre zählt, akzeptieren die Beauharnais auf Drängen Madame Renaudins schweren Herzens die mit fünfzehn Jahren ihrer Ansicht nach eigentlich schon zu alte Joséphine. Nach langwierigen Verhandlungen erreicht diese in Begleitung ihres Vaters im Oktober 1779 Brest; zwei Monate später heiratet sie in Paris Alexandre de Beauharnais.

Die Ehe ist von Anfang an zum Scheitern verurteilt. Alexandres permanente Abwesenheit – als Offizier muss er Garnisonsdienst leisten – verhindert das Aufkommen jeglicher Vertrautheit zwischen den jungen Eheleuten, die sich stattdessen gefühlsmäßig immer weiter voneinander entfernen. Joséphines Schreibfaulheit, über die später auch Napoleon klagen wird und die Alexandre als Desinteresse wertet, tut das ihrige zur Beschleunigung dieses Prozesses. Auch stört den jungen Ehemann die mangelhafte Bildung seiner Frau. Zwar hat Joséphine auf Martinique eine Klosterschule besucht, doch für die sie unterrichtenden Nonnen des Klosters *Les Dames de la Providence* war die Erziehung zur sittsamen Ehefrau wichtiger als die Vermittlung von Wissen; Zeit ihres Lebens steht Joséphine mit der Rechtschreibung auf Kriegsfuß, das Lesen fällt ihr schwer. In Paris freilich fehlt Joséphine die Lust, das Versäumte nachzuholen und sich weiterzubilden.

Auch die Geburt zweier Kinder – Eugène erblickt 1781, Hortense 1783 das Licht der Welt – kann die lädierte Ehe nicht retten, im Gegenteil: Alexandre, der inzwischen selbst eine Geliebte hat, bezichtigt Joséphine des Ehebruchs und erkennt

[2] „Kreolen" nannte man in Mittel- und Südamerika sowohl Mischlinge als auch die Weißen spanischer oder französischer Abstammung.

[3] Hortense erlebt als junge Frau das Gleiche mit ihrem Ehemann Louis Bonaparte, der 1808 sein drittes Kind – Louis Napoleon, den späteren Kaiser Napoleon III. – nicht anerkennt (s. S. 186).

Hortense nicht als seine Tochter an.[3] Nach seiner Rückkehr von Joséphines Heimatinsel Martinique, wohin er ohne Wissen seiner Frau kurzzeitig versetzt worden war, kommt es zur Trennung, allerdings ohne formelle Scheidung. Das Sorgerecht für die Kinder wird geteilt, Eugène bleibt beim Vater, Hortense bei der Mutter.

Joséphine zieht mit ihrer kleinen Tochter nach Fontainebleau. Hier verbringt sie die nächsten Jahre, die geprägt sind durch die permanenten Geldnöte der allein erziehenden Mutter. Zwar erhält sie von ihrem Mann eine Jahresrente von 6.000 Livres sowie noch einmal 5.000 Livres von ihrem Vater, doch der ausschweifende Lebenswandel Alexandres, für den sie mitunter auch aufzukommen hat, wie auch ihr eigenes Unvermögen, mit Geld umzugehen, lassen ihre Schulden steigen. 1788 entschließt sie sich, in ihre karibische Heimat zurückzukehren, um hier den Neuanfang zu wagen. Die Überfahrt zahlt sie mit geborgtem Geld.

Die Französische Revolution verschont auch die fernen Kolonien nicht. 1790 kommt es in Port Royal zu politischen Unruhen und Aufständen. Joséphine, an Politik desinteressiert und folglich über die Vorgänge in Frankreich nur unzureichend informiert, beschließt die Rückkehr nach Paris, wo sie sich sicherer wähnt. Vermutlich ist es aber auch die Langeweile, die sie in die Hauptstadt zurücktreibt. Doch das Frankreich, das sie nun erreicht, hat sich verändert: Zwar gibt es noch die Monarchie, doch der König ist weitestgehend entmachtet. Vorbei sind die glänzenden Tage des Adels, die die junge Kreolin so fasziniert haben.

Allerdings gereichen diese Veränderungen Joséphine vorerst nicht zum Nachteil. Schon bald nach ihrer Ankunft in Paris, wo sie in einem der leer stehenden Häuser ihres Gemahls lebt, ist sie in den Salons der eleganten Gesellschaft ein gern gesehener Gast. Diesen unerwarteten Umstand verdankt Joséphine ausgerechnet ihrem Ehemann Alexandre. Dieser hat nämlich durch die Revolution Karriere gemacht und wird 1791 Präsident der Nationalversammlung, jener Volksvertretung also, die 1789 den Absolutismus in Frankreich hinwegfegte und nun dem Land eine neue, konstitutionelle Verfassung geben soll. Als diese Verfassung im September 1791 in Kraft tritt und die Nationalversammlung aufgelöst wird, tauscht Alexandre die politischen Ämter gegen militärische und zieht ins Feld, wo er im September 1792 – Frankreich führt Krieg gegen Österreich und Preußen – den Oberbefehl über die Rheinarmee übernimmt. Schon bald, so munkelt man in Paris, soll er Kriegsminister werden. Alexandres Ansehen kommt auch Joséphine zugute, die als seine Gemahlin plötzlich von den einflussreichsten Kreisen hofiert wird. Dass das Paar getrennt lebt, stört dabei niemanden.

Doch schon bald überstürzen sich die Ereignisse und beenden Alexandres rasanten Aufstieg: Am 10. August 1792 stürmen aufgebrachte Massen die Tuilerien, Louis XVI. wird abgesetzt und die Republik ausgerufen. An die Stelle einer gemäßigten politischen Fraktion tritt 1793 der radikale Flügel der Jakobiner unter Saint-Just und Robespierre, unter deren Schreckensherrschaft Tausende das Leben verlieren, darunter auch Louis XVI. und seine Frau Marie Antoinette. Besonders die Adligen werden verfolgt und hingerichtet, auch jene, die wie Alexandre de Beauharnais die Revolution anfangs begrüßt haben. Viele verlassen das Land.

Auch Joséphine, die vorsichtshalber das Adelsprädikat aus dem Namen streicht und sich als loyale Bürgerin der Republik gibt, fürchtet um ihr Leben und das ihrer Kinder. Mit Hilfe des befreundeten Prinzen Salm will sie Eugène, der wieder bei ihr lebt, und Hortense nach England in Sicherheit bringen. Ausgerechnet ihr Mann verhindert dieses Vorhaben, nicht ahnend, welcher Gefahr er seine Familie aussetzt. Alexandre erkennt die Zeichen der Zeit erst spät und auch nicht in vollem Umfang: Ein militärisches Debakel, das zum Verlust der zuvor von den Franzosen eroberten Stadt Mainz führt, beendet schließlich seine Militärkarriere. Er zieht nach La-Feté-Beauharnais, wo er eine Zeit lang als Bürgermeister fungiert. Im März 1794 wird er verhaftet und nach Paris überführt, sein Besitz, darunter mehrere Güter, beschlagnahmt.

Alexandres Sturz bleibt auch für Joséphine nicht ohne Folgen, die in Croissy, einem Pariser Vorort, Zuflucht gesucht hat. Hier versucht sie, Verfolgten zu helfen, und verkehrt mit

Vertretern aller politischen Richtungen. Im April 1794 wird ihre Wohnung durchsucht und sie selbst abgeführt, obwohl man nichts Belastendes findet. Die Kinder muss sie in der Obhut der Gouvernante zurücklassen. Hortense, ihre Tochter, erinnert sich später: „Wie verzweifelt wir waren, als wir eines Morgens erfuhren, dass unsere Mutter uns weinend geküsst und sich sodann entfernt hatte, ohne uns zu wecken. ‚Lassen Sie die Kinder schlafen', sagte sie zu unserer Gouvernante, ‚ich könnte ihre Tränen nicht ertragen, ich hätte nicht mehr die Kraft, mich von ihnen zu trennen.' Das Aufwachen war furchtbar: Wir waren plötzlich allein, sowohl des Vaters als auch der Mutter beraubt."

Joséphine wird in ein ehemaliges Karmeliterkloster gebracht, das nun als Gefängnis dient. Ausgerechnet dort trifft sie Alexandre wieder, mit dem sie sich angesichts des zu erwartenden Todes aussöhnt. Am 23. Juli 1794 besteigt Alexandre die Guillotine, nur vier Tage später – am 9. Thermidor des Jahres II nach dem Revolutionskalender – wird Robespierre gestürzt und der Terror beendet. Anfang August ist Joséphine wieder frei.

Ihren erneuten gesellschaftlichen Aufstieg verdankt Joséphine wiederum ihrem Mann. War es vor ihrer Verhaftung sein politisches und militärisches Ansehen, welches ihr die Türen zu den Salons der oberen Zehntausend öffnete, ist es jetzt sein Tod, gilt sie doch nun als Witwe eines von den Jakobinern ermordeten „Revolutionshelden". Daneben sind es aber auch Bekanntschaften, die sie im Gefängnis geschlossen hat, welche Joséphine nach ihrer Entlassung nützlich sind, so etwa mit General Louis-Lazare Hoche, in den sie sich während der gemeinsamen Haft verliebt hat und der nun einer ihrer Liebhaber wird. Vor allem aber katapultiert sie ihre Freundschaft mit den Talliens an die Spitze der Gesellschaft. Jean-Lambert Tallien ist maßgeblich am Sturz Robespierres beteiligt gewesen, weniger aus politischen Motiven als vielmehr aus Angst um das Leben seiner inhaftierten Geliebten – und jetzigen Ehefrau – Thérèse (1775–1835). Das trägt der eher unfreiwilligen Initiatorin des Umsturzes den Beinamen *Notre Dame de Thermidor* und somit eine große Popularität ein, von der auch Joséphine als eine ihrer besten Freundinnen profitiert. Beide repräsentieren schon bald den neuen, emanzipierten Frauentypus der nach-jakobinischen Ära, der durch Geist, Charme und übersprudelnde Erotik jener kurzen Epoche ihren Glanz verleiht. In den Salons der Damen verkehren Politiker, Militärs, Bankiers und andere hohe Persönlichkeiten, um geschäftliche – oder intime – Kontakte zu knüpfen. Dabei übertreffen sich die anwesenden Frauen an Extravaganz und modischer Kreativität von Mal zu Mal: Hauchdünne, fast durchsichtige Kleider, getragen im antikisch griechischen Stil, konkurrieren mit spärlichen Tigerfellen, die den Körper kaum noch verhüllen, während Armreifen, Ringe und Fußkettchen den perfekten Glanz verleihen.

Dass solch ein Lebensstil Geld verschlingt, bekommt Joséphine, die von jeher ein gespanntes Verhältnis zur Sparsamkeit hat, schon bald zu spüren: Obwohl sie den von den Jakobinern beschlagnahmten Besitz ihres Mannes nach einigen Mühen zurückerhalten hat, wächst ihr Schuldenberg ins Unermessliche. Das hindert sie freilich nicht, sich wahren Kauforgien hinzugeben, kann sie doch dem Überangebot an Kleidern, Schuhen, Schmuck und all den anderen Herrlichkeiten, die Paris zu bieten hat, nicht widerstehen, so auch nicht dem Haus Nr. 6 in der *Rue Chantereine*, dessen Erwerb abermals eine tiefe Bresche in ihre Finanzen schlägt. Damit gerät die inzwischen 32-jährige Witwe und Mutter zweier Kinder in einen Teufelskreislauf, muss sie ihre Liebhaber doch entweder nach deren Vermögen oder nach ihrer politischen Stellung aussuchen. Mit Paul Barras (1755–1829), einem der Führer des Thermidor-Umsturzes, macht sie zunächst den großen Fang. Barras ist die dominierende Persönlichkeit dieser Zeit, obwohl – oder gerade weil – sein Hang zur Korruption allgemein bekannt ist; dass er nach der anstehenden Verfassungsänderung ein hohes politisches Amt bekleiden wird, bezweifelt niemand. Zunächst einmal treten damit Joséphines finanzielle Sorgen in den Hintergrund, ist man doch nur zu gern bereit, der inoffiziellen „First Lady" der Republik unbegrenzt Kredit zu gewähren. Entsprechend ausgelassen genießt sie das Leben in vollen Zügen, unbeeindruckt von den politischen Unruhen um sie herum. Auch dem Kanonendonner, der am 13. Vendémiaire des Jahres III (5. Oktober 1795) Paris erschüttert, schenkt sie kaum Beachtung, nicht ahnend, dass er ihr Leben verändert.

Nach dem Sturz des linken Jakobiner-Flügels unter Robespierre haben die Royalisten neuen Aufwind erhalten, erhoffen sie sich nun nach dem Ende der „Pöbelherrschaft" die Restauration der Monarchie. Doch die Ankündigung einer neuen, republikanischen Verfassung macht ihre Pläne zunichte. Den allgemeinen Unmut über die schlechte wirtschaftliche Situation ausnutzend, zetteln sie eine Revolte an: Am 13. Vendémiaire greifen 25.000 Pariser zu den Waffen, um den Konvent – das heißt die noch amtierende Regierung – zu stürzen. Die Konventsmitglieder ernennen Barras zum Oberbefehlshaber der Pariser Garnison. Aber Barras fehlt es an Truppen und erfahrenen Offizieren, denn der Konvent verfügt in der Hauptstadt nur über knapp 6.000 Mann. In seiner Not erinnert er sich eines jungen, arbeitslosen Generals, der seit Wochen bei ihm um Verwendung bei der Armee nachsucht. Er ernennt ihn zu einem seiner Unterkommandanten und betraut ihn mit dem Schutz der Tuilerien, dem Sitz der Regierung – ein an sich hoffnungsloses Unterfangen. Doch der General macht das scheinbar Unmögliche möglich: Mit einer Handvoll Kanonen, die er geschickt platziert, zerschlägt er den Aufstand, wofür er den Titel *Retter des Vaterlandes* erhält. Sein Name ist Napoleon Bonaparte.

Drei Wochen später tritt die neue Verfassung in Kraft. Barras wird erwartungsgemäß einer der fünf *Direktoren*, die künftig die Geschicke der Republik lenken. In dem Bemühen, sich eine weit gestreute Klientel zu verschaffen, protegiert er den jungen Bonaparte nach Kräften, hofft er doch so, Einfluss auf das Militär zu gewinnen. Als Erstes wird daher Bonaparte auf Barras Betreiben zum Befehlshaber der *Armee des Inneren* ernannt und zum Divisionsgeneral befördert. Auch gesellschaftlich nimmt sich der erfahrene Lebemann und Frauenheld des eher unbedarften Korsen an. Gerade diese Unterstützung hat Napoleon bitter nötig, um in die höchsten Kreise der Gesellschaft vorzudringen. „Damals war Napoleon schrecklich hässlich", schreibt Laurette Junot, die Herzogin von Abrantès, „er pflegte sich so wenig, dass ihm seine schlecht gekämmten und schlecht gepuderten Haare ein unangenehmes Aussehen gaben. Ich sehe ihn noch, wie er in den Hof des *Hôtels de la Tranquillité* kam und diesen mit linkischen, unsicheren Schritten überquerte, einen schlechten runden Hut tief in die Augen gezogen, unter dem seine zwei Hundeohren bis auf seinen Umhang hervorhingen, mit langen, mageren und schwarzen Händen, an denen er keine Handschuhe hatte, weil dies, wie er sagte, eine unnötige Ausgabe wäre, mit billigen, ungeputzten Schuhen; und dann noch das kranke Aussehen, das durch seine Magerkeit und seine gelbe Hautfarbe hervorgerufen wurde." Kein Wunder, dass er auf die Damen der feinen Pariser Gesellschaft zunächst keinen Eindruck macht, erst recht nicht auf Joséphine.

Wann genau sich Napoleon und Joséphine das erste Mal begegnet sind, steht nicht eindeutig fest. Die wohl romantischste Version stammt von Joséphines Sohn Eugène, der zufolge er selbst es war, der – wenn auch unbeabsichtigt – als 14-Jähriger beide zusammengeführt hat: „Als Folge des Aufstandes vom 13. Vendémiaire wurde den Bewohnern von Paris ... jeglicher Waffenbesitz unter Androhung der Todesstrafe verboten. Mir war der Gedanke unerträglich, mich vom Säbel meines Vaters trennen zu müssen ... Ich ersuchte um Audienz bei General Bonaparte, die mir tatsächlich gewährt wurde ... Meine Tränen und einige günstige Antworten ... weckten in ihm den Wunsch, auch meine Familie kennen zu lernen, und am nächsten Tag brachte er mir persönlich die heiß ersehnte Genehmigung. Meine Mutter dankte ihm anmutig und gerührt."

Die Frau, die dem jungen, 26-jährigen Offizier gegenübertritt, ist sechs Jahre älter als er selbst. Sie ist schlank, hat kastanienbraunes Haar, dunkle, mandelförmige Augen und den für Kreolen typischen bräunlichen Teint. Ihre schlechten Zähne verbirgt sie, indem sie beim Lächeln den Mund nicht öffnet. Alles in allem ist Joséphine eigentlich keine Schönheit, vergleicht man sie etwa mit ihrer Freundin Thérèse Tallien. Doch sie besitzt zwei Eigenschaften, die sie anderen Frauen haushoch überlegen machen, nämlich Ausstrahlung und Charme. Dass Bonaparte beidem nicht widerstehen kann, ist nicht verwunderlich: „Ich war für den Charme von Frauen nicht unempfänglich", gesteht er später, „aber bis zu diesem Zeitpunkt hatten sie mich nicht verwöhnt." „Ihre ungewöhnliche Anmut, ihre unwiderstehlich süße Art" fesseln Napoleon und ziehen ihn in den folgenden Tagen und Wochen immer häufiger in die *Rue Chantereine* Nr. 6. Schließlich wird die Angebetete seine Geliebte: „Ich erwache ganz erfüllt von Dir", schreibt Napoleon nach der ersten Liebesnacht, „zwischen Deinem Porträt und der Erinnerung an die berauschende Nacht kennen meine Sinne keine Ruhe. Süße und unvergleichliche Joséphine, welch sonderbare Wirkung hast Du auf mein Herz?"

In seinem Werben um Joséphine erhält Napoleon von unerwarteter Seite Unterstützung: Barras, seiner Konkubine vermutlich ohnehin überdrüssig, fördert seinen Schützling auch in dieser Hinsicht, hofft er doch, den jungen, unerfahrenen General so fester an sich binden und gegebenenfalls durch Joséphine kontrollieren zu können.

Joséphine ihrerseits ist alles andere als verliebt; vielmehr findet sie den linkischen, sie umschwärmenden General mit dem eigentümlichen Akzent „drollig". Doch ihr ist bewusst, dass ihr bisheriges sorgenfreies Leben nicht ewig währt. Einen Liebhaber vom Schlage Barras' zu finden, ist eine Sache, einen Heiratskandidaten – noch dazu für eine 32-jährige Mutter von zwei Kindern – eine andere. Schließlich gibt sie Napoleons Werben nach: Am 8. März 1796 wird vor einem Notar ein Ehekontrakt aufgesetzt, in dem man eine Gütertrennung festlegt. Am nächsten Tag folgt die Ziviltrauung. Beide schwindeln hinsichtlich des Geburtsdatums, um den Altersunterschied zu kaschieren; Napoleon macht sich zwei Jahre älter, Joséphine um vier Jahre jünger. Die Hochzeitsnacht verbringt das Paar in der *Rue Chantereine*, wo Napoleon auf seinen ersten Rivalen um die Gunst Joséphines trifft, nämlich ihren Hund Fortuné. Der will partout das Bett nicht räumen, und Joséphine weigert sich, ihn gewaltsam zu entfernen. Vor die Wahl gestellt, die Nacht zu dritt zu verbringen oder selbst im Vorraum auf einem Sofa zu schlafen, gibt Napoleon zähneknirschend nach. Das erweist sich als Fehler, denn beim Liebesspiel beißt ihn der eifersüchtige Hund ins Bein.

Napoleons Heirat kommt vor allem für seine Familie überraschend, die empört reagiert. Dass Napoleon ohne vorherigen Segen seiner Mutter Letizia und die Zustimmung Josephs als ältestem Bruder den Bund der Ehe schließt, ist in den Augen vor allem Letizias schon unverzeihlich. Aber eine Frau zu ehelichen, die erstens sechs Jahre älter ist, zweitens schon einmal verheiratet war und drittens einen solch unsoliden Lebenswandel führt wie Joséphine, das verstößt gegen jede korsische Tradition. Entsprechend begegnet man der Schwiegertochter beziehungsweise Schwägerin mit Verachtung und Hass. Einzig zu Napoleons jüngstem Bruder Jérôme, einem Verschwender wie sie selbst, entwickelt Joséphine – kein Wunder – ein gutes Verhältnis.

Die „Flitterwochen" dauern genau zwei Tage. Napoleon ist am 2. März zum Oberbefehlshaber der französischen Italienarmee ernannt worden, am 11. März verlässt er Paris, um sein Kommando zu übernehmen. Nur schweren Herzens trennt er sich von seiner Frau, die ihm in wenigen Wochen folgen soll. Am Kriegsschauplatz angekommen, beginnt Bonaparte den ersten von vielen Feldzügen, die die Welt fast zwanzig Jahre lang in Atem halten werden. Im April 1796 geht seine 36.000 Mann starke, schlecht ausgerüstete und kaum verpflegte Armee zum Angriff gegen die beinahe doppelt so starke österreichisch-sardische Armee über, trennt die Sarden von ihren Verbündeten und siegt über beide in den Schlachten von Montenotte, Dego und Mondovi. Von diesem „Blitzfeldzug" überrascht, schließt am 27. April das Königreich Piemont-Sardinien Waffenstillstand. Doch Bonaparte gönnt weder seinen Truppen noch den Österreichern eine Pause: Im Mai siegt er bei Lodi, erobert die Lombardei und besetzt Mailand, was die Herzöge von Parma und Modena zum Friedensschluss veranlasst. Als französische Truppen in den Kirchenstaat vordringen, willigt auch der Papst in Verhandlungen ein. Erst vor den Mauern der Festung Mantua kommt der Vormarsch der Italienarmee zum Stehen. Man richtet sich auf eine langwierige Belagerung ein. Inzwischen werden die eroberten Gemeinden und Städte systematisch ausgeplündert, und ein bislang nicht gekannter Strom an Geld, Gold, Edelsteinen und Wertgegenständen füllt die leeren Kassen der französischen Republik.

In Frankreich ist der Jubel über die glorreichen Siege Bonapartes unbeschreiblich. Vor allem Joséphine profitiert wieder einmal vom Ansehen ihres Gemahls, wie sie es schon bei Alexandre tat. Abergläubische Zeitgenossen sehen in ihr sogar den Grund für die Erfolge ihres Mannes und erklären sie zu Napoleons Glücksstern. Schon bald feiert man Joséphine als *Notre Dame de la Victoire*, und die *Rue Chantereine* wird umbenannt in *Rue de la Victoire*. Joséphine genießt das ungeheure Ansehen in vollen Zügen, besucht Bälle, gibt Empfänge – und frönt ihren beiden Leidenschaften, dem Geldausgeben und den Liebeleien. Nur einer stört ihr Glück, nämlich der erfolgreiche Gemahl. Täglich erhält sie von ihm schwülstige Briefe, in denen er erstens seine Liebe beteuert, zweitens sich über das Ausbleiben ihrer Antworten beschwert und drittens – das ist das Schlimmste – sie auffordert, endlich zu ihm nach Italien zu kommen. „Du hättest am 5. Prairial abreisen sollen", heißt es da vorwurfsvoll in seinem Schreiben vom Juni 1796, „ich war so gutmütig und erwartete Dich am 15. Als ob eine hübsche Frau ihre Gewohnheiten, ihre Freunde, Frau Tallien, ein Dîner bei Barras, ein neues Theaterstück und Fortuné, ja Fortuné aufgeben würde! Du liebst alle mehr als Deinen Mann!" Damit hat Napoleon zweifelsohne mehr recht, als ihm lieb ist. Joséphine verspürt nicht die geringste Neigung, ihre Amüsements in Paris gegen das triste Leben eines Feldlagers einzutauschen. Doch immer drängender werden die Appelle des Gatten: „Komme geschwind. Ich sage es Dir im Voraus: Wenn Du zögerst, wirst Du mich krank finden. Die Strapazen und Deine Abwesenheit – das ist zu viel auf einmal!" Joséphine erfindet immer neue Ausreden, um die Abreise zu verzögern. Als Napoleon sogar seinen Schwager Murat[4] schickt, um sie zu holen, erklärt sie, sie sei schwanger

[4] Joachim Murat (1767–1815), der Ehemann Carolines (vgl. S. 86 ff.), der spätere Marschall von Frankreich und König von Neapel.

und könne nicht reisen. Damit tut sie sich allerdings keinen Gefallen, drängt der stolze „Vater" sie jetzt doch umso mehr, zu ihm nach Italien zu kommen, da er sie und das noch nicht geborene Kind in seiner Nähe haben will. Schnell wandelt Joséphine, geübt im Schwindeln, ihre angebliche Schwangerschaft in eine Krankheit um.

Mit dieser Lüge aber überspannt sie den Bogen, denn Napoleon, von Sehnsucht fast zerrissen, denkt daran, seinen Abschied zu nehmen. „Ohne Dich kann ich nicht mehr von Nutzen sein. Wer will, der mag nach Ruhm streben und dem Vaterland dienen, doch meine Seele erstickt in diesem Exil, und wenn meine süße Freundin leidet und krank ist, kann ich nicht kaltblütig den Sieg planen." Das *Direktorium* reagiert entsetzt, ist man doch nicht gewillt, den fähigsten General der Republik den Launen seiner vergnügungssüchtigen Frau zu opfern. Im Juni 1796 gibt Joséphine dem Druck vor allem Barras' nach und reist nach Italien.

Wider Erwarten verläuft die Reise äußerst angenehm. Das liegt zum einen daran, dass Joséphine in den Städten, die sie durchquert, triumphale Empfänge bereitet werden, die sie natürlich genießt. Zum anderen aber ist es einer ihrer Begleitoffiziere, der Joséphine die Fahrt versüßt. Hippolyte Charles, Adjutant im Korps des Generals Leclerc bei der Italienarmee, ist kein Unbekannter für sie. Bereits im April hat sie den jungen Oberleutnant kennen gelernt und ist für ihn entflammt. Die Flitterwochen, die sie mit Napoleon nie hatte, holt Joséphine nun mit dem charmanten Hippolyte nach.

Mitte Juli erreicht sie Mailand, wo sie wie eine Königin empfangen wird. Sie und ihr Mann, der sie endlich in die Arme schließen darf, residieren im Palazzo Serbelloni, dem schönsten und prunkvollsten Palast der Stadt. Doch der Krieg geht weiter, und in den folgenden Wochen und Monaten muss Joséphine mehrfach ihren Aufenthaltsort wechseln. Brescia, Verona, Ferrara, Parma, Florenz, dann wieder Brescia, schließlich Venedig – schon sehr bald sehnt sie sich zurück nach Paris. Dass ihr Geliebter Hippolyte kaum noch Zeit für sie hat, bessert Joséphines Laune auch nicht eben. Büßen muss dies Napoleon, den seine Frau nun mit Eifersüchteleien verfolgt und durch seinen eigenen Stabschef Berthier überwachen lässt. Ansonsten aber zieht Joséphine die italienischen Städte der Nähe ihres Mannes vor; wie schon vor ihrer Abreise geht sie ihren Vergnügungen nach, während sich Napoleon vor Leidenschaft verzehrt. Seine verzweifelte Sehnsucht kennt keine Grenzen: „Millionen Küsse, sogar für Fortuné, trotz seiner Hässlichkeit", schreibt er ihr im Juli nach Mailand. Unnötig zu erwähnen, dass er wieder täglich schreibt und nur selten eine Antwort erhält. Joséphine hat Besseres zu tun, als sich für die Gefühle ihres Gemahls oder gar seine unglaublichen militärischen und politischen Leistungen zu interessieren.

Zwischen August 1796 und Februar 1797 muss die Italienarmee mehrere österreichische Entsatzangriffe auf Mantua abwehren. Anfang August schlägt Bonaparte eine 70.000 Mann starke Armee bei Castiglione, im September 50.000 Österreicher bei Roverdo und Bassano. Im November siegen die Franzosen bei Arcole, im Januar 1797 in der dreitägigen Schlacht von Rivoli. Dieser letzte Erfolg führt schließlich am 2. Februar zur Kapitulation Mantuas. Damit ist für Napoleon der Weg frei nach Wien: Ende März überschreitet seine zusammengeschrumpfte Armee die Piave und stößt auf die österreichische Hauptstadt vor. Hundert Kilometer vor ihren Toren wird der Vormarsch gestoppt, denn Kaiser Franz II. bittet um Waffenstillstand, der am 18. April in Leoben geschlossen wird. Im Oktober folgt der Friede von Campo Formio. Dank Bonaparte ist der Krieg – außer gegen England – beendet. Im Januar 1798 kehren Napoleon und Joséphine nach Paris zurück, wo sie ein triumphaler Empfang erwartet.

Joséphine hat ihren Mann nicht nur sexuell betrogen. Trotz seiner teuren Geschenke und finanziellen Zuwendungen befindet sie sich nach wie vor in permanenter Geldnot. Um diese zu lindern, nutzt Joséphine im Bunde mit ihrem Ex-Liebhaber Barras ihre Stellung als Gemahlin eines Armeebefehlshabers, um bestimmte Heereslieferanten zu protegieren. Diese sind nur zu gern bereit, der Frau Generalin für ihre unverbindlichen „Empfehlungen" jede Summe zu zahlen, ist doch die Versorgung einer 36.000 Mann starken Armee das einträglichste Geschäft, das sie sich wünschen können. Doch Joséphine hat Feinde, die jede sich bietende Gelegenheit nutzen, sie bei ihrem Mann zu diskreditieren: die Familie Bonaparte. Durch Joseph erfährt Napoleon von den Fehltritten seiner Frau, insbesondere von ihrem Seitensprung mit Hippolyte Charles. Letzteres war ihm schon zuvor von Joséphines Zofe berichtet worden; nun jedoch, nach dieser Bestätigung durch seinen Bruder, kann Napoleon die Augen vor der Realität nicht länger verschließen. Es kommt zu einer fürchterlichen Szene, in der Joséphine die gegen sie erhobenen Vorwürfe zunächst abstreitet. Schließlich gelobt sie Besserung, und wieder gelingt es ihr, ihren Mann zu becircen: Napoleon verzeiht.

Im Frühjahr 1798 sind es allerdings weniger die häuslichen Angelegenheiten, die Napoleon beschäftigen. Um England, Frankreichs letzten Feind, an den Verhandlungstisch zu zwingen, plant er eine Expedition nach Ägypten, wo er die britischen Handelswege nach Indien stören und damit das Inselreich an seiner empfindlichsten Stelle treffen will. Nur mit Mühe gelingt es Napoleon, das *Direktorium* von seinem Vorhaben zu überzeugen, wobei ihn Joséphine durch ihre Beziehungen zu einflussreichen Persönlichkeiten wie Barras tatkräftig unterstützt. Das tut sie natürlich nicht ganz ohne Eigennutz: Erstens hofft sie, weiter ihren einträglichen Geschäften mit den Armeelieferanten nachgehen zu können, zweitens ist ihr der Gemahl im fernen Orient lieber als im eigenen Bett – in das sie sich nach wie vor Hippolyte wünscht. „Ja, mein Hippolyte“, schreibt sie ihm in jenen Tagen, „mein Leben ist eine ständige Qual. Du allein schenkst mir Glück. Sag mir, dass Du mich liebst, dass Du nur mich liebst. Dann werde ich die glücklichste Frau sein.“

Im Mai 1798 bricht Napoleon mit 36.000 Mann und 200 Schiffen nach Ägypten auf. Joséphine dagegen reist, um ihren Mann nicht begleiten zu müssen, in den Kurort Plombierès, dessen Thermalwasser angeblich gegen Unfruchtbarkeit helfen soll. Dem kann Napoleon nichts entgegensetzen, wünscht er sich doch nichts sehnlicher als ein Kind, was ihm bisher aber versagt geblieben ist. Allerdings kostet sie dieses Täuschungsmanöver beinahe das Leben, als in Plombierès ein Balkon unter ihr zusammenbricht und sie mit sich in die Tiefe reißt. Nur langsam erholt sie sich von den Verletzungen, die zu den größten Sorgen – man befürchtet eine vollständige Lähmung – Anlass geben.

Kaum genesen, stürzt sich Joséphine wieder in die Annehmlichkeiten, die Paris zu bieten hat. Gesellschaften, Bälle und natürlich wahre Kauforgien bestimmen ihren Tagesablauf. Völlig überschuldet ersteht sie im April 1799 schließlich Schloss Malmaison, das sie – Geld spielt keine Rolle – völlig umbauen lässt. Vor allem aber kann sie nun die Zeit mit Hippolyte verbringen, der auf Betreiben Napoleons aus der Armee entlassen wurde. Doch Joséphine hat aus ihren Fehlern nichts gelernt und unterschätzt abermals den Hass der Bonapartes, die ihr nun räumlich näher sind als während ihres Italienaufenthalts 1796/97. Somit bleibt es nicht aus, dass Napoleon im fernen Ägypten von der fortgesetzten Untreue seiner Frau erfährt. Sein Adjutant und Freund Junot ist es, der ihm, vermutlich von Joseph Bonaparte informiert, die Hiobsbotschaft überbringt. Napoleon muss erkennen, dass er sich selbst zu lange getäuscht und die Augen vor der Wahrheit verschlossen hat. Außer sich vor Zorn, lässt er seinen Ärger an seinem Sekretär Bourienne aus: „Sie sind mir durchaus nicht ergeben! ... Wenn Sie mir ergeben wären, hätten Sie mich von allem, was ich durch Junot erfahren habe, unterrichtet. Er ist ein wahrer Freund. Joséphine! ... Und ich bin 600 Meilen entfernt! .... Dass sie mich so betrügen konnte! ... Wehe ihnen. Ich werde all diese Laffen und Stutzer vernichten! ... Von ihr aber lasse ich mich scheiden! Jawohl, eine Scheidung! Eine öffentliche, Aufsehen erregende Scheidung!"

Damit hat Joséphine, die von ihrem Sohn Eugène, der Napoleon als Adjutant dient, schriftlich gewarnt wird, nicht gerechnet. Zwar ist man im Frankreich der Revolution so fortschrittlich, die Scheidung zu ermöglichen, doch gesellschaftlich wäre Joséphines Stellung nicht haltbar, zumal als geschiedene Frau des zur Zeit populärsten Mannes der Republik. Schon sehr bald würde eine andere Frau ihren Platz einnehmen, daran besteht kein Zweifel. Fraglich dagegen ist es, ob Joséphine noch einmal einen Heiratskandidaten fände, immerhin hat sie – nach den Vorstellungen jener Zeit – ihre Blütejahre längst überschritten. Und dass ihr noch im Alter generöse Liebhaber ihren aufwändigen Lebensstil finanzieren, erscheint selbst Joséphine zweifelhaft. Gerade der monetäre Aspekt gibt Anlass zu besonderer Sorge, würden doch auch ihre Einnahmen aus den Geschäften mit den Armeelieferanten entfallen – als geschiedene Frau Napoleons hätten ihre „Empfehlungen" keinen Wert mehr. Momentan fließen diese Gelder ohnehin nur noch spärlich, da Barras, über den die meisten Kontakte zustande gekommen sind, sich zunehmend von Joséphine abwendet. Nein, Joséphine ist fest entschlossen, die Scheidung zu verhindern.

Am 9. Oktober 1799 kehrt Napoleon überraschend, sowohl für Joséphine als auch für die Regierung, aus Ägypten zurück, freilich nicht aus privaten, sondern aus politischen Gründen. Zusammen mit ihrer Tochter Hortense reist Joséphine ihm eilig nach Südfrankreich entgegen. Sie hofft, ihn noch einmal mit ihrem Charme umgarnen und so zurückgewinnen zu können. Doch dazu muss sie Napoleon erreichen, bevor seine Familie ihn beeinflussen und über das gesamte Ausmaß ihrer Untreue informieren kann. Nun beginnt ein Wettlauf mit der Zeit, denn auch Joseph und Lucien eilen dem Bruder Richtung Burgund entgegen. Doch beide Seiten, sowohl Joséphine als auch die Brüder Bonaparte, verfehlen Napoleon, der auf einem anderen Weg Paris erreicht.

Als Joséphine drei Tage später völlig erschöpft in die *Rue de la Victoire* zurückkehrt, scheint alles verloren, denn die Bonapartes haben Napoleon von der Notwendigkeit einer Scheidung überzeugt. Aus Wut und Gram schließt sich Napoleon in sein Zimmer ein und weigert sich, seine Frau zu empfangen. Joséphine verbringt die ganze Nacht weinend und bittend vor verschlossener Schlafzimmertür. Am nächsten Morgen greift sie zu dem letzten ihr verbliebenen Mittel und bezieht ihre Kinder mit ein, die nun ebenfalls jammernd versuchen, Napoleons Herz zu erweichen. Vor den Tränen Eugènes und Hortenses, die Napoleon wie seine eigenen Kinder liebt, kapituliert er schließlich. Als Lucien Bonaparte am späten Vormittag

Letizia Bonaparte (1750–1836) – „Madame Mère", die Mutter Napoleons. – Gemälde aus der Schule David. Schloss Arenenberg/Schweiz.

Der junge General Napoleon Bonaparte (1769–1821). – Gemälde von Antoine-Jean Gros, 1796. St. Petersburg, Staatl. Eremitage.

Elisa (1777–1820), verheiratet mit Felix Bacciocchi, galt als die intelligenteste der drei Schwestern Napoleons. Als ihr Napoleon das Fürstentum Piombino überträgt, erweist sie sich als fähige Regentin und beschert ihrem Land eine ungeahnte Blütezeit. – Pastell von Jean Baptiste Isabey.

Napoleons Schwester Pauline (1780–1825) machte vor allem wegen ihrer zahlreichen Affären von sich reden. Auch ihre (zweite) Ehe mit dem Fürsten Camillo Borghese änderte daran nichts. – Gemälde von Mme. Benolt. Museé de Versailles.

1804 ließ sich Pauline vom Bildhauer Antonio Canova als „nackte Venus“ in Marmor verewigen. – Rom, Palazzo Borghese.

Caroline (1782–1839) war die ehrgeizigste und intriganteste Schwester Napoleons. Dank ihrer Beharrlichkeit erhielten sie und ihr Gatte Joachim Murat schließlich das Königreich Neapel. – Gemälde von Louise Vigée-Lebrun. Schloss Versailles.

Auch Caroline wurde von Antonio Canova in Marmor verewigt. – Neapel, Nationalmuseum

1796 heiratete Napoleon die sechs Jahre ältere Joséphine de Beauharnais (1763–1814), Witwe eines Generals und Mutter zweier Kinder. Doch die Ehe stand unter keinem glücklichen Stern. – Gemälde von Pierre Paul Prudhon, 1805. Paris, Musée du Louvre.

Anlässlich der Krönungszeremonie Joséphines zur Kaiserin (1804) befahl Napoleon seinen Schwestern Elisa, Pauline und Caroline, die Schleppe von Joséphines Kleid zu tragen, worüber die Drei mehr als verärgert waren. – Gemälde von Jacques Louis David, 1806–07. Paris, Musée du Louvre.

1806 adoptierte Napoleon Horstense Beauharnais (1783–1837), Tochter Joséphines aus 1. Ehe und Gemahlin seines jüngeren Bruders Louis, des späteren Königs von Holland. Ihr Sohn wird 1852 als Napoleon III. Kaiser der Franzosen.– Pastell von Jean Baptiste Isabey, 1810.

Auch Stephanie Beauharnais (1789–1860), eine Nichte Joséphines, wurde 1806 von Napoleon adoptiert. Er verheiratete sie aus bündnispolitischen Gründen mit dem Großherzog Karl Ludwig Friedrich von Baden. – Zeitgenöss. Miniatur.

Ende 1809 war die kinderlos gebliebene Ehe Napoleons mit Joséphine gescheitert. Als er ihr seine Absicht mitteilte, sich scheiden zu lassen, war sie fassungslos. – Nach einer zeitgen. Illustration.

Maria Walewska (1789–1817), die schöne Geliebte Napoleons, schenkte ihm im Mai 1810 einen Sohn und machte sich deshalb Hoffnungen, dass der Kaiser sie heiraten würde. Doch der hatte andere Pläne. – Gemälde von François Pascal Baron Gérard, 1812. Musée National du Château de Versailles.

Am 2. April 1810 heiratete Napoleon im Palais du Louvre Marie Louise (1791–1847), die Tochter des österreichischen Kaisers Franz I. Bis zuletzt hatte diese sich gegen die ihr aufgezwungene Ehe gewehrt. – Stich von Massard nach einem Gemälde von Rouget.

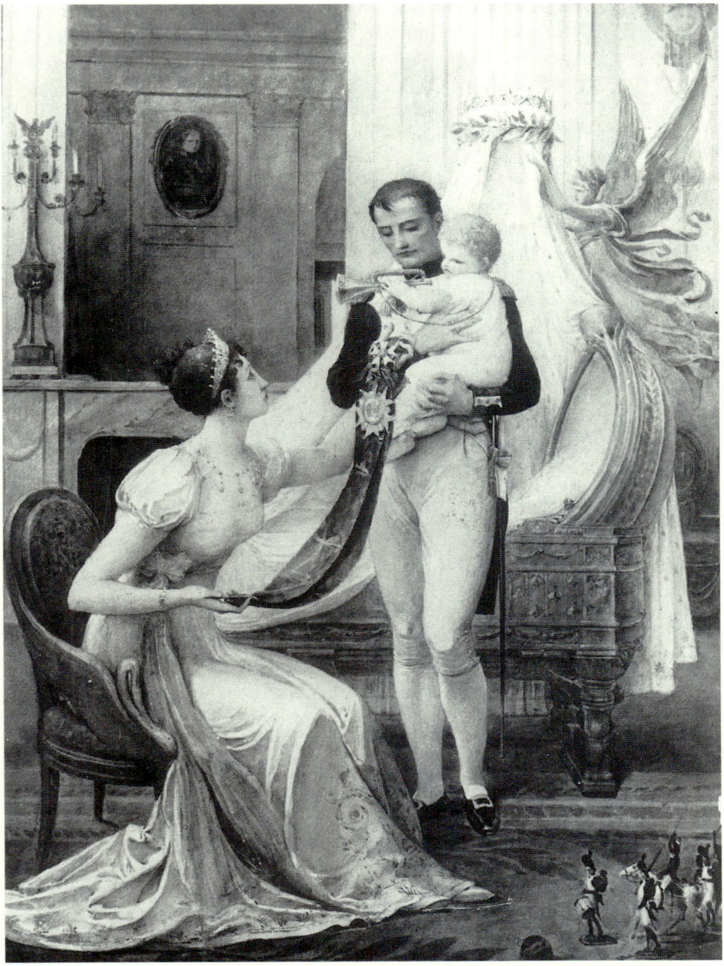

Als Marie Louise am 20. März 1811 einen Sohn François Charles Joséph zur Welt brachte, war Napoleon überglücklich. An ihren „liebsten Papa" schrieb Marie Louise bald darauf: „Der Kaiser gibt sich erstaunlich mit ihm ab ... er trägt ihn auf dem Arm und ist wirklich kindisch mit ihm." – Gemälde von Lionel Royer.

Zahlreiche Damen buhlten um die Gunst des berühmten Feldherrn und Kaisers Napoleon I. Doch es gab auch Frauen, die sein herrisches Wesen verabscheuten und sich nicht von seinen Erfolgen blenden ließen. – Gemälde von Jacques Louis David, 1812. Washington D.C., National Gallery of Art.

Umsonst hoffte die preußische Königin Luise (1776–1810) bei ihrem Treffen mit Napoleon in Tilsit 1807, den „gierigen Machtmenschen" von der Zerschlagung Preußens abhalten zu können. Sie verachtete ihn dafür ein Leben lang. – Gemälde von Wilhelm Ternite. Berlin, Jagdschloss Grunewald.

Trotz Zensur und polizeistaatlicher Methoden gelang es Napoleon während seiner Kaiserzeit nie, die intellektuelle Oposition zu unterdrücken, zu deren bedeutendsten Vertretern die Schriftstellerin Germaine de Staël (1766–1817) gehörte. – Gemälde von Elisabeth Vigée-Le Brun, um 1807/08. Genf, Musée d'Art d'Histoire.

bei Napoleon erscheint, empfängt ihn dieser im Bett zusammen mit Joséphine, die sich ein triumphierendes Lächeln vermutlich nicht hat verkneifen können.

Die Versöhnung ist der Wendepunkt in der Ehe Napoleons und Joséphines. Joséphine versteht sehr wohl, dass die Tage ihres leichtfertigen Lebenswandels endgültig der Vergangenheit angehören, denn ein weiteres Mal wird sie Napoleon nicht zurückgewinnen können. Tatsächlich bleibt sie ihm über die Scheidung 1809 hinaus bis zu ihrem Tod treu. Doch auch ihre Gefühle für ihn ändern sich. Der Mann, der aus Ägypten zurückgekehrt ist und am 9. November 1799 die Regierung stürzt, ist ein anderer als der, den sie noch wenige Jahre zuvor für so „drollig" gehalten und belächelt hat. Napoleon ist in jeder Beziehung selbstsicherer geworden, und seine blinde, an Hörigkeit grenzende Liebe zu Joséphine hat sich in eine Zuneigung verwandelt, die zwar aufrichtig, doch nicht mehr verzehrend ist. Joséphine kann nicht umhin, ihm nun wirklich mit Achtung und Respekt zu begegnen – und mit Liebe, die sie jetzt zunehmend für ihn empfindet.

Von nun an vertauschen sich die Rollen: Während sich Joséphine ihrem Mann beinahe völlig unterwirft und in Treue übt, ist es in den folgenden Jahren Napoleon, der jede sich bietende Gelegenheit zu einem Seitensprung nutzt (s. S. 17ff.).

Der Staatsstreich vom 18. Brumaire des Jahres VIII und die neue Verfassung – das *Konsulat* – machen Napoleon zum mächtigsten Mann Frankreichs. Das verdankt er unter anderem auch Joséphine, die durch ihre Beziehungen zu einflussreichen Kreisen Napoleon die für den Umsturz notwendigen Kontakte vermittelt hat. Der neue Wohnsitz des Ehepaares ist der ehemalige Königspalast. Joséphine wird sich dort nie heimisch fühlen und Schloss Malmaison bevorzugen, wo sie und ihr „Bonaparte", wie sie Napoleon liebevoll zu nennen pflegt, den größten Teil ihrer freien Zeit und die glücklichsten Jahre ihres gemeinsamen Lebens verbringen. Hier genießt man die Landschaft, gibt oder besucht Empfänge oder verbringt die Abende in kleinem Kreis und spielt Karten, wobei Napoleon stets mogelt, weil er nicht verlieren kann. In den ersten Jahren werden auch kleine Theaterstücke aufgeführt, bei denen

Napoleon selbst, seine Frau und die Gäste mitwirken; vor allem Napoleons Bruder Lucien und Hortense glänzen durch ihr schauspielerisches Können, der etwas düstere Lucien freilich mehr in Tragödien. Nach der Kaiserkrönung 1804 wechselt man häufig zwischen den Tuilerien, St. Cloud, Rambouillet und Fontainebleau.

Joséphines Rolle am Hofe ihres Mannes beschränkt sich auf die Repräsentation; Einfluss auf die Politik hat sie auch später im Kaiserreich nicht. Das kommt freilich ihrem politischen Desinteresse sehr entgegen, zumal ihr die Repräsentationspflicht es ermöglicht, ihrer großen Leidenschaft – dem Kaufen – nachzugehen. Dafür steht Joséphine später als Kaiserin ein Budget von 360.000 Francs zur Verfügung, das mit den Jahren auf über eine halbe Million anwächst. Unnötig zu erwähnen, dass sie mit diesem Geld nicht auskommt und wie gewohnt Schuldenberge anhäuft; bei ihrem Tod hinterlässt sie offene Rechnungen von rund drei Millionen Francs. Neben einer unüberschaubaren Menge an Kleidern und Schuhen besitzt sie schon bald eine der größten Schmucksammlungen des Kontinents. Ferner sammelt sie Gemälde und Skulpturen, die sie teils für teures Geld kauft, teils als Beutestücke aus den eroberten Städten Europas erhält – sehr zum Ärger ihres Gemahls: „Wenn es Joséphine, die eine Kunstliebhaberin war, unter Berufung auf meinen Namen gelang, sich einiger Meisterwerke zu bemächtigen, so tat mir das in der Seele weh, und ich fühlte mich wie bestohlen, weil sie nicht im Museum waren, wo sie hingehörten." Der bestohlene Dieb – denn es ist schlicht Kunstraub, den Napoleon in den besetzten Ländern betreibt – tobt und wütet, gibt aber dann in aller Regel nach, weil er immer wieder dem Charme seiner Frau erliegt. „Joséphine schmollte", beschreibt die Herzogin von Abrantès eine solche Szenen, „aber niedlich, wie ein kleines Mädchen, ohne jede Verärgerung. Sie sah ihn so süß an, sprach so anmutig zu ihm, und der Wunsch, ihm zu gefallen, sprach so unmissverständlich aus ihrem Blick, dass sein Herz aus Stein hätte sein müssen, um ihr zu widerstehen." Folglich zahlt er auch die Schulden, wenn auch zähneknirschend.

Eine andere Leidenschaft Joséphines kostet zwar ebenfalls

Geld, ist aber von Nutzen für die Allgemeinheit, nämlich ihre Liebe zur Natur. Als Kaiserin lässt sie in Malmaison ein Treibhaus bauen, wo sie Pflanzen aus aller Welt, vornehmlich aber aus ihrer karibischen Heimat züchtet. Die Samen dazu erhält sie unter anderem von ihrer Mutter. „Ich möchte, dass Malmaison bald als Vorbild für gelungene Pflanzenzucht gilt und den Départements seine Reichtümer anbieten kann", schreibt sie einem der Provinzpräfekten, „ich will, dass in zehn Jahren jedes Département eine Sammlung wertvoller Pflanzen besitzt, die aus meinem Gewächshaus stammen." Dass wiederum viele ihrer Pflanzen aus den Gewächshäusern anderer Länder geraubt werden – 1809 plündert man eigens für sie die Wiener Pflanzenzucht – stört Joséphine wenig. Des Weiteren macht sie Malmaison zu einem Tierparadies, in dem sich so exotische Lebewesen wie Lamas, Gazellen, Kängurus, Papageien, schwarze Schwäne, Emus, Zebras, chinesische Fasanen, Pfauen sowie ein Gnu und ein Orang-Utan tummeln.

Ein überaus sympathisches Wesensmerkmal Joséphines ist ihre Hilfsbereitschaft. Schon als Madame de Beauharnais hat sie, von ihrem Mann getrennt selbst ständig in finanziellen Nöten, Leidenden oder Verfolgten geholfen, wo sie nur konnte. Wer sich nun Hilfe suchend an Madame Bonaparte, die Frau Konsulin oder gar die Kaiserin wendet, geht selten mit leeren Händen heim. In der Regel legt Joséphine an geeigneter Stelle ein gutes Wort für den Bittsteller ein, was letztlich einem Befehl gleichkommt, kann man der Kaiserin doch kaum einen Wunsch abschlagen. Auch karitative Einrichtungen wie Waisen- und Armenhäuser bedenkt sie mit hohen Zuwendungen. Dass sie sich 1804 bei Napoleon auf Knien für die Schonung des Herzogs von Enghien eingesetzt habe, gehört allerdings ins Reich der Legende.[5]

Über der Ehe Joséphines hängt das Damoklesschwert der Kinderlosigkeit. Napoleon wünscht sich nichts sehnlicher als

[5] Als 1804 ein royalistisches Mordkomplott gegen ihn aufgedeckt wird, verdächtigt Napoleon den Prinzen von Condé, Louis Antoine Henri de Bourbon, Herzog von Enghien (1772–1804), darin verwickelt zu sein. Kurzerhand lässt er ihn aus dem badischen Ort Ettenheim, wo sich der Herzog aufhält, entführen und am 21. März 1804 ohne jedes Gerichtsverfahren erschießen.

einen Erben, der auch spätestens mit der Umwandlung des Konsulats in ein erbliches Kaisertum zur politischen Notwendigkeit wird. Dass ihm ein Kind mit Joséphine versagt bleibt, lässt das Thema „Scheidung" immer wieder aktuell werden. Allerdings steht nicht fest, wer von beiden unfruchtbar ist; immerhin hat Joséphine in ihrer ersten Ehe zwei gesunden Kindern das Leben geschenkt. Entsprechend bestärkt sie ihren Mann in dem Glauben, er sei es, der zeugungsunfähig sei, hofft sie doch dadurch, eine mögliche Trennung aus politischen Motiven ad absurdum zu führen. Damit allerdings setzt sie ungewollt eine Entwicklung in Gang, die sie – chronisch eifersüchtig, wie sie ist – am allerwenigsten gewollt hat: Um sich selbst etwas zu beweisen, teilt Napoleon das Bett mit unzähligen Frauen, darunter berühmte Schauspielerinnen und Tänzerinnen, aber auch die Hofdamen Joséphines (s. S. 17 ff.). Weder ihre Eifersuchtsszenen noch Weinkrämpfe ändern etwas daran, sehr zur Schadenfreude der Bonapartes, die noch immer hoffen, Napoleon und Joséphine zu entzweien. So tut sich besonders Napoleons jüngste Schwester Caroline damit hervor, ihren Bruder mit jungen Damen ihres eigenen Hofstaates zu „versorgen".

In dieser Situation reift um 1801 in Joséphine ein raffinierter Plan zum Erhalt ihrer Stellung. Dass Napoleons Erbe ein Bonaparte sein muss, ist unbestreitbar; jedoch muss es nicht zwangsläufig ein eigener Sohn sein. Ein männlicher Nachkomme der Brüder Bonaparte[6] würde diesen Zweck genauso gut erfüllen. Einen solchen gibt es aber bisher nicht, da Joseph und Lucien bislang nur Töchter haben, Louis und Jérôme gar keine Kinder. Ihre große Chance sieht Joséphine daher in einer Vermählung ihrer Tochter Hortense mit dem einzig derzeit in Frage kommenden Bruder Louis.[7] Erstens ist Hortense jung genug, mehrere gesunde Kinder – darunter hoffentlich die ge-

[6] Zwar haben Napoleons Schwestern Pauline und Caroline Söhne, doch kommen diese als Thronfolger für den Kaiser nicht in Betracht, da sie nicht die Dynastie Bonaparte fortsetzen, sondern eine Dynastie Leclerc bzw. Murat begründen würden (s. S. 90).

[7] Vermutlich wäre ihr Jérôme lieber gewesen. Dieser befindet sich jedoch zu diesem Zeitpunkt (1801/02) auf einer Militärexpedition in der Karibik.

wünschten Söhne – zu gebären, zweitens erhofft sie sich durch eine abermalige Verbindung zwischen den Familien Bonaparte und Beauharnais eine weitere Stärkung ihrer eigenen Position. Dass sie das Lebensglück sowohl Louis' als auch das ihrer Tochter durch eine unglückliche Ehe zerstört, ist für Joséphine zweitrangig. Napoleon ist von der Idee angetan, und im Januar 1802 treten Hortense und Louis vor den Traualtar. Bereits im Oktober schenkt Hortense einem Jungen – Charles Napoleon – das Leben, ein zweiter – Napoleon Louis – folgt 1804.

Doch die Geburt zweier potenzieller Thronerben reicht Joséphine nicht aus, sie sucht noch eine weitere Absicherung. Ihre Ehe mit Napoleon wurde 1796 nur zivilrechtlich geschlossen, eine Scheidung wäre nach französischem Recht nur ein formaler Akt. Eine kirchliche, das heißt katholische Trauung dagegen ließe sich nicht so problemlos lösen. Wie günstig, dass 1804 Papst Pius VII. eigens zur Kaiserkrönung nach Paris kommt. In einer Privataudienz gelingt es Joséphine, ihr Problem als das des Heiligen Vaters darzustellen, denn ohne kirchlichen Segen würde er nach Kirchenrecht ja die in Sünde lebende Konkubine Napoleons, nicht dessen Gemahlin salben. Auch dieser Schachzug gelingt: Am Vorabend der Krönung, am 1. Dezember 1804, wird im Arbeitszimmer des Kaisers[8] auf Druck des Papstes von Napoleons Onkel, Kardinal Fesch, die kirchliche Trauung nachgeholt.

Abermals schäumen die Bonapartes vor Wut. Letztlich aber sind sie machtlos. Als Napoleon zudem 1806 Eugène, Hortense und Joséphines Nichte Stephanie adoptiert, scheint Joséphines Stellung gefestigter denn je.

Doch es kommt anders, und 1807 nimmt Joséphines Schicksal seinen Lauf. Zum einen stirbt in diesem Jahr Hortenses älterer Sohn Charles Napoleon. Abgesehen von dem Schmerz, den auch Napoleon über den Verlust empfindet, führt ihm der Todesfall vor Augen, auf welch tönernen Füßen

[8] Napoleon ist seit dem Senatsbeschluss vom 18. Mai 1804 *Kaiser der Franzosen*. Die Krönung im Dezember ist kein eigener Rechtsakt, sie hat rein symbolischen und sakralen Charakter.

die Thronfolge nun steht, die nur noch durch ein Kind – Hortenses zweiten, gerade erst dreijährigen Sohn – gesichert ist.[9] Was geschieht, wenn auch dieser Junge stirbt? Joséphines dynastisches Gebäude beginnt zu wanken. Zum anderen bahnt sich in Polen, wo Napoleon Krieg gegen Preußen und Russen führt, eine langfristige Liaison zwischen ihm und der zwanzigjährigen Maria Walewska an, der Napoleon tatsächlich sehr zugetan ist und die ihm zwei Jahre später, im September 1809, durch ihre Schwangerschaft den Beweis seiner Zeugungsfähigkeit liefert.[10] In diesem Jahr fasst Napoleon den endgültigen Entschluss, sich von Joséphine zu trennen, um sich mit einer Prinzessin aus den Fürstenhäusern Europas zu vermählen. „Dieser Akt wird für mich ein Opfer sein, denn ich liebe Joséphine", erklärt er resigniert.

Das drohende Unheil, das Joséphine jahrelang von sich fern gehalten hat, bricht am 30. November 1809 über sie herein, als ihr Napoleon seine Absicht bekannt gibt. Zum letzten Mal bietet sie all ihre schauspielerischen Fähigkeiten auf, um ihn umzustimmen, vergebens. Ein Ohnmachtsanfall, den sie vortäuscht, beendet die Szene, die Napoleon tief bewegt. „Das Interesse Frankreichs schneidet mir ins Herz", gesteht er mit tränenerfüllten Augen dem Bediensteten, der ihm geholfen hat, die scheinbar ohnmächtige Joséphine in ihr Zimmer zu tragen.

Am 15. Dezember 1809 wird im Thronsaal die kirchliche Eheschließung aufgehoben. „Sie hat fünfzehn Jahre meines Lebens verschönt, die Erinnerung daran werde ich immer in meinem Herzen bewahren", erklärt Napoleon in seiner Rede, die zu halten ihm sichtlich schwerfällt. Joséphines Ansprache kommt durch einen Tränenschwall der Kaiserin ins Stocken, so dass ein Sekretär fortfahren muss. Anwesend sind neben

[9] Zwar hat Lucien Bonaparte noch einen Sohn, doch nach einem Familienstreit um die – nach Napoleons Meinung – nicht standesgemäße Ehe des jüngeren Bruders lebt dieser zurückgezogen und aller kaiserlichen Privilegien enthoben in Italien.

[10] Schon 1806 hat eine seiner Mätressen, Eléonore Dénuelle, ihm ein Kind geboren, doch bezweifelt Napoleon aufgrund des unsoliden Lebenswandels der Dame seine Vaterschaft (s. S. 21 ff.).

den Würdenträgern und Hofdamen natürlich auch die Bonapartes, die endlich triumphieren.

Am folgenden Tag wird – etwas weniger dramatisch – die zivilrechtliche Ehe im Senat annulliert. Joséphine behält den Titel einer Kaiserin, freilich ohne irgendwelche Befugnisse. Eine staatliche Jahresrente von zwei Millionen Francs sichert ihren Lebensunterhalt; Napoleon selbst fügt, die Verschwendungssucht Joséphines berücksichtigend, aus seiner Privatschatulle eine weitere Million hinzu. Ferner erhält sie Schloss Malmaison sowie das lebenslange Wohnrecht im Elyséepalast. Im Frühjahr 1810 schenkt ihr Napoleon das Schloss Navarre in der Normandie und erhebt sie zur Herzogin, dies allerdings aus eher eigennützigen Motiven, denn er möchte seine geschiedene Frau nicht in Paris wissen, wenn seine neue Braut, die Österreicherin Marie Louise (s. S. 162), die Hauptstadt erreicht.

Die Trennung von Joséphine trifft nicht überall auf Zustimmung. Vielen Abergläubischen, allen voran den Soldaten der *Grande Armée*, erscheint die Scheidung als ein böses Omen. War nicht Joséphine der Glücksstern des so erfolgreichen General Bonaparte? Hatte nicht *Notre Dame de la Victoire* an den Siegen von Marengo, Austerlitz, Jena und Friedland auf ihre Art ebensolchen Anteil wie *le petit Corporal*, wie Napoleon liebevoll von seinen Grenadieren genannt wird? Entsprechend gering ist die Begeisterung für „die Neue" oder „die Österreicherin", wie man Marie Louise hinter vorgehaltener Hand verächtlich nennt. Dass es nach der zweiten Eheschließung dann militärisch tatsächlich bergab geht, steigert die Sympathie für die Habsburgerin – trotz der Geburt eines Sohnes – verständlicherweise nicht.

Joséphine verbringt die folgenden Jahre überwiegend in Navarre oder Malmaison, ihrem Lieblingsschloss. Hier lebt sie zurückgezogen und empfängt Besuche, darunter auch Maria Walewska mit ihrem Sohn Alexander. Zwischen beiden Frauen entsteht schließlich eine Art Freundschaft. 1810 reist sie nach Aix-les-Bains, einem Schweizer Kurort, und nach Genf, wo sie zur Zerstreuung ein weiteres Schloss kauft. Zwei Jahre später weilt sie bei ihrem Sohn Eugène in Mailand, wo dieser als *Vizekönig von Italien*[11] residiert. Zu Napoleon hat sie weiterhin Kontakt; oft besucht er sie heimlich und stellt ihr taktloserweise sogar seinen 1811 geborenen Sohn, den *König von Rom*, vor, den Joséphine jedoch liebevoll empfängt. Für ihre Schuldenberge, die sich trotz der hohen Zuwendungen anhäufen, kommt er wie früher auf, natürlich nicht ohne mahnende Worte oder Wutausbrüche.

Den Zusammenbruch des Kaiserreiches im Jahr 1814 erlebt Joséphine in Navarre, wohin sie mit Hortense beim Anrücken der alliierten Heere Ende März von Malmaison aus geflohen ist. Hier erfährt sie von der Abdankung Napoleons und der Wiedereinsetzung der Bourbonen als Regenten. Mitte April kehrt sie zurück nach Malmaison, wie so oft schon in ihrem Leben geplagt von finanziellen Nöten, denn dass die neuen Machthaber die ihr vom Kaiser zugesagten Pensionen zahlen, erscheint ihr sehr unwahrscheinlich. Doch wieder einmal hat Joséphine Glück: Unter dem Einfluss Talleyrands bestätigt Louis XVIII. die 1809 getroffenen Regelungen. Das hat politische Gründe, hoffen doch der König und sein intriganter Außenminister, die Familie Beauharnais von den Bonapartes trennen und letztere isolieren zu können. Aus diesem Grund hofiert man auch die Ex-Kaiserin, die noch einmal in ihrem Leben so wie einst in den Tagen der Republik im Mittelpunkt der Gesellschaft steht. Diesmal sind es sogar die Monarchen der Siegermächte, die sich gegenseitig die Klinke in die Hand drücken. Doch Joséphine weigert sich, sich in die anti-napoleonische Propaganda der Bourbonen einspannen zu lassen.

Besonders Zar Alexander ist angetan von Joséphines Charme und Anmut. Vielfach setzt er sich für ihre Interessen und die ihrer Kinder ein und sorgt dafür, dass es den Beauharnais' an nichts mangelt. Doch Alexanders häufige Besuche in Malmaison haben ungeahnte Folgen: Bei einer gemeinsamen Spazierfahrt erkältet sich Joséphine schwer. Die Krankheit unterschätzend, wohnt sie weiterhin Gesellschaften bei

[11] Im Mai 1805 wird Napoleon in Mailand zum König von Italien gekrönt. Dieses Königreich erstreckt sich jedoch nicht über die gesamte Apenninhalbinsel, sondern umfasst nur Norditalien. Als Statthalter setzt er im Juni 1805 seinen Stiefsohn Eugène ein, der den Titel eines Vizekönigs erhält.

und empfängt Besucher. Ein Parkbesuch am 24. Mai, ebenfalls an der Seite des Zaren, führt schließlich zu einem schweren Rückfall. Hohes Fieber und ständig sinkender Puls lassen das Schlimmste befürchten. Am 29. Mai 1814 stirbt Joséphine im Alter von 51 Jahren in den Armen ihres Sohnes Eugène. Am 2. Juni wird sie in der Kirche des kleinen Ortes Rueil nahe der Hauptstadt unter feierlichem Geleit der alliierten Siegermächte zu Grabe getragen.

In Paris hält man es nicht für nötig, Napoleon auf Elba über den Tod seiner geschiedenen Frau zu informieren. Auch Eugène und Hortense schreiben ihm nicht, so dass Napoleon nur durch Zufall die Nachricht erhält. „Arme Joséphine, nun ist sie glücklich", erklärt er tief erschüttert den Umstehenden, bevor er sich zwei Tage lang in seine Privatgemächer einschließt.

Dass sie in die Geschichte als *Joséphine de Beauharnais* und nicht als *Joséphine Bonaparte* eingegangen ist, verdankt sie der Propaganda der Bourbonen, der sie sich zu Lebzeiten noch hat entziehen können. Nun, nach ihrem Tod, nutzt man ihre Popularität und stellt sie als Opfer ihres Mannes dar, das unter seiner Tyrannei zu leiden hatte und sich trotzdem stets für die von ihm Verfolgten sowie für die Wiedereinsetzung der „rechtmäßigen" Herrscher einsetzte. Der Name *Beauharnais* wird somit zum Synonym für Opferbereitschaft und königstreue Gesinnung, der Name *Bonaparte* für Unterdrückung und Unrecht. Dieses verzerrte Bild Joséphines hat die Herrschaft der Bourbonen, die 1830 endgültig gestürzt werden, freilich nicht überdauert. Heute gilt sie als das, was sie vermutlich wirklich war: Napoleons einzig wahre Liebe.

Marie Louise (1791–1847) „Tu, felix Austria, nube!"

Kaiserin der Franzosen – Erzherzogin von Österreich – Herzogin von Parma, Piacenza und Guastalla

„Bella gerant allii – Tu, felix Austria, nube!" – „Kriege mögen andere führen – Du, glückliches Österreich, heirate!" Jahrhundertelang hatte die Habsburger Dynastie diesen Wahlspruch befolgt und sich durch eine weit verzweigte Heiratspolitik im 16. Jahrhundert ein Weltreich geschaffen, in dem auf dem Höhepunkt ihrer Macht die Sonne nie unterging. Im Jahre 1809/10 war dieses Reich durch Napoleon geschlagen worden und nun in seiner Existenz bedroht. Doch noch einmal bewährte sich jene Richtlinie habsburgischer Tradition und rettete Österreich: Zu einer erneuten militärischen Konfrontation außerstande, vermählte Kaiser Franz I. seine älteste Tochter Marie Louise mit dem Kaiser der Franzosen und bewahrte somit den eigenen Thron, was es ihm vier Jahre später ermöglichte, seinerseits den ungeliebten Schwiegersohn zu stürzen.

Im Dezember 1809 annulliert Napoleon die kinderlos gebliebene Ehe mit Joséphine, um sich neu zu vermählen. Eine jüngere Frau, so hofft er, wird ihm den Wunsch nach einem Thronfolger erfüllen. Daneben soll sie möglichst aus einem der großen Herrscherhäuser Europas stammen, denn Napoleon erhofft sich durch eine solche Verbindung die dynastische Legitimation seiner Herrschaft und somit eine weitere Festigung seiner eigenen Stellung.

Seine Wahl fällt zunächst auf die russische, erst 14-jährige Großfürstin Anna, die Schwester des Zaren. Doch in St. Petersburg ist man zurückhaltend. Alexander I. scheut trotz des Bündnisses von Tilsit die enge Bindung an den Franzosenkaiser, da er auf längere Sicht mit einer erneuten militärischen Auseinandersetzung rechnet.[1] Auch am Hof wächst die Abneigung gegen Frankreich, sodass die Verheiratung einer russischen Prinzessin mit Bonaparte auf Widerstand stößt.[2] Vor allem die Zarenmutter Maria Fjodorowna, die Napoleon hasst, interveniert so lange gegen die Ehepläne, bis dieser schließlich eine diplomatisch verpackte Absage erhält.

Während man in Paris über das Verhalten des Zaren empört ist, atmet man in Wien erleichtert auf. Eine Stärkung der russisch-französischen Allianz durch das angestrebte Eheprojekt wäre eine weitere Schwächung Österreichs, zumal Kaiser Franz nach dem soeben verlorenen Krieg ohnehin um den Bestand seiner Dynastie fürchtet.[3] Mit Wohlwollen registriert man daher Napoleons Erkundigungen über die heiratsfähigen Töchter des Hauses Habsburg. Eine österreichisch-französische Verbindung würde – so hofft man jedenfalls in Wien – den eigenen Thron bewahren und Österreichs Position gegenüber Russland stärken, dessen Machtzuwachs man nicht minder fürchtet als den französischen. „Man muss Mut zeigen und zu allen Mitteln greifen, die beitragen können, den Staat zu retten", schreibt der österreichische Gesandte in Paris, Karl Philipp Fürst zu Schwarzenberg, an den Außenminister Metternich.

[1] Im Frieden von Tilsit wird zwischen Russland und Frankreich, den bisher verfeindeten Großmächten, auf Betreiben Napoleons zugleich ein Bündnis geschlossen. Als Folge muss sich Russland verpflichten, Frankreich im Falle eines Angriffs durch eine dritte Macht beizustehen sowie sich der Kontinentalsperre gegen England anzuschließen.

[2] Der Grund für die sich zuspitzenden Verstimmungen zwischen beiden Staaten ist die sich abzeichnende Abkehr Russlands von den Bestimmungen des Tilsiter Friedens. So weigert sich Zar Alexander, aktiv an den Kriegen Napoleons teilzunehmen, was er 1809 durch eine Scheinkampagne gegen Österreich deutlich gemacht hat. Vor allem wächst in Petersburg der Widerstand gegen die Kontinentalsperre, die für Russland eine größere wirtschaftliche Belastung darstellt als für England, gegen das sie gerichtet ist.

[3] Im Frühjahr 1809 hatte sich Österreich gegen die französische Vorherrschaft in Deutschland erhoben, war aber im Juli von Napoleon bei Wagram entscheidend geschlagen worden und mußte im Frieden von Schönbrunn (Oktober 1809) große Gebietsverluste hinnehmen. In Wien befürchtet man nun nach dieser ingesamt vierten Niederlage gegen Frankreich die Absetzung des regierenden Herrscherhauses zugunsten einer napoleontreuen Vasallendynastie.

Tatsächlich bedeutet Napoleons Interesse an einer Habsburgerin die Kehrtwendung seiner Bündnispolitik. Die Allianz mit dem Zaren, durch eine Heirat zementiert, sollte eigentlich Österreich und Preußen durch die Bedrohung von zwei Seiten niederhalten. Doch die Weigerung Alexanders verdeutlicht dem Kaiser, dass das Bündnis von Tilsit bröckelt. Warum also keine Annäherung an Österreich, um sich gegen Russland abzusichern? Hinzu kommt, dass die Habsburger das älteste Herrschergeschlecht Europas sind – für Napoleon eine nicht unerhebliche Reputation – und sich in ihrer Geschichte durch einen gesegneten Kinderreichtum ausgezeichnet haben. So sind alleine aus der zweiten Ehe des Kaisers Franz 13 Kinder hervorgegangen, seine Großmutter, die Kaiserin Maria Theresia, hatte bekanntlich 16 Kinder zur Welt gebracht. „Das ist gerade der Uterus, den ich zum Heiraten brauche", erklärt Napoleon seinen Familienangehörigen.

Die einzig in Frage kommende Prinzessin ist die am 12. Dezember 1791 geborene Erzherzogin Maria Ludovica Leopoldina Franziska Therese Josepha Lucia, deren Rufname *Marie Louise* lautet. Sie ist die älteste Tochter des österreichischen Kaisers und seiner 1807 verstorbenen, zweiten Ehefrau Maria Theresia.[4] „Die Prinzessin", berichtet Napoleons Gesandter am Wiener Hof, Graf Louis Guillaume Otto, „ist 18 Jahre alt, groß und wohl gewachsen, sie hat eine edle Haltung, eine angenehme Physiognomie, Grazie und zeigt einen Ausdruck von Sanftmut und Leutseligkeit, der Vertrauen einflößt. Sie scheint eine sehr sorgfältige Erziehung genossen zu haben, singt, spielt gut Klavier und malt."

Zwar besitzt Marie Louise musisches Talent, eine begabte Schülerin dagegen ist sie nie gewesen: Ihr Deutsch bleibt bis an ihr Lebensende fehlerhaft, Fremdsprachen, vor allem Französisch, lernt sie nur schwer. Auch in anderen Fächer glänzt sie nicht durch überragende Intelligenz. Dafür ist sie eine begeisterte Amateurgärtnerin, die den „liebsten Papa", wie sie ihren Vater zu nennen pflegt, mit frischem Obst und Gemüse

[4] Maria Theresia war die Tochter König Ferdinands IV. von Sizilien und Marie Carolines, einer Tochter der Kaiserin Maria Theresia. Kaiser Franz' erste Frau, Elisabeth von Württemberg, verstarb kinderlos 1790.

versorgt. Auf die streng puritanische Erziehung ist Marie Louises Hang zur Sparsamkeit zurückzuführen; auch zeichnet sie sich durch Schüchternheit und Bescheidenheit aus, was jedoch nicht selten als Arroganz fehlinterpretiert wird.

Der wichtigste Mann im Leben Marie Louises ist zweifelsohne ihr Vater. Mit abgöttischer Liebe hängt sie am *liebsten Papa*, dem sie jeden Wunsch von den Augen abzulesen sucht. Nach dem Tod ihrer Mutter – sie stirbt 1807 bei der Geburt ihres 13. Kindes – heiratet Franz ein drittes Mal. Mit ihrer gleichaltrigen Stiefmutter Maria Ludovica von Modena verbindet die junge Erzherzogin schon bald eine tiefe Freundschaft.

Von Kindheit an hasst und verabscheut Marie Louise den General, Konsul und schließlich Kaiser Napoleon Bonaparte, der viermal schon ihren Vater militärisch geschlagen und politisch gedemütigt hat. Zweimal hat die Prinzessin sogar unter dramatischen Umständen vor den nahenden Franzosen fliehen müssen, nämlich 1805 nach Krakau und 1809 nach Erlau in Ungarn. Eine als Bonaparte ausstaffierte Stoffpuppe, die sie nach Bedarf malträtiert, dient ihr zum Abreagieren, wenn das *Ungeheuer*, der *Antichrist* – wie sie Napoleon zu nennen pflegt – wieder einmal einen Sieg über Österreich errungen hat.

Doch Marie Louises Aversion gegen Napoleon nützt ihr nichts: Immer massiver wird das Drängen des Kaisers der Franzosen, sodass Schwarzenberg Ende 1809 an Metternich meldet: „Erschrecken Sie nicht, wenn ich sage, man muss sie [Marie Louise; Anm. d. Verf.] opfern. Eine Ablehnung ... würde ihn und alles, was ihn umgibt, zu unseren unversöhnlichen Feinden machen. ... Kann man zögern, zwischen dem Untergang der Monarchie und dem Unglück einer Prinzessin zu wählen?" Für den Außenminister Metternich steht die Antwort fest, zumal er durch das Projekt die Rückgabe eines Teils der im letzten Krieg verlorenen Territorien erhofft. Doch er wird enttäuscht: Am 7. Februar 1810 nötigt Napoleon den völlig überraschten Schwarzenberg regelrecht zu einem Ehekontrakt, den zu unterzeichnen der Gesandte eigentlich gar nicht befugt ist. Damit sind die Würfel gefallen, ohne dass

Österreich über die annektierten Gebiete hat verhandeln können.

Marie Louise, die von den politischen Heiratsplänen Metternichs bereits etwas ahnt, erfährt die volle Wahrheit Mitte Februar von ihrem Vater. Ihren Einwand, sie wolle lieber den Erzherzog Franz von Modena-Este – den Bruder ihrer Stiefmutter – zum Manne, da sie sich in ihn verliebt habe, lässt Kaiser Franz nicht gelten, der der Tochter vielmehr dieses Opfer für das Hause Habsburg ans Herz legt. Natürlich fügt sich Marie Louise dem Wunsch des *liebsten Papa*.

Die Nachricht von der Vermählung der Erzherzogin mit dem Beherrscher Europas ruft in der Öffentlichkeit unterschiedliche Reaktionen hervor. Der österreichische Adel und das Bürgertum empfinden die Opferung der Habsburgerin, die wie ein Lamm dem Minotaurus vorgeworfen werde, als nationale Demütigung, während die Unterschichten nunmehr auf eine lang anhaltende Friedensperiode hoffen. In Petersburg ist man entsetzt, denn mit einer Annäherung Napoleons an Wien hat man bei der Ausschlagung seiner Werbung um die Großfürstin Anna nicht gerechnet. Auch in England ruft die Nachricht Bestürzung hervor, da diese Ehe Napoleons Stellung in Europa weiter festigt. In Frankreich schließlich betrachtet man die Heiratspläne mit gemischten Gefühlen. Einerseits verspricht die Verbindung das Ende eines jahrzehntelangen, nur von kurzen Friedenszeiten unterbrochenen Konfliktes mit Österreich. Andererseits ist man wenig angetan von einer Herrscherin aus dem Hause Habsburg. Zu frisch noch sind die Erinnerungen an Marie Antoinette, die Großtante Marie Louises, die einst den Hass der Franzosen auf sich gezogen hat. Hinzu kommt, dass man Joséphine nachtrauert, mit der man den Aufstieg Napoleons verbindet – ihre Heirat 1796 fiel bekanntlich zusammen mit seinem einzigartigen Siegeszug, was ihr den Beinamen *Notre Dame de la Victoire* einbrachte. Abergläubische munkeln nun, der Kaiser habe sich vom Sieg getrennt, um mit der Österreicherin seinen Niedergang heraufzubeschwören.

Napoleon freilich stören solche Bedenken nicht. Am 8. März 1810 hält sein Stabschef, Marschall Alexandre Berthier, in Wien als Brautwerber des Kaisers offiziell um die Hand der Erzherzogin an. Dort wird zwar die Wahl Berthiers als Taktlosigkeit empfunden – der Marschall trägt den Titel eines *Fürsten von Wagram*, benannt nach der kriegsentscheidenden Niederlage Österreichs ein Jahr zuvor –, doch willigt man zähneknirschend ein und einigt sich über die Formalitäten. Marie Louise erhält als Mitgift umgerechnet eine halbe Million Francs, während Napoleon sich zu Zugeständnissen bezüglich der ehemals österreichischen Gebiete zur Enttäuschung Metternichs und des Kaisers Franz nicht bereit erklärt. Am folgenden Tag verzichtet Marie Louise in einem feierlichen Akt auf ihre Thronrechte in Österreich, da sie demnächst die Krone Frankreichs tragen soll.

Widerstand gegen die neue Eheschließung des Kaisers regt sich von unerwarteter Stelle und wirft am Wiener Hof Probleme auf: Einige Vertreter der Kirche – darunter der Wiener Erzbischof Graf Sigismund – weigern sich, Napoleons Trennung von Joséphine anzuerkennen und bezichtigen ihn der Bigamie.[5] Damit gerät Napoleon in Bedrängnis, denn der Einzige, der nach katholischem Recht seine erste Ehe aufheben könnte, nämlich der Papst, befindet sich seit 1809 in französischer Gefangenschaft in Savona; auf seine Mithilfe ist somit nicht zu rechnen. Um die peinliche Angelegenheit zu bereinigen, beruft Napoleon schließlich ein aus sieben ihm hörigen Prälaten bestehendes Konzil ein, welches ihm bescheinigt, dass die Eheschließung mit Joséphine formale Fehler aufgewiesen habe und daher nie rechtskräftig gewesen sei.[6] Mit derart windigem Zeugnis ausgestattet kann der französische Gesandte am Wiener Hof die Gemüter beruhigen und das kaiserliche Eheprojekt doch noch zu einem erfolgreichen Abschluss bringen.

[5] Hinzu kommt, dass Napoleon gegen ein von ihm selbst erlassenes Gesetz des *Code Napoléon* verstößt, welches die Scheidung verbietet, wenn die Ehefrau älter als 45 Jahre ist. Joséphine war zum Zeitpunkt der Scheidung 46 Jahre alt.

[6] Formelle Fehler wies die kirchliche Trauung tatsächlich auf, denn Kardinal Fesch, Napoleons Onkel, der die Zeremonie vollzog, war aus kirchenrechtlichen Gründen dazu gar nicht berechtigt. Dennoch galt die Ehe nach dem Kirchenrecht als rechtskräftig

Am 11. März 1810 findet in der Augustinerkirche in Wien die Vermählung statt; die Zeremonie wird in deutscher Sprache abgehalten und soll in Paris auf Französisch wiederholt werden. Als Vertreter Napoleons fungiert Berthier, als Brautführer Erzherzog Karl, der Onkel der Braut und Feldherr in jenem unglücklichen Feldzug von 1809.

Zwei Tage nach der Trauung verlässt die unglückliche Braut mit einem imposanten Gefolge – insgesamt 83 beladene Wagen und über 300 Personen – ihre Heimatstadt und reist nach Braunau, wo ein französisches Empfangskomitee sie erwartet, um sie nach Paris zu geleiten. Keine geringere als Caroline Murat, Napoleons jüngste Schwester und Königin von Neapel, ist es, die die neue Schwägerin begrüßt und ihr auf der beschwerlichen Reise Gesellschaft leistet – nicht immer zur Freude der Österreicherin, die die Bevormundung durch die Königin bald leid ist. In München setzt Caroline schließlich durch, dass Marie Louises Oberhofmeisterin – die einzige Vertraute, die die junge Frau noch hat und an die sie sich auf ihrer Fahrt ins Ungewisse klammert – entlassen und durch eine Französin ersetzt wird, in der Hoffnung, nun selbst das Vertrauen der Schwägerin zu gewinnen. Doch sie erreicht genau das Gegenteil.

Inzwischen ist Napoleon nicht untätig. Schon im Februar 1810 lässt er im Senat den Titel eines *Königs von Rom* schaffen, den sein zukünftiger Sohn tragen soll. Um seiner jungen Frau zu gefallen, nimmt er bei seiner Adoptivtochter Hortense, der Königin von Holland, Tanzunterricht, was jedoch für beide zur Strapaze ausartet, da der Kaiser ein miserabler Tänzer ist; schließlich gibt er resigniert auf. Nicht weniger Mühe bereitet ihm wegen seiner schlechten Handschrift das Schreiben der vielen Briefe, mit denen er seine Braut bombardiert und die er wegen des intimen Inhalts selbst verfasst. Er habe für einen Brief zwei Stunden lang geschwitzt, vertraut er dem bayerischen König Max Joseph an. „Warum bin ich nicht der Page", liest Marie Louise zu ihrer größten Verwunderung, „und darf Ihnen den Huldigungseid schwören, kniend, meine Hand in der Ihren? Empfangen Sie ihn wenigstens im Gedanken. Und in Gedanken bedecke ich Ihre schönen Hände mit

Küssen." Vor allem aber traktiert er seine Umgebung mit Fragen über seine zukünftige Frau, die er selbst ja noch nie gesehen hat. Doch die Antworten derjenigen, die der Österreicherin schon begegnet sind, befriedigen ihn nicht, im Gegenteil: In dem Glauben, man wolle ihm nicht die Wahrheit sagen, fügt er sich in sein Schicksal: „Es ist mir klar, dass meine Frau hässlich ist, denn keiner von diesen Teufelskerlen hat es fertig gebracht, mir weiszumachen, dass sie hübsch sei."

Für die Begrüßung, die in Compiègne stattfinden soll, hat der Kaiser selbst ein kompliziertes und langwieriges Zeremoniell ausgewählt. Doch am 27. März wirft Napoleon das Protokoll über den Haufen und eilt seiner Braut nach Soissons entgegen, da er das Warten nicht mehr erträgt. Statt des von ihm vorgesehenen, prachtvollen Gewandes trägt er seine schlichte, grüne Uniform mit dem berühmten grauen Mantel, ein Aufzug, in dem er sich ohnehin am wohlsten fühlt. „Als ich ihr entgegenfuhr", erinnert sich Napoleon später auf St. Helena, „ließ ich den Wagen anhalten, denn ich wollte nicht, dass sie wüsste, wer ich bin. Aber die Königin von Neapel, die neben ihr saß, rief aus: ‚Der Kaiser!' Ich warf mich in den Reisewagen und küsste Marie ..."

In Compiègne, wohin es im Eiltempo weitergeht, legt man eine Rast ein. Da die Ehe ja noch nicht nach französischem Ritus geschlossen worden ist, soll laut Protokoll die Braut im Schloss, der Bräutigam in einem Gasthaus übernachten.[7] Doch Napoleon setzt sich auch darüber hinweg und quartiert sich kurzerhand ebenfalls im Schloss ein. „Ich war von ihrem Zimmer nur durch die Bibliothek getrennt", berichtet er später, „Graf von Ségur [der Zeremonienmeister des Kaisers; Anm. d. Verf.] hätte wegen des Zeremoniells gewollt, dass ich mich davon machte, aber ich war verheiratet, alles war in Ordnung, ich jagte ihn zum Teufel."

Der zu erwartende Schock für die überrumpelte Marie Louise bleibt aus, denn das *Ungeheuer* erweist sich als rücksichtsvoll und zärtlich. „Ich fragte sie, was man ihr gesagt

[7] Gleichwohl ist die Ehe gültig, wie sich Napoleon noch kurz zuvor sowohl von Metternich als auch vom Bischof von Nantes hat versichern lassen.

habe, als sie Wien verließ", erinnert sich Napoleon noch auf St. Helena. „Sie antwortete mir voll Naivität, dass Kaiser Franz und Gräfin Lazanski ihr empfohlen hätten: ‚Sobald Sie mit dem Kaiser allein sind, fügen Sie sich allem, was er Ihnen sagt. Sie werden ihm in allem gehorchen, was er von Ihnen verlangen wird.'" Tatsächlich ist sie nie sexuell aufgeklärt worden, im Gegenteil: Jedes Buch wurde von ihren Erziehern strengstens auf „unschickliche" Passagen hin kontrolliert, die man dann gegebenenfalls entfernte. Napoleons Rücksichtnahme nimmt ihr nun jede Angst und lässt den ihr bisher verhassten Ehemann in einem neuen Licht erscheinen. Was niemand für möglich gehalten hätte, tritt ein: Marie Louise empfindet nach der vorgezogenen und stürmischen Hochzeitsnacht Zuneigung für den Kaiser und verliebt sich schließlich in ihn. Ihrem Vater in Wien schreibt sie: „Ich finde, dass er sehr gewinnt, wenn man ihn näher kennt, er hat etwas Einnehmendes und Zuvorkommendes, dem man unmöglich widerstehen kann. Ich bin überzeugt, dass ich recht zufrieden mit ihm leben werde."

Am 1. April 1810 findet in St. Cloud die Ziviltrauung statt, am folgenden Tag die kirchliche im Louvre, wo Marie Louise zur *Kaiserin der Franzosen* gekrönt wird. Beide Tage verlaufen nicht ohne Ärger für den Kaiser. Zum einen sträuben sich seine Schwestern Elisa und Pauline, die Schleppe der Braut zu tragen. Zum anderen melden sich wieder die Geistlichen zu Wort, die die Scheidung von Joséphine nicht akzeptieren und ihn der Bigamie beschuldigen. In St. Cloud fehlen 13 der geladenen Kardinäle, die so ihren Protest gegen die Neuvermählung zum Ausdruck bringen. Auch am nächsten Tag glänzen sie durch Abwesenheit im Louvre, was zu einem Tobsuchtsanfall Napoleons führt. Kurzerhand klagt er die widerspenstigen Geistlichen der Majestätsbeleidigung an, lässt ihre Güter konfiszieren und sie selbst unter Polizeiaufsicht stellen. Zudem müssen sie den Kardinalspurpur gegen die einfache schwarze Priestertracht eintauschen.

Trotz dieses unerfreulichen Anfangs verläuft die Ehe glücklich. Napoleon selbst erscheint seiner vertrauten Umgebung wie ein neuer Mensch, er genießt die Mußestunden in der Gesellschaft seiner Frau, duldet ihre Verspätungen – zu Joséphines Zeiten eine Quelle permanenten Streits – und vernachlässigt darüber hinaus bisweilen sogar die Staatsgeschäfte. „Der Kaiser lässt sie nicht zwei Stunden des Tages allein", berichtet Metternich dem Kaiser Franz, „er sorgt für alles und jedes. Täglich bringt er ihr herrliche Geschenke und greift in alle Einzelheiten ihres Lebens ein. Sein Verhalten ist gleicherweise das eines besorgten Vaters wie das eines verliebten Gatten."

Umgekehrt lebt sich Marie Louise schnell in ihre neue Umgebung ein. Vormittags stickt sie oder spielt Klavier, bis sie dem Kaiser – zu dessen größtem Entzücken – den von ihr selbst gekochten Kaffee serviert. Der Nachmittag ist ausgefüllt durch Kutschfahrten oder ausgedehnte Spaziergänge mit ihrem Mann, während sie des Abends häufig Diners oder Theatervorstellungen besucht. Für Politik zeigt Marie Louise keinerlei Interesse, was Napoleon aufatmen lässt, da ihm politisierende Frauen ein Gräuel sind. Den Empfang anderer Männer hat er ihr ohne Anstandsdame strengstens untersagt, da dem Kaiser Joséphines Eskapaden noch in zu guter Erinnerung sind. Napoleons Eifersucht macht sogar vor dem eigenen Bruder Joseph nicht halt: „Hüte Dich vor dem König [von Spanien], er hat, was Frauen betrifft, einen schlechten Ruf und einen Ehrgeiz, den er sich in Spanien angewöhnt hat", schreibt er seiner Frau 1814. Dass die Kaiserin Minister und Marschälle frühmorgens im Bett liegend empfängt, trägt ihr mehrere Tadel ein; so schreibt ihr Napoleon im Juni 1813: „Ich wünsche, dass Sie unter keinen Umständen und unter keinem Vorwand irgendjemand, wer es auch sei, im Bett empfangen. Dies ist nur dann erlaubt, wenn man über dreißig Jahre alt ist." Zu leiden hat Marie Louise bisweilen unter den Grobheiten ihres Gemahls, die schon ihrer Vorgängerin mitunter die Tränen in die Augen getrieben haben. Ihrem Vater schreibt sie: „Er hat die ähnliche Gewohnheit als Sie, bester Papa, zu fragen, ob man eine Sache begreift, und wenn man ‚Nein' erwidert, jedermann bei der Nase zu ziehen; die meinige ist völlig verunstaltet."

Im April 1810 folgt eine mehrwöchige Hochzeitsreise nach

Belgien.[8] Doch die Fahrt nach Belgien entspricht nicht den Erwartungen der jungen Kaiserin, denn Napoleon ist an der Besichtigung militärischer Einrichtungen mehr interessiert als an romantischen Flitterwochen. Umgekehrt wird Napoleon wiederholt enttäuscht, als sich nach ärztlicher Untersuchung Marie Louises häufige Übelkeiten und Erbrechen nicht auf die so sehr ersehnte Schwangerschaft zurückführen lassen, sondern auf den übermäßigen Genuss von Sahnetörtchen. In gereizter Stimmung kehrt man im Juni zurück nach Paris.

Anfang Juli 1810 erfüllt sich schließlich doch Napoleons Wunsch. „... ich bin doppelt glücklich jetzt", meldet Marie Louise dem *liebsten Papa* nach Wien, „da mir der Arzt versichert, dass ich seit vorigem Monat in guter Hoffnung bin. Gott gebe, dass es wahr ist, denn der Kaiser hat eine unendliche Freude darüber ..." Die Diagnose des Arztes ist wahr, und am Vormittag des 20. März 1811 verkünden 101 Kanonenschüsse[9] in den Gärten der Tuilerien die Geburt des französischen Thronfolgers. Es ist eine schwere Entbindung gewesen, in deren Verlauf für Mutter und Kind mehrfach Lebensgefahr bestand. Napoleon, der das Leiden seiner Frau Marie Louise schließlich nicht länger ertragen konnte und schweißgebadet das Schlafgemach verließ, hatte die Ärzte angewiesen: „Verhalten Sie sich so, als ob sie eine Bürgersfrau entbinden würden. Retten Sie die Mutter, wenn Sie nicht beide retten können!" Doch diese Anordnung war unnötig, denn gegen 9.20 Uhr hat Marie Louise es überstanden, und der Kaiser stürmt überglücklich an das Bett der jungen Mutter. „Der König von Rom", erinnert er sich später auf St. Helena, „blieb wenigstens eine Minute, ohne einen Schrei von sich zu geben. Als ich eintrat, lag er wie tot auf dem Teppich. Frau von Montebello (Marie Louises Hofdame; Anm. d. Verf.) wollte,

[8] Zu den Begleitern gehören Jérôme, Napoleons jüngster Bruder und König von Westfalen, nebst seiner Frau Katharina von Württemberg, Prinz Eugène Beauharnais, der Vizekönig von Italien, die Marie Louise eher suspekte Königin von Neapel sowie die österreichischen Minister Metternich und Schwarzenberg.

[9] Im Falle einer Prinzessin wären es nur 21 Salutschüsse gewesen.

dass die Etikette befolgt werde, aber Corvisart (Napoleons Leibarzt) schickte sie mit ihrer Etikette zum Henker. Endlich, nach tüchtigem Frottieren, kam das Kind zu sich. Es war nur am Kopf ein wenig durch die Zange verletzt. Die Kaiserin hatte sich bereits für verloren gehalten und war überzeugt, dass man sie dem Kinde zuliebe opfern wollte, und doch hatte ich gerade das Gegenteil befohlen."

Der Junge wird auf den Namen *Napoleon François Charles Joseph* getauft. Sein Hofstaat ist beträchtlich, neben seiner Erzieherin, Madame de Montesquieu, gehören ihm weitere 26 Personen an, darunter allein fünf Ärzte, zwei Türsteher und vier Kammerdiener. Weit über 40.000 Francs hat die Ausstattung des Prinzen gekostet, sie umfasst nach eingehender Prüfung durch eine Regierungskommission unter anderem 504 Windeln, 240 Jacken und 312 Hemden. Mit in die Wiege gelegt wird ihm zudem der pompöse Titel eines *Königs von Rom*, den Napoleon schon vorsorglich vor der Geburt des Kindes vom Senat hat bestätigen lassen.[10] Das bedeutet, dass der junge Napoleon mit Beginn seiner Regierungsfähigkeit Herrscher über das Königreich Italien sowie des annektierten Kirchenstaates werden soll, und zwar so lange, bis er selbst eines Tages den französischen Kaiserthron besteigt. Sein eigener Sohn – Napoleons Enkel – soll sodann in Italien regieren.

Während das Volk auf den Straßen über die Geburt des *l'Aiglon* (des *Jungen Adlers*), wie man Napoleons Sohn liebevoll nennt, jubelt, ist die Begeisterung innerhalb der kaiserlichen Familie geteilt: Für Napoleons älteren Bruder Joseph und die jüngste Schwester Caroline bedeutet die Existenz des Neffen das Ende ihrer Hoffnungen auf die Kaiserkrone, während die älteste Schwester Elisa – Großherzogin von Toskana, Fürstin von Piombino und Lucca – sowie Napoleons Stiefsohn Eugène Beauharnais, der Vizekönig von Italien, um ihre Stellungen auf der Apenninhalbinsel bangen. Ehrliche

[10] Die Möglichkeit der Geburt eines Mädchens ist von Napoleon nie ernsthaft in Erwägung gezogen worden, so sehr hat er sich einen Sohn gewünscht. Für den Fall, dass es doch eine Tochter wird – die nach Salischem Recht von der Thronfolge ausgeschlossen wäre –, sorgt er nur insofern vor, als er dieser den Titel einer *Fürstin von Venedig* vorbehält.

Freude über den Nachwuchs empfinden nur die Mutter des Kaisers, Letizia, und seine Lieblingsschwester Pauline.

Napoleon selbst erweist sich als liebevoller Vater. Jede freie Minute verbringt er mit dem Sohn, auf den er so viele Jahre hat warten müssen und den er nun nach allen Regeln der Kunst verzieht. „Der Kaiser gibt sich erstaunlich mit ihm ab", schreibt Marie Louise ihrem Vater nach Wien, „er trägt ihn auf dem Arm und ist wirklich kindisch mit ihm, er will ihm auch schon zu essen geben, welches ihm aber übel anschlägt." Die Spielsachen des Jungen sind aus vergoldetem Silber gefertigt, die Wände des Kinderzimmers haben gepolsterte Wände, damit sich der Prinz nicht wehtut.

Freilich wird dem Jungen vieles nachgesehen, was anderen Kindern eine Rüge einbrächte. Diese Erziehung bleibt für die charakterliche Entwicklung des *Königs von Rom* nicht ohne Folgen: Frei von jedem Zwang zur Unterordnung, neigt er schon früh zu unkontrollierten Zornesausbrüchen und Wutanfällen, was ihm den Kontakt vor allem zu Gleichaltrigen erschwert. Bis an sein Lebensende bleibt der junge Napoleon ein Einzelgänger ohne Freunde.

Während Napoleon die Mutter seines heiß ersehnten Sohnes vergöttert, gewinnt Marie Louise bei Hofe nur wenig Sympathien. Immer häufiger zieht man Vergleiche zwischen ihr und Joséphine, an deren Anmut und Charme *l'Autrichienne* – wie man die Kaiserin abschätzig nennt – nicht heranreicht. „Ihr Wuchs war normal", urteilt Laure Junot, die spitzzüngige Herzogin von Abrantès, in ihren Memoiren, „und wären ihre Schultern und Busen weniger umfangreich gewesen, so hätte sie ein ganz angenehmes Äußeres gehabt, aber was ihr gänzlich abging, war die Anmut: Nie besaß davon eine Frau weniger." Ihr steifes Auftreten in der Öffentlichkeit und ihr Mangel an geistreicher Konversation rufen Spott und Kritik hervor und lassen mehr denn je den Esprit der ersten Kaiserin vermissen. „Sie [Marie Louise, Anm. d. Verf.] ging die Reihe der Gäste ab wie eine jener mechanischen Puppen, die sich bewegen, wenn man sie aufzieht. Der Kaiser ging an ihrer Seite und sagte ihr vor, was sie sagen sollte, speziell zu jenen Leuten, die er auszeichnen wollte", berichtet eine Hofdame. Und die Herzogin von Abrantès fügt hinzu: „Ihre Empfangsabende waren von einer Steifheit ohnegleichen." Dass *l'Autrichienne* sich nur in der Gesellschaft ihrer Oberhofmeisterin, der Gräfin Montebello – der Witwe des 1809 bei Aspern gefallenen Marschall Lannes – wohlfühlt, wird ihr als Arroganz ausgelegt und verübelt.

Das Familienglück im Hause Bonaparte hält nicht lange an. Im Mai 1812 darf Marie Louise zwar ihren Mann nach Dresden begleiten, wo der Kaiser noch einmal die unterworfenen Monarchen Europas um sich versammelt, darunter auch seinen Schwiegervater, den Kaiser Franz von Österreich, doch den Grund für dieses aufwendige Spektakel kennt sie nicht: Napoleon will sich der Treue seiner Vasallen versichern, denn er plant die Invasion Russlands. Am 24. Juni 1812 überschreitet die *Grande Armée* mit einer halben Million Mann den Njemen. „Sie kennen mich genug, um zu wissen, wie elend und verlassen ich ohne ihn bin", klagt die Kaiserin der Gräfin Montebello, als sie allein nach Paris zurückkehren muss.

Napoleons Angriff auf Russland erweckt bei seinen Feinden – sowohl in Frankreich als auch im Ausland – neue Hoffnungen. In der Nacht vom 22. auf den 23. Oktober entflieht der royalistische General Claude François Malet aus einer Nervenklinik und reißt für wenige Stunden die Gewalt in der Hauptstadt an sich. Schließlich bricht der Putsch durch den beherzten Einsatz des Generals Hulin zusammen. Während im fernen Moskau Napoleon über die Missachtung der Kaiserin und seines Sohnes durch den gesamten Regierungs- und Verwaltungsapparat empört ist, begreift Marie Louise die Tragweite des Geschehens nicht. „Ich bin gar nicht erschrocken über die Unruhe, welche einige törichte Köpfe gemacht haben", schreibt sie dem *liebsten Papa* verwundert nach Wien, „denn ich kenne sehr den guten Charakter des Volkes und seine Anhänglichkeit an den Kaiser, um darüber mich einen Augenblick geängstigt zu haben ..." Einem Hofbeamten gegenüber erklärt sie, verblüfft über dessen Besorgnis: „Was hätten sie mir schon antun können? Ich bin doch die Tochter des Kaisers von Österreich!" Diese Naivität ist erstaunlich, wenn man vor allem bedenkt, dass erst vor 18 Jahren ihre eigene Großtante Marie Antoinette von dem selben Volk enthauptet wurde. Kein Wunder also, wenn die Herzogin von Abrantès in gewohnt bissiger Weise urteilt: „Marie Louise ist mutig gewesen, weil sie zu blöd war, um die Gefahr zu ahnen, in der sie und ihr Kind schwebten."

Am 18. Dezember 1812 erlebt Marie Louise in den Tuilerien eine große Überraschung; eine Palastdame berichtet: „Marie Louise ... hatte sich gerade zu Bett begeben, und die Dame, die im Nebenzimmer schlief, wollte das Gleiche tun. Sie schickte sich an, alle Türen zu schließen, als sie im anschließenden Salon Stimmen hörte. Im gleichen Augenblick gehen die Türen auf, und zwei Herren treten ein, beide in weite Pelzmäntel gehüllt. Die Dame stürzte an die Tür der Kaiserin, um den Eingang zu versperren, als sie in dem einen Herren ... den Kaiser erkannte. Durch den Schrei, den sie vor Überraschung ausstieß, wachte die Kaiserin auf. ... Es war ein zärtliches Wiedersehen von Liebe und Glück ..."

Doch von Glück kann nicht die Rede sein: Zwar ist Napoleon wohlbehalten aus Russland zurückgekehrt, aber die im Sommer 1812 etwa 650.000 Mann starke *Grande Armée* existiert nicht mehr. Damit beginnt das *Empire* zu wanken, denn in dem unterworfenen Europa regt sich – ermutigt durch die französische Niederlage – neuer Widerstand. Den Anfang macht Preußen, das im März 1813 die Seiten wechselt und sich dem russischen Heer anschließt.

Noch einmal kann Napoleon eine gewaltige Armee aufstellen, die der preußisch-russischen Koalition ebenbürtig ist. Am 15. April 1813 verlässt der Kaiser Paris, um in Deutschland die Entscheidung zu erzwingen. Eingedenk der Affäre Malet ernennt er Marie Louise offiziell zur Regentin, freilich unter der Aufsicht erfahrener Ratgeber. Ihre Hauptaufgabe besteht in der Aushebung neuer Rekruten, die – da das Land ausgeblutet ist – zunehmend jünger werden; die Bezeichnung *Marie Louisen* für die konskribierten, minderjährigen Soldaten ist schon bald ein verhasster Begriff in Frankreich.

Zwar kann Napoleon noch einmal Siege erringen – am 2. Mai schlägt er eine russisch-preußische Armee bei Lützen, am 20. Mai die Preußen bei Bautzen –, doch die Entscheidung über den Ausgang des Krieges hängt von der Haltung Österreichs ab. Durch leutselige Briefe soll Marie Louise nun ihren Papa bei Laune zu halten. Dabei nutzt Napoleon die Naivität seiner Frau aus und sendet ihr übertriebene Stärkeangaben seiner Truppen in der Hoffnung, dass sie diese an den Wiener Hof weiterleitet und sich der davon beeindrucken lässt. Schließlich interveniert die Kaiserin persönlich beim österreichischen Gesandten, um einen Krieg zwischen Österreich und Frankreich zu verhindern: „Bedenken Sie, wie unglücklich mich das machen würde und wie entsetzlich meine Stellung hier werden würde."

Dass vor allem Metternich sich dadurch nicht zurückschrecken lässt, ist nicht verwunderlich. Im Juni 1813 kommt es in Dresden zwischen ihm und Napoleon zur entscheidenden Unterredung. Österreich bietet seine Vermittlerdienste zwischen den Krieg führenden Parteien an, verlangt dafür aber – sowie für seine weitere Neutralität – die Rückgabe der 1809 verlorenen Gebiete sowie die Aufgabe des französischen Hegemonieanspruchs über Deutschland. Napoleon ist uneinsichtig und erklärt dem Minister empört: „... ich habe seine [gemeint ist Kaiser Franz] Tochter geheiratet ... Da habe ich also eine große Dummheit begangen, eine österreichische Erzherzogin zu heiraten!" Nach einer stürmischen Auseinandersetzung gehen Metternich und der Kaiser auseinander, am 11. August erfolgt die Kriegserklärung Österreichs an Frankreich.

Drei Monate später kehrt Napoleon abermals geschlagen nach Paris zurück. Bei Leipzig besiegt, ist seine Vorherrschaft über Deutschland gebrochen, und die alliierten Heere – darunter das seines Schwiegervaters Franz – stehen am Rhein. In fieberhafter Eile stellt der Kaiser noch einmal eine Armee auf, um Frankreich und damit den eigenen Thron zu verteidigen. Marie Louise wird als Regentin während seiner Abwesenheit erneut bestätigt, ihr zur Seite stehen als Berater Napoleons älterer Bruder Joseph, Ex-König von Spanien, und Cambacérès, der Erzkanzler des Reiches. Am 25. Januar 1814 nimmt Napoleon Abschied von seiner Familie und begibt sich zum Feldheer. Seine Frau und seinen Sohn sieht er nie wieder.

Mit Bangen erwartet man in Paris Nachrichten über den Verlauf des Feldzuges. Die französischen Waffenerfolge über Blüchers *Schlesische Armee* sowie Napoleons geschönte Berichte lassen Marie Louise zunächst Mut fassen; nun sei nur noch Schwarzenberg zu schlagen, schreibt sie ihrem Mann ins Feld, und dazu wünsche sie ihm viel Erfolg. Dass Schwarzenberg die österreichische Streitmacht ihres eigenen Vaters befehligt, vergisst sie dabei völlig. Doch immer enger schließt sich der Kreis um die Hauptstadt, immer höher steigen die Verlustziffern der ohnehin hoffnungslos unterlegenen französischen Armee. Schließlich drängt Napoleon seine Frau, sich bei Kaiser Franz für ihn zu verwenden, da er auf die verwandtschaftlichen Beziehungen setzt. Der Erfolg dieses Schrittes bleibt aber aus. „Mein Vater hört kaum auf mich, wenn es sich um politische Geschäfte handelt", stellt Marie Louise resignierend fest.

Der rege Briefwechsel zwischen dem Kaiser und seiner Frau führt zur Katastrophe. Am 24. März fangen Kosaken einen Kurier mit einer Depeche an die Kaiserin ab, in der Napoleon ihr seine Absicht mitteilt, nicht auf Paris, sondern an den Rhein und damit in den Rücken der Armee des Fürsten Schwarzenberg zu marschieren. Im alliierten Kriegsrat wird daraufhin nach hitzigen Debatten beschlossen, die Chance zu nutzen und die nahezu unverteidigte französische Hauptstadt einzunehmen.

Angesichts des nahenden Feindes tritt in Paris ein Regentschaftsrat zusammen, dem neben Joseph und Cambacérès auch der ehemalige Außenminister Champagny, der Polizeiminister Savary, General Clarke, der Kriegsminister, und merkwürdigerweise auch Talleyrand angehören. „Misstrauen Sie diesem Mann. Ich habe seit sechzehn Jahren mit ihm zu tun, ich hatte eine Neigung für Ihn, aber er ist gewiss der größte Feind unseres Hauses", hatte Napoleon noch kurz zuvor seine Frau vor dem intriganten Ex-Außenminister gewarnt. Nun sitzt Talleyrand im Regentschaftsrat, wo über das Schicksal der Kaiserin und damit die Zukunft des Hauses Bonaparte entschieden wird. Die Mehrheit stimmt für das Verbleiben Marie Louises in Paris, doch Joseph beruft sich auf eine Weisung des Kaisers, nach der die Regentin nicht in die Hände des Feindes fallen darf: „Wenn ich sterbe, so dürfen sich mein Sohn als Herrscher und die Kaiserin als Regentin zur Ehre der Franzosen nicht fangen lassen, sie müssen sich mit ihren letzten Soldaten ins letzte Dorf zurückziehen." Damit ist die Entscheidung gefallen, und am 29. März verlässt Marie Louise mit ihrem Sohn, begleitet von Angehörigen der Familie Bonaparte und eskortiert von 1.200 Mann der Nationalgarde, die Hauptstadt. Über Rambouillet reist sie nach Chartres, Châteaudun und schließlich nach Blois, wo sie am 2. April anlangt.

Inzwischen überstürzen sich die Ereignisse: Am 1. April besetzen die Alliierten Paris, drei Tage später dankt Napoleon in Fontainebleau unter dem Druck seiner Marschälle ab, allerdings nur zugunsten seines Sohnes. Das aber akzeptiert Zar Alexander nicht, so dass der Kaiser am 11. April dem Thron bedingungslos entsagen muss. Dafür erhält er die Insel Elba als souveränes Fürstentum zugesprochen, Marie Louise die Fürstentümer Parma, Piacenza und Guastalla. Den kaiserlichen Titel dürfen beide weiterhin führen. In der Nacht zum 13. April scheitert ein Selbstmordversuch Napoleons.

In Blois erfährt Marie Louise vom Ende des Krieges und dem Untergang des Kaiserreichs. In der Hoffnung auf ein baldiges Wiedersehen mit ihrem Mann beschließt sie, zu ihm nach Fontainebleau zu reisen. Dazu kommt es jedoch nicht: Die Gräfin Montebello, von der Aussicht auf ein lebenslanges Exil auf Elba wenig erbaut, überzeugt die Kaiserin von den Gefahren einer solchen Reise und überredet sie, nach Rambouillet zurückzukehren, wo inzwischen Kaiser Franz sein Hauptquartier aufgeschlagen hat. Als auch zwei Gesandte ihres Vaters auftauchen und sie in dessen Namen auffordern, sich zu ihm zu begeben, reist die Kaiserin nach Rambouillet, wo sie am 13. April eintrifft. „... wenn ich mit meinem Vater spreche, werde ich Festigkeit zeigen, ich werde ihm sagen, dass ich durchaus wieder bei Dir sein will ...", versichert Marie Louise ihrem Mann, der in Fontainebleau vergeblich auf ihre Ankunft wartet. Doch kaum steht sie dem *liebsten Papa* gegenüber, gewinnt sein Einfluss wieder die Oberhand.

Kaiser Franz I. befindet sich in einer peinlichen Situation: So sehr er 1810 aus politischen Gründen eine familiäre Bindung an Napoleon anstrebte, so sehr wünscht er sich nun eine völlige Loslösung vom Hause Bonaparte. Sein Schwiegersohn gilt als der Feind Europas, dessen Weltreich von einst zu einem Miniaturfürstentum im Mittelmeer zusammengeschrumpft ist – ein Umstand, an dem Franz selbst durch seine Beteiligung am Krieg gegen Frankreich mitgewirkt hat. Dass nun die eigene Tochter das Exil des Verbannten auf Elba teilen will, ist eine politische Unmöglichkeit. Die dem Kaiser sicher genehmste Lösung wäre eine Scheidung Marie Louises von Napoleon, was jedoch aufgrund der nach katholischem Ritus geschlossenen Ehe nicht möglich ist. Somit setzt er alles daran, seine Tochter von Napoleon fern zu halten in der Hoffnung, dass mit der Zeit Marie Louises sprichwörtlicher Wankelmut über ihre Zuneigung den Sieg davonträgt.

Der Plan geht auf: Beeinflusst durch ihre Umgebung, schmilzt Marie Louises Wunsch, nach Elba zu reisen, wie Schnee in der Sonne. „Glauben Sie, dass mein Vater mich zwingen wird, nach der Insel Elba zu gehen?" erkundigt sie sich kleinlaut bei ihrer Schwägerin Hortense, welche sie überraschend aufsucht. Einem Gesandten Napoleons gegenüber erklärt sie: „Auch ich werde ihn in Elba aufsuchen. ... Ich fühle, dass ich nicht glücklich sein werde, aber das fällt nicht ins Gewicht; ich werde eine Pflicht erfüllen." Und der Gräfin Montebello gegenüber spricht sie schon bald von jener „gottverdammten Insel" im Mittelmeer. Schließlich willigt Marie Louise ein, statt nach Elba zunächst mit ihrem Sohn nach Wien zu reisen, um sich von dort aus alleine zu einer ausgiebigen Kur zu begeben. Napoleon, zu dem sie regen Briefkontakt unterhält, ist enttäuscht und empört zugleich.

In Wien angelangt, wird sie auf Weisung Metternichs in zunehmenden Maße von ihrem französischen Gefolge, welches sie noch immer umgibt, isoliert. Der Kanzler will damit einer möglichen pro-napoleonischen Beeinflussung entgegenwirken. Das Vorhaben ist nicht leicht, denn Marie Louise gibt und fühlt sich inzwischen ganz als Französin. Doch mit der

Zeit hat Metternich Erfolg, und aus der Kaiserin der Franzosen wird wieder eine Erzherzogin von Österreich.

Ende Juni 1814 bricht Marie Louise zur Kur nach Aix auf. Als Reisebegleiter steht ihr der Feldmarschall-Leutnant Adam Adalbert Graf Neipperg (1775–1829) zur Seite, der vom österreichischen Kaiser den geheimen Auftrag hat, wenn möglich eine Reise seiner Tochter nach Elba zu verhindern. Neipperg, verheiratet mit der Gräfin Therese Pola und Vater von vier Kindern, gilt gleichermaßen als Haudegen und Diplomat, Charmeur und Frauenheld, der mit dem Piano ebenso gut umzugehen versteht wie mit dem Säbel. Mehrfach hat er sich im Kampf gegen Frankreich ausgezeichnet, was zahlreiche Verwundungen belegen, darunter der Verlust seines rechten Auges, welches er während des Feldzuges in Holland 1794 eingebüßt hat. Als Neippergs größter diplomatischer Erfolg zählt unzweifelhaft sein Einwirken auf Joachim Murat, den König von Neapel, bis dieser endlich im Januar 1814 von seinem Schwager Napoleon abfällt und die Seiten wechselt (s. S. 119). Napoleon selbst ist er im Jahre 1800 nach der verlorenen Schlacht von Marengo als österreichischer Emissär begegnet.

Marie Louises Reise nach Aix-en-Savoie führt zum endgültigen Bruch mit Napoleon und verändert ihr Leben. Aus ihrer anfänglichen Abneigung gegen den Grafen entwickelt sich Sympathie, Zuneigung und am Ende Liebe. Schließlich geschieht das Unvermeidliche: In einem Schweizer Berggasthof, wo sie und ihr Begleiter vor einem überraschenden Unwetter Schutz suchen und übernachten müssen, wird Marie Louise Neippergs Geliebte.

Wieder daheim in Wien, ist von einer Reise nach Elba nicht mehr die Rede. Immer seltener, kühler und distanzierter werden ihre Briefe an Napoleon, bis sie nach einem oberflächlichen Schreiben am 3. Januar 1815 den Kontakt völlig einstellt. Umso entsetzter liest sie die Zeilen, die er ihr am 28. März sendet: „Meine gute Louise, ich bin Herr von ganz Frankreich. Das ganze Volk und die ganze Armee sind in höchster Begeisterung. ... Ich erwarte Dich im Monat April. Sei am 15. oder 20. April mit meinem Sohn in Straßburg!" Mit Weinkrämpfen wirft sie sich demütig ihrem Vater in die Arme, der sie vor ihrem Mann bewahren soll. Von ihrem Verhältnis zu Neipperg ahnt niemand etwas.

Der wieder ausbrechende Krieg und sein Verlauf enthebt die Kaiserin ihrer Sorge. „Ich bete fleißig zu Gott", schreibt sie ihrem Vater, „dass er Ihnen bald möge zurückkommen machen und ihre Waffen segnen möchte." Noch ein Jahr zuvor hatte sie Gottes Segen für die französischen Waffen gegen die Armee des *liebsten Papa* erfleht. Die Nachricht von der Niederlage ihres Mannes bei Waterloo nimmt sie erleichtert entgegen.

Doch Napoleons Rückkehr von Elba hat auch für Marie Louise Konsequenzen. Im Vertrag von Fontainebleau waren ihr und ihrem Sohn die italienischen Fürstentümer Parma, Piacenza und Guastalla zugesprochen worden. Schon sehr bald jedoch regt sich der Widerstand der italienischen Fürsten, die weder die Frau Napoleons, vor allem aber nicht dessen Sohn als souveränen Fürsten neben sich dulden wollen. Hinzu kommt, dass der spanische König Anspruch auf die toskanischen Territorien erhebt.[11] Nach der zweiten Abdankung Napoleons erklären daher die Alliierten, dass sie sich an die Vertragsbedingungen von 1814 nicht mehr gebunden fühlen, da diese ohnehin einseitig durch Bonaparte gebrochen worden seien. Für Marie Louise, die weder über die Absichten ihres Mannes informiert gewesen ist, noch sich während seiner Hundert-Tage-Herrschaft auf seine Seite gestellt hat, bedeutet das den Verlust ihrer Fürstentümer. Erst die Intervention des Zaren im Jahr 1816, der auf die Einhaltung der Bedingungen durch die Siegermächte pocht, setzt die Ex-Kaiserin wieder in ihre Rechte ein, wenn auch mit Abstrichen: Die genannten Fürstentümer werden ihr zwar auf Lebenszeit übertragen, ihr Sohn jedoch wird von der Erbfolge ausgeschlossen und soll nach dem Willen der Verbündeten weder Italien betreten dürfen, noch überhaupt jemals ein souveränes Staatsgebiet erhalten. Zum Ausgleich wird er 1818 lediglich zum *Herzog von*

[11] Die genannten Fürstentümer gehörten bis 1809 zum Königreich Etrurien, dessen Monarchin eine Tochter des damaligen spanischen Königs war. Folglich pocht nun Ferdinand VII. auf die Rückgabe jener Territorien an seine Familie.

Reichstadt erhoben.[12] Ferner muss Marie Louise auf den Titel *Kaiserin der Franzosen*, den sie noch immer trägt, verzichten und wieder den einer *Erzherzogin von Österreich* annehmen.

Im März 1816 reist Marie Louise nach Parma, ohne ihren fünfjährigen Sohn, dafür in Begleitung Neippergs, der für sie die Regierungsgeschäfte führen soll. Mit ihrem Geliebten bezieht sie den *Palazzo Ducale*; dort residiert sie bis an ihr Lebensende. Unter der Herrschaft *Maria Luigias*, wie sie die Italiener nennen, erlebt Parma eine kulturelle Blütezeit, wobei die Herzogin an ihre Vorgängerin und Schwägerin Elisa Bacciocchi – Napoleons älteste Schwester und von 1809 bis 1813 Großherzogin der Toskana – anknüpft. 1821 lässt Marie Louise das *Teatro Regio* bauen, dessen Leiter der Komponist und Violinvirtuose Niccolò Paganini (1782–1840) wird. Im gleichen Jahr gründet die musisch begabte und interessierte Herzogin ein Konservatorium, das zum Sammelpunkt vieler Musiktalente wird; zu ihnen gehören unter anderem Giovanni Bottesini, Arrigo Boito sowie Arturo Toscanini, der hier seine Laufbahn beginnt. Neben den kulturellen kümmert sich Marie Louise vor allem auch um karitative Einrichtungen. So lässt sie zahlreiche Spitäler und Waisenhäuser entstehen und gründet ein Entbindungsheim für unverheiratete Mütter. Auch an die Infrastruktur des Landes wird gedacht; so werden neue Brücken gebaut, alte instand gesetzt und Dämme errichtet. Schon bald verehrt man sie als *la buona duchessa*.

Gemäß dem alliierten Beschluss von 1816 hat Marie Louise ihren Sohn in Wien zurücklassen müssen. Ihr Versprechen, ihn jährlich in den Sommermonaten besuchen zu wollen, muss die Herzogin schon 1817 brechen, denn sie ist schwanger: Am 1. Mai 1817 bringt Marie Louise eine Tochter zur Welt, die auf den Namen Albertine getauft wird. Die Existenz des Kindes wird ebenso geheim gehalten wie das Verhältnis zu Neipperg – immerhin ist die Herzogin ja noch eine verheiratete Frau. Das Mädchen wird zu Pflegeeltern gegeben, wo die Mutter es sporadisch besucht. 1818 stirbt eine weitere

[12] Das Herzogtum Reichstadt (Zakopy in Böhmen) gehört zu Österreich und ist somit kein souveräner Staat. Gesehen hat der junge Napoleon seinen Besitz übrigens nie.

Tochter kurz nach der Geburt, am 8. August 1819 wird Marie Louise von einem Jungen – Wilhelm Albrecht – entbunden, der ebenfalls zu Pflegeeltern kommt. In Wien nimmt der junge Napoleon, der von seinen Stiefgeschwistern nichts ahnt, die jährlichen Absagen der Mutter enttäuscht auf, was letztlich zu einer Entfremdung der beiden führt. 1822 und 1825 ist Marie Louise wieder schwanger, beide Male erleidet sie Fehlgeburten.

An ihren rechtmäßigen Ehemann, der sich im Exil auf St. Helena befindet, verschwendet die Herzogin keinen Gedanken. Die Nachricht von seinem Tod am 5. Mai 1821 nimmt sie daher gelassen auf. Umso entsetzter ist sie, als der Leibarzt des Verstorbenen, Dr. Francesco Antommarchi, bei ihr auftaucht und ihr die Hinterlassenschaft Napoleons überbringt, nämlich dessen einbalsamiertes Herz. Marie Louise lehnt ab und verweist den Arzt des Hauses. Doch der Tod ihres Mannes ermöglicht es Marie Louise endlich, ihr Verhältnis mit Neipperg zu legalisieren: Am 8. August 1821 heiratet die frisch gebackene Witwe in aller Heimlichkeit ihren langjährigen Geliebten, dessen Frau schon 1815 verstorben ist. Nur der *liebste Papa* wird eingeweiht, während der junge Napoleon, der ernsthaft den Tod seines Vaters betrauert, auch davon nichts erfährt.

Schon acht Jahre später wird Marie Louise zum zweiten Mal Witwe, denn am 22. Februar 1829 erliegt der herzkranke Neipperg der Wassersucht. Sein Tod hat weiter reichende Folgen, da nun der Wiener Hof – und damit auch ihr Sohn – durch Neippergs Testament von dem langjährigen Verhältnis der beiden und den daraus entstandenen Kindern Kenntnis erlangt. Kaiser Franz, über die Existenz seiner illegitimen Enkel bisher nicht informiert, ist entsetzt, Metternich, der Staatskanzler, über den Skandal empört. Mit Enttäuschung reagiert der junge Herzog von Reichstadt, der das Ansehen seines verstorbenen Vaters befleckt sieht: „Wäre Joséphine meine Mutter gewesen", urteilt er über Marie Louise, „mein Vater wäre nicht auf St. Helena und ich nicht in Wien; ... sie ist gut, ... aber kraftlos; ... sie war nicht das Weib, das mein Vater verdiente."

Auch politisch hat der Tod Neippergs Konsequenzen, denn Marie Louise verliert mit ihrem zweiten Ehemann auch ihren engsten Ratgeber. Sein Nachfolger als leitender Minister in Parma wird Oberst Joseph von Wercklein, dessen strenges Regiment und Herrschsucht ihn schon bald allgemein verhasst machen. Dass sich unter seiner Regierung die Korruptionsskandale häufen, in die der Oberst selbst verstrickt ist, trägt zum weiteren Unwillen der Bevölkerung bei, die sich in immer stärkeren Maße nach einem eigenen Nationalstaat sehnt. Im Februar 1831 kommt es wie fast überall in Italien auch in Parma zum Aufstand. Anfangs empfängt Marie Louise noch mit stoischer Ruhe Delegationen der Aufständischen und hört sich deren Beschwerden sowie ihre nationalliberalen Forderungen an. Doch als sich die Lage zuspitzt, flieht die Herzogin nach Österreich, wo sie die Niederschlagung der Rebellion durch die Truppen ihres Vaters abwartet. Im August 1831 kehrt sie zurück. Hier beweist Marie Louise unerwartete Klugheit, als sie statt eines Strafgerichts Milde walten lässt und die Rädelsführer begnadigt, was *la buona duchessa* erneut die Zuneigung des Volkes einträgt. Wercklein wird entlassen und durch Wenzel Philipp Leopold Freiherrn von Maréchal ersetzt.

In diese politischen Wirren hinein platzt Anfang 1832 die Nachricht von der Erkrankung ihres Sohnes. Wegen der verworrenen Lage in Parma reagiert Marie Louise darauf zunächst nicht, zumal die behandelnden Ärzte ihr die Harmlosigkeit seines Leidens beteuern. Doch im Juni wird deutlich, dass es für den schwindsüchtigen Herzog von Reichstadt keine Rettung mehr gibt. Noch im gleichen Monat eilt Marie Louise an das Sterbelager des jungen Napoleon, dessen mehrmonatiger, qualvoller Todeskampf am 22. Juli 1832 endet.

In den Jahren nach Neippergs Tod sucht die Herzogin von Parma ihre sexuelle Erfüllung in häufig wechselnden Verhältnissen. Zu ihren zahlreichen Liebhabern gehören unter anderem Bedienstete des eigenen Hofes, Minister und Künstler. Sogar eine Affäre mit dem Hauslehrer ihrer beiden unehelichen Töchter wird der Herzogin nachgesagt. Ihr Lebenswandel sowie die wachsende finanzielle Belastung der Staatskasse führen zum Konflikt mit ihrem Minister Maréchal, den Marie Louise 1833 durch den Grafen Charles-René de Bombelles

(1784–1856) ersetzt. Als Emigrant hat der gebürtige Franzose einst in der Armee des Herzogs von Condé gegen die Heere der Französischen Revolution und Napoleons gekämpft, um nach der Restauration der Bourbonen in Amiens kurzfristig das Amt des Bischofs auszuüben. Am 17. Februar 1834 geht Marie Louise ihre dritte Ehe ein und heiratet Bombelles. Ob es eine Liebesheirat ist, bleibt dahingestellt, denn die Herzogin hält sich weiterhin zahlreiche Geliebte.

Am 2. März 1835 stirbt Kaiser Franz I. von Österreich. Sein Tod ist zweifelsohne der schwerste Verlust in Marie Louises Leben, er trifft sie schwerer als der Tod des eigenen Sohnes. Obwohl sich in den vergangenen Jahren aufgrund der Affäre mit Neipperg das Vater-Tochter-Verhältnis merklich abgekühlt hat, ist er immer die dominierende Persönlichkeit geblieben, die er schon in Marie Louises Jugend war.

Marie Louises letzte Lebensjahre in Parma sind begleitet von Katastrophen und Unruhen. 1836 sucht die Cholera Italien heim und erreicht auch ihr Herzogtum. Zusammen mit Bombelles organisiert *la buona duchessa* Hilfsmaßnahmen für die leidende Bevölkerung und besucht selbst die Erkrankten in den – von ihr selbst einst gegründeten – Spitälern. 1847 muss die Herzogin noch einmal einen Aufstand über sich ergehen lassen und Parma kurzzeitig verlassen, bis ihr Mann die Revolte blutig niedergeschlagen hat.

Kurz nach ihrer Rückkehr erkrankt Marie Louise an einer Brustfellentzündung, von der sie sich nicht wieder erholt. Am 17. Dezember 1847 stirbt sie im Alter von 56 Jahren, von der Bevölkerung trotz der jüngsten Unruhen aufrichtig betrauert. Bestattet wird sie in der Kapuzinergruft in Wien, an der Seite ihres Vaters und ihres Sohnes[13].

[13] Die Gebeine des Herzogs von Reichstadt ruhen heute im Invalidendom neben denen seines Vaters. Im Dezember 1940 ließ Adolf Hitler sie nach Paris überführen, um die gerade erst besiegten Franzosen durch diese Geste des „guten Willens“ zu versöhnen.

DIE ADOPTIVTÖCHTER

Hortense (1783–1837)
Wegbereiterin des Zweiten Kaiserreichs

Königin von Holland – Herzogin von St. Leu

„Einesteils liebte ich ihn als Wohltäter meiner Kinder, andernteils hasste ich ihn, weil er das Herz meiner Mutter gebrochen hatte", schreibt Hortense nach Napoleons Tod über ihren Adoptivvater. So ambivalent wie ihre Gefühle war auch ihr Verhalten ihm gegenüber: Auf der einen Seite unterwarf sie sich seinen Anordnungen, heiratete gegen ihren Wunsch Louis Bonaparte, Napoleons eigenwilligen Bruder, und schloss sich dem Kaiser nach seiner Rückkehr von Elba 1815 rückhaltlos an; auf der anderen Seite scheute Hortense nicht davor zurück, sich nach Napoleons Sturz bei seinen Gegnern – vor allem den zurückgekehrten Bourbonen – anzubiedern und mit dem Zaren Freundschaft zu schließen.

Hortense, die es immer wieder verstanden hat, die eigenen Interessen geschickt zu verschleiern und sowohl ihren Mitmenschen als auch der Nachwelt das Bild der stets loyalen Unschuld zu vermitteln, war ohne Frage eine der schillerndsten Gestalten im Umkreis Napoleons. Dass sie in den dreißiger Jahren des 19. Jahrhunderts sich als eine der größten Propagandistinnen des Bonapartismus und Verklärerin Napoleons profilierte, passt in dieses Bild. Denn ihr wahres Ziel war die politische Karriere ihres Sohnes Louis Napoleon, der – schließlich seine Mutter an Ehrgeiz übertreffend – ohne ihren Einfluss vermutlich nie den Weg eingeschlagen hätte, der 1852 zur Errichtung des zweiten französischen Kaiserreichs führte.

Hortenses Geburt am 10. April 1783 in Paris führt zum Bruch ihrer Eltern Alexandre und Joséphine de Beauharnais, da Alexandre sie nicht als seine Tochter anerkennt (s. S. 130f.).

1788 verlässt Joséphine mit dem fünfjährigen Mädchen Frankreich – ihr Sohn Eugène bleibt beim Vater – und zieht nach Martinique, in ihre Heimat. Zwei Jahre später kehren sie zurück, vertrieben durch Aufstände auf der Karibikinsel.

In Frankreich ist inzwischen die Revolution ausgebrochen, die immer radikalere Formen annimmt. Das veranlasst Joséphine, die – weil adlig – um das Leben ihrer Familie fürchtet, Eugène und Hortense durch Freunde nach England in Sicherheit bringen zu lassen, vermutlich in der Absicht, ihnen später zu folgen. Doch ihr Mann Alexandre, der von dem Vorhaben erfährt, verbietet die Ausreise der Kinder. Somit bleiben Hortense im Kindesalter die Schrecken der Revolution nicht erspart, deren Höhepunkt für sie und ihren Bruder die Verhaftung der Eltern und die Hinrichtung ihres Vaters bildet. In dieser Zeit ist es der zwei Jahre ältere Eugène, der sich als ihre einzige Bezugsperson rührend um die zwölfjährige Schwester kümmert.

Nach dem Tod ihres Mannes muss Joséphine allein für sich und ihre Kinder sorgen. Sie finanziert ihren Lebensunterhalt als Mätresse wohlhabender und einflussreicher Herren, zuletzt als Geliebte Paul Barras', eines Mitglieds des fünfköpfigen Direktoriums und als solches einer der wichtigsten Männer Frankreichs. Über ein Diner bei Barras im Palais Luxembourg, bei dem die Kinder anwesend sind, berichtet Hortense: „Bei Tisch kam ich zwischen meiner Mutter und einem General zu sitzen, der, um mit ihr sprechen zu können, sich allemal so lebhaft und mit solcher Beharrlichkeit vorneigte, dass ich schließlich müde wurde und mich genötigt sah, mich zurückzulehnen. So kam es, dass ich, ohne es zu wollen, sein Gesicht betrachten konnte, das schön, höchst ausdrucksvoll, aber von auffallender Blässe war. Er sprach mit Feuer und es schien, als sei nur meine Mutter für ihn zugegen. Es war der General Bonaparte."

Hortense ist wenig begeistert von dem schlacksigen General, der schon bald ein Stammgast im Hause ihrer Mutter wird. Napoleons unbeholfene Versuche, durch Neckereien ihre Zuneigung zu gewinnen, tun im Gegenteil ein Übriges, dass das Mädchen ihm ablehnend gegenübersteht. So verspottet er sie als „Betschwester", weil sie zur Kommunion geht, und provoziert sie durch hämische Bemerkungen über das weibliche Geschlecht. „Schließlich", so berichtet Hortense später, „lachte er aus vollem Hals darüber, dass es ihm gelungen war, mich zu ärgern, und ich, nicht ahnend, dass er einen Scherz mit mir trieb, nahm alles, was er sagte, ernst und bekam keine gute Meinung von ihm."

Empört ist Hortense, als sie erst durch ihre Schulleiterin Madame Campan von der Eheschließung ihrer Mutter mit Bonaparte erfährt, der schon wenige Tage nach der Trauung zum italienischen Kriegsschauplatz abgereist ist. Auf Drängen ihrer Lehrerin schreibt sie dem neuen Stiefvater einen Brief, der jedoch alles andere als herzlich ist: „Ich habe von Ihrer Heirat mit meiner Mutter erfahren. Was mich am meisten verwundert hat, ist, dass Sie, den ich so schlecht über Frauen habe reden hören, sich veranlasst gesehen haben, eine zu heiraten." Napoleon bleibt ihr die Antwort nicht schuldig; schon bald erhält Hortense einen langen Brief, „der sehr schwer zu lesen, ja, den überhaupt kein Mensch entziffern konnte. Erst unter dem Konsulat teilte mir der Sekretär des Ersten Konsuls, Bourienne, mit, was er alles Liebenswürdiges enthalten hätte." Ihrer Mutter zuliebe findet sich Hortense aber schließlich mit deren neuem Mann ab. Nach Napoleons Rückkehr aus Ägypten interveniert sie sogar mit Eugène zugunsten Joséphines, von der sich der mehrfach gehörnte General scheiden lassen will. Dass er den Kindern zuliebe seine treulose Gattin anhört – und natürlich abermals ihren Reizen erliegt –, rechnet Hortense ihm hoch an, was zu einer merklichen Verbesserung ihres Verhältnisses führt.

Nach der Rückkehr von Martinique 1790 hatte Hortense kurzfristig das Institut Abbaye-aux-Bois besucht, das jedoch von der Revolutionsregierung geschlossen wurde. Nach dem Ende der jakobinischen Schreckensherrschaft und der Freilassung ihrer Mutter ist es das Institut St. Germain der Madame Campan, wo sie bis 1799 die versäumte Schulbildung nachholt. Hier lernt sie schon früh einen Teil der Familie Bonaparte kennen, denn sowohl Caroline als auch Jérôme – die beiden jüngsten Geschwister Napoleons – besuchen die Anstalt.

Mit ihnen freundet sich Hortense sehr schnell an. Auch macht sie die Bekanntschaft des skurrilen und schwer kranken Louis, der seinen Geschwistern häufiger einen Besuch abstattet und sich dabei in Emily Beauharnais, eine Cousine und Mitschülerin Hortenses', verliebt. Er ist ihr ausgesprochen unsympathisch, was auf Gegenseitigkeit beruht, da Louis für die Tochter seiner verhassten Schwägerin nur Abscheu empfindet. Wie er denken auch die übrigen Geschwister Joseph, Lucien, Elisa und Pauline, die ihre Antipathie gegen Joséphine auch auf deren Kinder übertragen.

Inzwischen bemüht sich Napoleon um einen geeigneten Heiratskandidaten für seine Stieftochter. Da eine eheliche Verbindung mit der Familie des Ersten Konsuls als durchaus vorteilhaft erscheint, mangelt es nicht an Bewerbern, darunter viele verdiente Generale wie Alexandre Macdonald, der spätere Marschall. Angeblich wirbt auch Napoleons Bruder Lucien um Hortense, die vom Ersten Konsul das Versprechen erhalten hat, nur einen Mann heiraten zu müssen, den sie auch liebt. Den hat sie eigentlich schon gefunden: Es ist General Christoph Michel Duroc (1772–1813), der spätere Palastmarschall des Kaisers. Napoleon hat dagegen nichts einzuwenden, denn er begrüßt die Einbindung seiner Offiziere in die eigene Familie.

Doch Joséphine hat andere Pläne. Bedingt durch die ausbleibende, von ihrem Mann aber ersehnte Schwangerschaft, ihre Untreue in den vergangenen Jahren sowie die Feindschaft der Bonapartes hängt ihre Ehe an einem seidenen Faden. Durch eine neue eheliche Verknüpfung der Familien Beauharnais und Bonaparte erhofft sie sich eine Stärkung der eigenen Stellung, noch dazu wenn die beiden Ehekandidaten die Lieblinge Napoleons sind, nämlich Hortense und Louis, sein jüngerer Bruder. Napoleon – die Hintergründe nicht ahnend – ist begeistert und willigt ein, zumal ihm das Interesse des Bruders für Emily Beauharnais aus politischen Gründen ein Dorn im Auge ist.[1] Weder Louis noch Hortense, die es beide ge-

[1] Emilys Vater ist während der Revolution emigriert und zählt nun zu den „Feinden des Vaterlandes". Eine Ehe Louis' mit der Tochter eines Geächteten erscheint Napoleon daher für die eigenen politischen Ziele als schädlich.

wohnt sind zu gehorchen, bringen den Mut auf, sich zu widersetzen, obwohl sie einander nicht mögen. Am 4. Januar 1802 wird die Ehe geschlossen. „Nie gab es eine traurigere Feierlichkeit, nie fühlten zwei Neuverbundene tiefer die Ahnung aller Schrecknisse einer gezwungenen, unpassenden Verbindung", schreibt Louis später in seinen Erinnerungen. Getrübt wird die Stimmung der beiden noch durch das glückliche Ehepaar Murat, das sich überraschend der kirchlichen Trauung anschließt, um nachträglich – nach ihrer zivilrechtlichen Heirat zwei Jahre zuvor – auch den priesterlichen Segen zu empfangen (s. S. 86).

Dass die Ehe alles andere als glücklich verläuft, ist nicht verwunderlich. Beide Charaktere sind zu verschieden, um miteinander harmonieren zu können. Louis ist schwer krank, seit er sich 1797 in Italien die Syphilis zugezogen hat; er leidet an Gicht, Lähmungserscheinungen sowie einer Gehbehinderung, Letztere hervorgerufen durch einen Sturz vom Pferd. Eine schleichende Knochenmarkerweichung hindert ihn in späteren Jahren zudem fast vollständig am Laufen. Kein Wunder also, dass unter dem schlechten Gesundheitszustand auch die Psyche des 24-Jährigen leidet. Louis ist trübsinnig, schwermütig, schließlich auch zänkisch, dazu – natürlich – hochgradig sensibel. Gerade seine Sensibilität macht ihm aber ein Auskommen mit Hortense schwer, die zwar einerseits sehr schüchtern ist, andererseits die Vorliebe ihrer Mutter für rauschende Feste und teure Einkäufe teilt. Gerade die – tatsächliche oder von ihm eingebildete – Ähnlichkeit mit Joséphine aber belastet ihr Verhältnis, denn erstens verabscheut Louis seine Schwägerin und folglich auch deren Tochter, zweitens ist ihm noch sehr wohl Joséphines Untreue in Erinnerung, durch die sie Napoleon der Lächerlichkeit preisgegeben hat. Louis reagiert darauf mit grenzenloser Eifersucht gegenüber seiner Frau, die er zwar nicht liebt, durch die er aber nicht das Schicksal seines Bruders teilen und zum Gespött der Leute werden will. Er lässt sie von seinen Dienern bewachen und bespitzeln und spart nicht mit häuslichen Szenen. Hortense ihrerseits ist noch zu jung, vermutlich aber auch zu oberflächlich, um auf die Probleme ihres Mannes einzugehen. So ist sie an seinen Krankheiten weit weniger interessiert als an Bällen und Flirts mit jungen Offizieren. Ansonsten geht man sich aus dem Weg: Louis verbringt die meiste Zeit bei seinem Regiment, während Hortense zurückgezogen auf St. Leu lebt.

Im Oktober 1802 bringt Hortense einen Sohn – Charles Napoleon – zur Welt. Doch der Junge, den Napoleon als ersten männlichen Nachkommen der Familie schon als Thronfolger ansieht, stirbt bereits fünf Jahre später. Im Oktober 1804 folgt ein zweiter Sohn, Napoleon Louis, der zur Freude Hortenses von Papst Pius VII. persönlich getauft wird. Wenig erfreut sind Napoleons Geschwister, die sich durch die Geburt der beiden Neffen zu Recht von der erhofften Thronfolge ausgeschlossen sehen, was das Verhältnis der Bonapartes zur Schwägerin weiter verschlechtert.

1806 adoptiert Napoleon neben Hortenses Bruder Eugène und ihrer Cousine Stephanie auch sie selbst. Dass er das tut, darf als Zeichen seiner Zuneigung bewertet werden, denn im Gegensatz zu den beiden anderen besteht bei Hortense zu diesem Schritt keine politische Notwendigkeit. Eugènes Adoption ist erforderlich, um seine Eheschließung mit der bayerischen Prinzessin Auguste zu ermöglichen, im Falle Stephanie Beauharnais' ist es Prinz Karl von Baden, der eine „standesgemäße" Braut wünscht. Konkrete Vorteile bringt Hortense diese Adoption freilich nicht, doch liegt Napoleon offenbar viel daran, sie fortan auch juristisch als seine Tochter betrachten zu können.

Im gleichen Jahr erhält Louis die Krone Hollands. Nur wenig begeistert folgt ihm seine Frau, die das bunte Treiben in Paris der kühlen Atmosphäre Den Haags – der von Louis gewählten Hauptstadt – vorzieht. Hinzu kommt, dass sie hier nun ihrem mürrischen Ehemann durch die permanente Nähe völlig ausgeliefert ist.

Hortenses Zeit in Holland ist ebenso trist wie ihr Eheleben. Auf die Politik hat sie keinerlei Einfluss, auch fehlt ihr dafür jegliches Interesse. 1807 verlässt die Königin das Land wieder, um sich nach dem Tod ihres älteren Sohnes in Südfrankreich von einem Nervenzusammenbruch zu erholen. Louis, der sie zusammen mit dem jüngeren Sohn begleitet, bemüht sich während der Reise erstaunlicherweise rührend um seine Frau, so dass es sogar zu einer kurzfristigen Annäherung der beiden Eheleute kommt. In Napoleons Schloss St. Cloud, wo das Königspaar Zwischenstation macht, trennen sie sich, da Louis zurück nach Holland muss, während Hortenses angegriffene Gesundheit eine Weiterreise verbietet.

Die nur kurzfristig geplante Trennung besiegelt das Schicksal ihrer Ehe. Hortense verliebt sich in den Holländer Carl Hendrik Verhuel, Admiral und Louis' Marineminister, mit dem sie ein Verhältnis eingeht.[2] Louis ist empört; er fordert sie mehrmals zur Rückkehr nach Holland auf, schließlich – als er einsehen muss, dass Hortense ihm nicht Folge leistet – zur Herausgabe ihres gemeinsamen Sohnes. Als Hortense am 21. April 1808 in St. Cloud einen weiteren Sohn – Louis Napoleon – zur Welt bringt, erkennt er diesen nicht als den seinen an, sondern beschuldigt Verhuel der Vaterschaft.

Das Verhältnis mit Verhuel hat nicht lange Bestand, doch an eine Rückkehr nach Holland denkt Hortense nicht. Gestärkt wird ihre Position durch Napoleon, dessen wachsende Unzufriedenheit mit der Politik des Bruders schließlich auch auf dessen Ehe übergreift. Doch Napoleon hat auch eigene Gründe, die „Tochter" in seiner Nähe zu behalten. Den Kaiser plagen selbst Eheprobleme, mit denen er sich ihr anvertraut. Es liegt eine gewisse Ironie darin, dass das sich nun entwickelnde, enge Vertrauensverhältnis der beiden sich auf den Scheidungsabsichten Napoleons von Hortenses Mutter Joséphine gründet. Zwar erklärt Hortense – zusammen mit Eugène – ihre Absicht, den Hof zu verlassen und die Mutter zu begleiten, doch schließlich bleibt sie in Napoleons Nähe und umwirbt schon bald dessen neue Frau Marie Louise, mit der sie sich rasch anfreundet. Erst nach Napoleons Sturz 1814 wirft sie ihm die Scheidung von Joséphine vor und stellt sich nachträglich auf die Seite ihrer inzwischen verstorbenen Mutter.

In dieser Zeit – also um 1809/10 – tauchen wieder Gerüchte über ein Verhältnis des Kaisers mit seiner Adoptivtochter auf.

[2] Anderen Autoren zufolge handelt es sich um einen Neffen des Admirals.

Das ist nichts Neues, Napoleons Gegner haben sich schon immer dieses Themas bedient, um ihn zu diffamieren. So soll er sich bereits früh sexuellen Ausschweifungen sogar mit den eigenen Schwestern hingegeben haben; kein junges Mädchen in seiner Umgebung sei vor seinen Annäherungen sicher gewesen, natürlich auch nicht Hortense, die schon vor ihrer Ehe eine intime Beziehung mit Napoleon eingegangen sein soll, wohlgemerkt mit Wissen ihrer Mutter, die so ihren Mann bei Laune zu halten versucht habe. Wenn sich diese Gerüchte auch nicht beweisen lassen, sondern mit an Sicherheit grenzender Wahrscheinlichkeit jeder Grundlage entbehren – gerade Joséphine war viel zu eifersüchtig, um ausgerechnet die eigene Tochter mit ihrem Mann zu verkuppeln –, so halten sie sich doch hartnäckig bis an Hortenses Lebensende. Selbst ihr chronisch eifersüchtiger Ehemann Louis hat sie eine Zeit lang geglaubt und anfangs misstrauisch seinen ersten Sohn betrachtet; Napoleons Absicht, den Jungen zu adoptieren, hat seinen Verdacht eher noch verstärkt.

Bei der Hochzeit des Kaisers mit Marie Louise im April 1810 trifft Hortense auch ihren Mann wieder. Ihr bisher geheim gehaltenes schlechtes Verhältnis droht sich zu einem öffentlichen Skandal zu entwickeln, als sich der König kategorisch weigert, bei seiner Frau zu wohnen, und diese nicht einmal besucht. Jetzt schreitet Napoleon selbst ein und fordert Hortense auf, Louis wieder nach Holland zu folgen. Die Königin gehorcht, wenn auch widerwillig. In Holland lebt das Paar aber weiterhin räumlich voneinander getrennt, denn Hortense lässt sich in Utrecht nieder. Hier erfährt sie im Juli 1810 von der eigenmächtigen Thronentsagung ihres Mannes und seiner „Flucht" nach Österreich.[3] Als Nachfolger hat er seinen

[3] Vom Kaiser eigentlich nur als Marionettenkönig in Holland eingesetzt, nimmt Louis Bonaparte seine Aufgabe ernster, als es Napoleon lieb ist. Schon bald kommt es zu Konflikten, als Louis die Interessen seines Königreiches höher stellt und Frankreichs für Holland schädliche Kriegspolitik – namentlich die Kontinentalsperre sowie Aushebungen für die „Große Armee" – unterläuft. Ende 1809 endlich beschließt Napoleon die Auflösung des Königreiches und die Angliederung an Frankreich. Um der drohenden Entmachtung zu entgehen, dankt Louis am 1. Juli 1810 ohne vorherige Konsultation des Bruders ab und flieht nach Österreich ins Exil.

minderjährigen Sohn Napoleon Louis unter der Regentschaft seiner Frau bestimmt. Der Kaiser freilich hat andere Pläne und annektiert Holland; Hortense – an einer Regentschaft nicht interessiert – fügt sich willig den Wünschen des Adoptivvaters und kehrt zurück nach Frankreich.

Hier setzt sie ihr altes Leben fort. Napoleon überträgt ihr Louis' Besitzungen, darunter das Gut St. Leu, und setzt für sie und die Kinder eine Jahresrente von 2 Millionen Francs aus. Im Oktober 1811 bringt Hortense ihr viertes Kind zur Welt, wiederum einen Jungen, der den Namen Charles Louis Joseph erhält. Der Vater ist ein junger Offizier aus dem Stab Napoleons, Graf Charles de Flahaut de la Billarderie, mit dem die Königin – diesen Titel darf sie weiterhin führen – in einer eheähnlichen Beziehung lebt. Die Geburt des gemeinsamen Sohnes wird jedoch als Geheimnis behandelt; er wird von Flahauts Mutter erzogen und später unter den Bourbonen zum Herzog von Morny erhoben. Ob Hortense ihn jemals wiedergesehen hat, ist nicht bekannt, angeblich soll er aber bei ihrer Beisetzung anwesend gewesen sein. Die Beziehung mit Flahaut endet 1815 nach dem Sturz Napoleons, als Hortense Frankreich verlassen muss.

1814 überschreiten die alliierten Heere den Rhein und nähern sich Paris. In der Hauptstadt begegnet Hortense ihrem Mann wieder, der aus dem freiwilligen Exil zurückgekehrt ist, um dem Bruder in der schweren Stunde zur Verfügung zu stehen. Auf sein Drängen hin verlässt sie mit beiden Söhnen – Napoleon Louis und Louis Napoleon – die Hauptstadt und schließt sich zunächst der Kaiserin Marie Louise an. In Rambouillet trennt sie sich jedoch von ihr und reist zu Joséphine nach Malmaison.

In den folgenden Monaten nach Napoleons Abdankung ist Malmaison einer der gesellschaftlichen Mittelpunkte Frankreichs. Zu den Stammgästen zählt schon bald Zar Alexander, der von der Ex-Kaiserin ebenso fasziniert ist wie von deren Tochter. Auch mit Eugène, der nach Frankreich geeilt ist, freundet er sich an. Schließlich wird Hortense sogar zusammen mit ihrem Bruder von König Louis XVIII. empfangen, der auf Drängen des Zaren den Beauharnais' eine finanziell und gesellschaftlich gesicherte Zukunft garantiert. Dazu gehört, dass er Hortenses Gut St. Leu zum Herzogtum erhebt. Aus der Adoptivtochter Napoleons wird dadurch eine Vasallin des Bourbonenkönigs.

Hortenses Verhalten in dieser Zeit hat viel Kritik hervorgerufen. Ihr Mann Louis ist empört, dass sie aus den Händen der Bourbonen den Herzoginnentitel empfängt; er selbst weigert sich, diesen zu tragen; bis an sein Lebensende begnügt er sich mit dem Titel eines *Grafen von St. Leu*. Auch Napoleon ist schwer enttäuscht, zumal Hortense keinen Kontakt mehr zu ihm pflegt. Tatsächlich ist ihr Benehmen in jenen Monaten höchst fragwürdig. Es lässt sich nur dadurch erklären, dass sie – wie auch Eugène – um ihre Existenz bangt und die Verbannung, wie sie die Bonapartes getroffen hat, fürchtet. Hortense selbst hat in späteren Jahren immer wieder ihre Loyalität gegenüber dem Kaiser hervorgehoben und sich selbst zur Streiterin des Bonapartismus gemacht. In Wirklichkeit ist sie jedoch zuallererst auf die eigene Zukunft und die ihrer Kinder bedacht. Hortense, an Politik nur mäßig interessiert, hofft auf eine Fortsetzung ihres unbeschwerten Lebens, wenn möglich an der Seite ihres Geliebten Flahaut.

Ganz so unbeschwert verläuft das Jahr zwischen Napoleons Abdankung und seiner Rückkehr jedoch nicht. Zunächst einmal stirbt am 29. Mai 1814 Hortenses Mutter an einer fiebrigen Erkältung, die sie sich auf einem ihrer Spaziergänge mit dem Zaren zugezogen hat. Ferner muss Hortense einen Prozess gegen ihren Mann Louis führen, der inzwischen in Italien lebt und auf der Herausgabe des älteren Sohnes besteht. Sie wendet sich sogar an König Louis XVIII., der jedoch ein Eingreifen in die Justiz ablehnt. Im März 1815 erhält der Ex-König von Holland und nunmehrige Graf von St. Leu das Sorgerecht für Napoleon Louis zugesprochen, Hortense muss binnen drei Monaten den Jungen seinem Vater übergeben. Napoleons Landung in Frankreich verhindert allerdings zunächst die Ausführung.

Am Abend des 20. März 1815 erreicht Napoleon unter dem Jubel der Bevölkerung Paris. Die Menge trägt den Kaiser buchstäblich in die Tuilerien, wo sich die alten Würdenträger des

Empire bereits versammelt haben, darunter auch Hortense. Doch die Begrüßung durch den Adoptivvater fällt kühl aus: „Niemals hätte ich gedacht, dass du meine Sache verleugnen würdest. Du hättest nicht in Frankreich bleiben dürfen. Ein Stück Schwarzbrot irgendwo wäre besser gewesen. Du hast dich wie ein Kind betragen. Wenn man am Aufstieg einer Familie teilgenommen hat, muss man auch ihr Missgeschick teilen!" Zu Napoleons besonderen Charaktereigenschaften gehört jedoch, dass er nicht nachtragend ist. Die bitteren Tränen der „Tochter" versöhnen ihn daher rasch wieder, und mit einer Umarmung vergibt er ihr das „Fehlverhalten".

Während der Herrschaft der „Hundert Tage" spielt Hortense eine außergewöhnliche Rolle in der Umgebung des Kaisers. Da Marie Louise nicht zu Napoleon zurückkehrt, nimmt sie deren Platz ein und fungiert als „First Lady" in den Tuilerien. Hortense übernimmt alle Repräsentationspflichten und entlastet Napoleon nach besten Kräften. Ferner führt sie für ihn verschiedene vertrauliche Korrespondenzen, so mit ihrem Bruder Eugène in München und Marie Louise in Wien. Schließlich gewinnt Hortense auch einen geringen politischen Einfluss, der es ihr unter anderem ermöglicht, die Besetzung des Außenministeriums mit dem überaus fähigen und bewährten Armand de Caulaincourt anstelle des Grafen Molé durchzusetzen. Ihr Engagement trägt ihr sogar die Hochachtung von *Madame Mère* ein, ihrer strengen Schwiegermutter, die zum ersten Mal freundschaftliche Gefühle für eine Beauharnais empfindet. Für Napoleon ist Hortense eine große Hilfe; zugleich aber schätzt er ihre Gesellschaft, da sie das letzte Bindeglied zu seiner verstorbenen Jugendliebe Joséphine ist.

Im Juni 1815 endet Napoleons zweite Herrschaft. Bei Waterloo geschlagen, dankt er ab und erwartet in Malmaison sein weiteres Schicksal. Hortense weicht nicht von seiner Seite, sie spaziert mit ihm durch die Gartenanlagen und frischt Erinnerungen an vergangene Zeiten, vor allem an ihre Mutter, wieder auf. Am 29. Juni reist er nach Rochefort ab, um sich dort – wie er hofft – nach Amerika einschiffen zu können. Hortense schenkt ihm zum Abschied ihr Brillantkollier im Wert von 200.000 Francs, da seine finanzielle Zukunft unsicher ist.

Dankbar nimmt es Napoleon an, vermutlich mehr als Erinnerung an sie, denn beide wissen, dass sie sich nicht mehr wiedersehen werden.

Mit dem zweiten Sturz Napoleons beginnt für Hortense ein neuer Lebensabschnitt, der gleichsam ihr eigentlicher Eintritt in die Geschichte ist. Zunächst einmal wird ihre eher naive Hoffnung, dort wieder anknüpfen zu können, wo sie vor der „Hundert-Tage"-Herrschaft geendet hatte, enttäuscht. Der Rückkehr der Bourbonen folgt ein furchtbares Strafgericht über die Anhänger Napoleons, dem viele zum Opfer fallen. Die Bonapartes werden geächtet, Hortense selbst am 17. Juli 1815 aus Frankreich ausgewiesen. Man weist ihr Genf zu, wohin sie mit ihren beiden Söhnen und ihrem Gefolge auch reist, doch die Schweizer Behörden protestieren gegen diesen alliierten Beschluss und verweigern der Herzogin von St. Leu – diesen Titel darf sie behalten – die Aufenthaltsgenehmigung. Hortenses eindringliche Bitten an den Zaren stoßen auf taube Ohren, da Alexander von ihrem „Verrat", nämlich ihrer erneuten Zuwendung zu Napoleon während der hundert Tage, schwer enttäuscht ist und ihr die Freundschaft kündigt.

In diese Zeit fällt auch die Trennung von ihrem langjährigen Geliebten Flahaut, der Hortense wegen einer Schauspielerin verlässt. Trennen muss sie sich auch von ihrem älteren Sohn, als im Oktober ihr Mann Louis seine ihm gerichtlich zugesprochenen Rechte geltend macht und Napoleon Louis zu sich nach Italien holt.

Hortense reist mit Louis Napoleon weiter nach Konstanz im Großherzogtum Baden, wo sie sich unter dem Schutz ihrer Cousine Stephanie – seit 1811 Großherzogin – niederlassen darf. Durch den rechtzeitigen Verkauf ihrer französischen Besitzungen, die ein Jahr später von der Regierung ohnehin beschlagnahmt worden wären, verfügt die Herzogin über ausreichende Geldmittel, die ihr in den kommenden Jahren den Kauf verschiedener Grundstücke sowie ein finanziell sorgenfreies Leben ermöglichen. Auch in Konstanz erwirbt sie ein größeres Haus.

Natürlich steht die Ex-Königin von Holland unter der ständigen Bewachung der österreichischen Geheimpolizei, die in ihr das Zentrum einer bonapartistischen Verschwörung erblickt. Genährt wird diese Befürchtung durch Hortenses Kontakte zu Eugène in München sowie zu französischen Flüchtlingen, die dem so genannten „Weißen Terror" der Bourbonen entgangen sind. Misstrauen erregt auch ihr gutes Verhältnis zu Stephanie von Baden. Doch Hortense ist in den nächsten Jahren weit davon entfernt, sich politisch zu betätigen. Zwar sorgt sie dafür, dass Napoleon auf St. Helena Geld übermittelt wird, doch an eine Restauration der Herrschaft ihres Adoptivvaters denkt sie nicht.

1817 erwirbt Hortense in Augsburg das Palais Babenhausen, wo sie sich unter dem Schutz des bayerischen Königs Max Joseph – der seinem Schwiegersohn Eugène damit einen Gefallen tun möchte – trotz französischer Proteste niederlässt. Der Tod des Königs 1825 und die Thronbesteigung des Franzosenfeindes Ludwig (I.) machen aber einen weiteren Aufenthalt dort unmöglich, sodass sie in das im Schweizer Kanton Thurgau gelegene, von ihr ebenfalls 1817 erworbene Schloss Arenenberg übersiedelt – freilich erst nach schweren Konflikten mit den Schweizer Behörden.

Arenenberg wird zum Sammelpunkt der Anhänger Napoleons, die vielfach vor der Rache der Bourbonen haben fliehen müssen und nun auf eine Möglichkeit zur Rückkehr nach Frankreich hoffen. Das betrifft auch Hortense selbst, die sich nichts sehnlicher wünscht, als wieder in Paris leben zu können. An einer offenen Parteinahme für die Sache Napoleons bzw. seines Sohnes, des Herzogs von Reichstadt, ist ihr nicht gelegen. Sie begnügt sich mit der Sammlung von ehemaligen Besitztümern ihres Adoptivvaters, die aber schon bald zu „Reliquien" werden für die überzeugten Bonapartisten. So drängen sich ihre Besucher danach, den Trauring zu sehen, den der Kaiser Joséphine geschenkt oder das Halstuch, das er als General in der Schlacht bei den Pyramiden getragen hat.

Doch nicht nur aus politischen, auch aus kulturellen Gründen wird Hortenses Schloss bald ein gesellschaftlicher Mittelpunkt. Hortense selbst ist eine begeisterte Hobbymalerin, die oft ihre Besucher porträtiert. Daneben erfreut die nicht untalentierte Sängerin, die mit ihren Darbietungen schon

Napoleons Hofstaat begeistert hat, mit selbst komponierten Stücken ihre Gäste. Ihr berühmtestes Werk *Partant pour la Syrie* wird schließlich im Zweiten Kaiserreich zur Nationalhymne erhoben. Neben François Chateaubriand, dem Schriftsteller und Politiker, gehören auch Madame Récamier und – in späteren Jahren – Alexandre Dumas zu ihren häufigen Besuchern.

1818 geschieht etwas Unerwartetes: Der Ex-König Louis trägt Hortense nach achtjähriger Trennung an, zu ihm nach Rom ziehen – wo auch der Großteil der Familie Bonaparte lebt –, um ihre eheliche Beziehung wieder aufzunehmen. Hortense lehnt ab. „Niemals", schreibt sie einer Bekannten, „werde ich mit denjenigen leben, die meine und meiner eigenen Familie grausamste Feinde waren." Das hindert sie jedoch nicht, fünf Jahre später auf einer ihrer zahlreichen Italienreisen auch die Bonapartes zu besuchen, mit denen sie sich glänzend versteht; vor allem zu Pauline Borghese und Jérôme hat sie ein sehr herzliches Verhältnis. 1836 arrangiert sie sogar die Verlobung ihres Sohnes Louis Napoleon mit Jérômes Tochter Mathilde (s. S. 196).

Von besonderer Bedeutung ist Hortenses Verhältnis zu ihren Söhnen. Napoleon Louis, der ältere der beiden, lebt bei seinem Vater in Italien, besucht die Mutter aber, sooft er kann. Dennoch ist es der jüngere Louis Napoleon, der ihr durch die permanente Anwesenheit näher steht. Hortense hofft auf eine große Zukunft ihres Sohnes; sein Name, so lernt er schon früh, verpflichte ihn zu ruhmreichen Taten. Damit jedoch weckt sie bei Louis Napoleon einen Ehrgeiz, der ihren eigenen bei weitem übertrifft. Dem jungen Mann steht der Sinn nach nichts Geringerem als nach dem Umsturz in Frankreich. Ob seine Mutter das bezweckt hat, ist zumindest fraglich. Zum einen hält sie den Versuch einer gewaltsamen Wiederherstellung des Kaiserreiches für aussichtslos; zum anderen will sie eine Provokation des französischen Königs um jeden Preis vermeiden, da sie auf eine Amnestie und somit die Möglichkeit zur Rückkehr hofft. Als 1830 die Bourbonen tatsächlich gestürzt werden, begrüßt sie sogar die Wahl Louis Philippes zum neuen „Bürger"-König – im Gegensatz zu den Bonapartisten, die für die Rechte des Herzogs von Reichstadt eintreten, Napoleons legitimen Sohn und von ihm designierten Nachfolger.

Die Zeit zwischen 1830 und 1832 stellt für Hortense einen neuen Wendepunkt in ihrem Leben dar. Die politischen Ambitionen ihrer Söhne, die Beschlüsse der neuen Regierung in Paris und schließlich der Tod des Herzogs von Reichstadt verwandeln die bisher zwar misstrauisch beobachtete, letztlich aber harmlose Herzogin von St. Leu tatsächlich in das geistige Haupt des Bonapartismus.

Da sich trotz Revolution das französische Königtum hat erhalten können, sucht Louis Napoleon zunächst im Ausland nach einem Betätigungsfeld. Schon seit längerem stehen er und sein älterer Bruder in Kontakt zu revolutionären Geheimbünden in Italien. Ende 1830 begleitet Louis Napoleon seine Mutter nach Rom. Von den konspirativen Verstrickungen ihrer Söhne ist Hortense vermutlich nicht informiert, wohl aber die römische Polizei, die im Dezember 1830 den älteren Napoleon Louis aus der Stadt weist. Im Februar 1831 kommt es anlässlich der Papstwahl Gregors XVI. zu Aufständen sowohl in der Stadt als auch in verschiedenen Landesteilen. Hortense reist nach Florenz, nicht ahnend, dass sich beide Söhne den Insurgenten angeschlossen haben. Doch die Revolte bricht rasch zusammen. Napoleon Louis erkrankt im Lager der Rebellen an den Masern und stirbt am 17. März 1831.[4]

Die Beteiligung der beiden jungen Männer bringt die in Italien lebenden Bonapartes in arge Schwierigkeiten; sie machen Hortense für die Aktivitäten ihrer Söhne verantwortlich, allen voran ihr Mann Louis, der in Florenz lebt. Hortense ihrerseits sieht sich auch am französischen Hof diskreditiert, von dem sie ja die Erlaubnis zur Rückkehr nach Frankreich erhofft. In dieser Situation entschließt sie sich zu einer riskanten Aktion: Zusammen mit ihrem Sohn, der polizeilich gesucht wird, flüchtet sie auf abenteuerliche Weise aus Italien und begibt sich heimlich nach Paris, das sie nach dem Verban-

[4] So lautet jedenfalls die offizielle Version. Gerüchten zufolge soll Napoleon Louis – der tatsächlich an den Masern erkrankt war – ermordet worden sein.

nungsgesetz von 1816 als angeheiratete Bonaparte unter Todesstrafe nicht betreten darf. Der Coup gelingt: Durch Vermittlung eines Bekannten wird Hortense von König Louis Philippe empfangen, allerdings unter größter Geheimhaltung. Das vertrauliche Gespräch der beiden führt jedoch nicht zum gewünschten Erfolg, denn der König – der gerade erst eine Lockerung der Sanktionen gegen die Bonapartes durchgesetzt und schließlich sogar die Aufstellung einer Statue Napoleons genehmigt hat – kann und will ihren Wunsch nach Niederlassung in Frankreich wegen der Beteiligung ihres Sohnes an der italienischen Revolte nicht erfüllen. Am nächsten Tag – es ist der 5. Mai 1831, Napoleons zehnter Todestag – erhält die Herzogin von St. Leu die Ausweisung aus Paris, da man probonapartistische Tumulte bei Bekanntwerden ihrer und ihres Sohnes Anwesenheit befürchtet.

Von Paris aus reisen Hortense und Louis Napoleon weiter – nicht zurück nach Arenenberg, sondern nach London. Der Grund dieser Reise ist nicht eindeutig klar. Angeblich soll sie versucht haben, für ihren Sohn Rechte auf den neuen belgischen Thron geltend zu machen, über den zu diesem Zeitpunkt in der englischen Metropole von den Großmächten verhandelt wird. Dass ausgerechnet Talleyrand der Gesandte Frankreichs ist, erschwert ihre Position entscheidend; schließlich sorgt der ehemalige Außenminister Napoleons auch für ihre baldige Abreise. Zusammen mit Louis Napoleon kehrt sie zurück nach Arenenberg.

Der französische König hat zwar die Sanktionen gegen die Bonapartes gelockert, jedoch nicht aufgehoben. Im Gegenteil: Louis Philippe bestätigt nach seiner Thronbesteigung noch einmal das Verbannungsdekret von 1816, das nun auch auf die in der Julirevolution gestürzten Bourbonen ausgedehnt wird. Hortenses Hoffnungen auf eine Rückkehr nach Frankreich sind somit abermals zunichte gemacht, zumindest so lange, wie dort nicht die Bonapartisten an Macht und Einfluss gewonnen haben. Im August 1832 stirbt Napoleons Sohn, der Herzog von Reichstadt, der bisher von den Kaisertreuen als legitimer Nachfolger des gestürzten Herrschers angesehen worden ist. Beide Umstände führen bei Hortense nun zu einer

Änderung ihres bisherigen Verhaltens: Nachdem sie jahrelang versucht hat, sich durch ruhiges Verhalten die ersehnte Amnestie zu verschaffen, setzt sie jetzt auf die bonapartistische Karte.

Zunächst verfasst Hortense eine Darstellung ihrer Fahrt nach Paris und London, die jedoch über eine Reisebeschreibung weit hinausgeht. Vielmehr handelt es sich um ein Manifest des Bonapartismus und somit um eine Kampfschrift gegen das französische Königtum. Dass sie jahrzehntelang für den Herzog von Reichstadt kein Interesse hatte, hindert sie nicht, nun – nach seinem Tod – Partei für ihn und seine „Thronrechte" zu ergreifen und damit den Bonapartisten den eigenen Sohn als präsumptiven und einzig möglichen Nachfolger Napoleons schmackhaft zu machen. Schließlich knüpft sie auch Ehepläne mit der Familie an, die ihr nach eigener Aussage so viel Leid zugefügt hat, nämlich mit den Bonapartes: Louis Napoleon verlobt sich mit Mathilde, der Tochter Jérômes, was propagandistisch seinen und seiner Mutter Anspruch weiter stärkt. Vor allem aber betreibt Hortense eine Glorifizierung Napoleons, die dessen eigener Selbstverherrlichung in den autobiografischen Aufzeichnungen von St. Helena nicht nachsteht. Dabei vergisst Hortense aber nicht, auch die eigene Person ins rechte Licht zu rücken: Nicht nur an der Napoleon-Legende, auch an der eigenen wirkt sie eifrig mit. Ihr Schloss Arenenberg mit seinen Napoleon-„Reliquien" wird zum Pilgerort für die Getreuen des Kaisers und zum Verschwörernest, was den Polizeibehörden in Paris und Wien nicht verborgen bleibt.

Ihre Bemühungen sind scheinbar erfolglos: Im Oktober 1836 wagt ihr Sohn Louis Napoleon in Straßburg einen Putschversuch, der kläglich scheitert. Seine Hoffnung, die Garnison der Stadt allein durch den Namen *Bonaparte* auf seine Seite zu ziehen, erweist sich als trügerisch, nur wenige Einheiten folgen ihm. Er wird verhaftet, und Hortense muss sich reumütig an den von ihr zuvor geschmähten König Louis Philippe wenden, um das Schlimmste zu verhindern. Sie begibt sich sogar noch einmal heimlich nach Frankreich. In St. Dié, wo sie auf dem Weg nach Paris bei der Herzogin von Ragusa – der Frau des Marschalls Marmont und Hortenses langjährige Freundin – Zwischenstation macht, erfährt sie von der Begnadigung ihres Sohnes und seiner Ausweisung nach Amerika.

Hortense kehrt allein zurück nach Arenenberg, ihrer letzten Hoffnungen beraubt und schwer krank, denn sie leidet an Unterleibskrebs. Die Familie Bonaparte ist abermals empört über das unsinnige Unternehmen Louis Napoleons, hinter dem sie – diesmal zu recht – die Agitation seiner Mutter vermuten. Jérôme löst sogar die Verlobung seiner Tochter mit dem aufsässigen Neffen, während Ex-König Louis, ihr Ehemann, die von ihm ausgestellte Pension für Louis Napoleon streicht und sich somit öffentlich von dem – von ihm ohnehin nicht geliebten – Sohn distanziert. Getrennt von ihrem Sohn, von der Familie verdammt, kümmert sich Hortense um die geflohenen Mitverschworenen des Straßburger Putsches. Auch denkt sie daran, Louis Napoleon nach Amerika zu folgen, was ihre sich rapide verschlechternde Gesundheit aber nicht gestattet. Am 5. Oktober 1837 erliegt sie auf Schloss Arenenberg im Alter von 54 Jahren dem Krebsleiden. Zu ihrem Trost ist der Sohn anwesend, der auf die Nachricht vom Sterben seiner Mutter eine abenteuerliche Reise angetreten hat, um ihr in der letzten Stunde beizustehen.

Am 9. Januar 1838, drei Monate nach ihrem Tod, erfüllt sich Hortenses sehnlichster Wunsch, nämlich die Rückkehr nach Frankreich. In der Kirche von Rueil bei Malmaison wird sie bestattet, neben ihrer Mutter, der Kaiserin Joséphine. Ihr Sohn Louis Napoleon aber setzt den Weg fort, den ihm seine Mutter vorgezeichnet hat: Dem Namen *Bonaparte* verpflichtet, nutzt er die Wirren der Revolution von 1848, um am 2. Dezember 1852 – dem Jahrestag der Krönung Napoleons I. in Notre-Dame – das Zweite Kaiserreich zu proklamieren und als Napoleon III. den Thron zu besteigen.

Stephanie (1789–1860)
Die Mutter des Kaspar Hauser?

Großherzogin von Baden

Stephanie de Beauharnais, eine angeheiratete Nichte Joséphines, gehört zweifellos zu den Randgestalten der Geschichte. Eine bedeutende Rolle am Hofe Napoleons hat sie nicht gespielt, sieht man davon ab, dass die Prinzessin eine potenzielle Heiratskandidatin in den bündnispolitischen Erwägungen des Kaisers war. Ihre Adoption durch Napoleon war dann auch eine rein politische Notwendigkeit für das Projekt einer dynastischen Verbindung des Großherzogtums Baden mit Frankreich. In die Geschichte eingegangen ist sie auch weniger als Adoptivtochter Napoleon Bonapartes; vielmehr verknüpft sich mit ihrem Namen die Tragödie jenes jungen Mannes, der als *Kaspar Hauser* in Europa Aufsehen erregte und noch heute sowohl Historiker wie auch Hobby-Kriminologen beschäftigt.

Stephanie Adrienne Louise de Beauharnais wird am 28. August 1789 in Versailles geboren. Sie ist die Tochter und das einzige Kind des königlichen Gardehauptmanns Claude (1756–1819), eines Vetters Alexandre de Beauharnais' – Joséphines erstem Ehemann –, und Claudine Adrienne Gabrièle de Lecay-Marnesias (1768–1791).

Die Ehe der Eltern ist zerrüttet; schon kurz nach Stephanies Geburt trennt sich die Mutter von ihrem Mann und verlässt mit der Tochter Frankreich. Sie zieht in die Schweiz, wo Claudine jedoch schon 1791 an einer Lungenkrankheit stirbt. Stephanie wird von Lady Bath, einer mit den Eltern befreundeten Engländerin, adoptiert, die aber kurz darauf in ihre Heimat zurückkehrt und das Kind den Nonnen des südfranzösischen Klosters Panthémont übergibt. Sie selbst beschränkt sich auf die finanzielle Unterstützung ihres Mündels von England aus. Dass sie ihr Leben nicht als Nonne beendet, verdankt Stephanie ihrer Tante Joséphine, die sich ihrer erinnert und ihren Mann, den Ersten Konsul, dazu überredet, die Nichte an den Hof nach Paris zu holen. Napoleon ist einverstanden; zum einen schätzt er als Korse den Zusammenhalt einer Familie, zum anderen sind es politische Gründe, die ihn dazu veranlassen. „Wie konnte ich zulassen", erklärt er später selbst, „dass eine Angehörige ihrer [Joséphines] Familie von einer Engländerin unterhalten wurde?" Immerhin befindet man sich mit England im Krieg.

Im Januar 1803 zieht Stephanie nach Paris zu ihrem Vater, zu dem sie jahrelang keinen Kontakt hatte und der an seiner Tochter wenig Interesse zeigt. Herzlicher ist ihr Verhältnis zu ihrer Tante Joséphine sowie deren Kinder Eugène und Hortense; schon bald fühlt sie sich in den Tuilerien heimischer als bei ihrem Vater. Schließlich erlaubt ihr Napoleon, in den Palast überzusiedeln. Noch im gleichen Jahr schickt sie der Erste Konsul nach St. Germain, wo Stephanie im Institut der Madame Campan ihre eher mangelhafte Schulbildung aufbessern soll. Nach anfänglichen Schwierigkeiten entpuppt sie sich als intelligente und eifrige Schülerin. Unterbrochen wird ihr Aufenthalt in St. Germain nur im Dezember 1804, als sie in Notre-Dame der Krönung Napoleons und Joséphines beiwohnt.

Ende 1805 bemüht sich Napoleon um eine dynastische Verbindung mit Bayern, das er nach seinem Sieg über Österreich zum Königreich erhoben hat. Sein Stiefsohn Eugène soll Prinzessin Auguste, die Tochter Max Josephs, heiraten. Dem Vorhaben stehen allerdings mehrere Probleme entgegen. So sehen die Wittelsbacher den geborenen Beauharnais nicht als standesgemäß an; ferner ist die bayerische Prinzessin schon versprochen, nämlich dem Erbprinzen Karl von Baden (1786–1818) aus der Dynastie der Zähringer, dem Bruder der bayerischen Königin Caroline. Den ersten Einwand fegt Napoleon durch die kurz entschlossene Adoption Eugènes beiseite. Den Zähringer macht er sich dadurch gefügig, dass er ihm als Ausgleich eine französische Prinzessin verspricht – was nach der machtpolitischen Konstellation des Jahres 1806 für Baden zweifelsohne von größerem Nutzen ist als die Verbindung mit Bayern. Zur Auswahl stehen ihm zwei Kandidatinnen, nämlich Stephanie de Beauharnais und Stephanie de Tascher, eine Nichte Joséphines aus ihrem eigenen Familienzweig.[1]

Im Januar 1806 weilt das Kaiserpaar in Karlsruhe, Badens Hauptstadt. Napoleon will an Ort und Stelle die Heiratsformalitäten regeln und mögliche Schwierigkeiten beheben. Die entstehen durch den Widerstand der Prinzessin Amalie, der verwitweten Mutter des Heiratskandidaten Karl. Sie ist wie die bayerische Königin eine Franzosenfeindin und besteht auf dem Ehekontrakt ihres Sohnes mit der Wittelsbacherin. Nach einer längeren Verhandlung, in der Napoleon seine ganze Überredungskunst und seinen Charme aufbieten muss, kann er die Vorbehalte der Gräfin weitestgehend zerstreuen. Mit ihrem letzten Einwand, dass keine der beiden Heiratskandidatinnen standesgemäß sei, besiegelt sie ihre Niederlage, denn der Kaiser verspricht kurzerhand, die betreffende Prinzessin zu adoptieren. Immerhin wäre sie dann eine Bonaparte – und somit wohl für jeden deutschen Kleinfürsten mehr als gut genug.

Wenige Wochen darauf reist der designierte Bräutigam nach Paris, um sich seine zukünftige Frau auszusuchen. Dass er sich schließlich für Stephanie de Beauharnais entscheidet, ist verwunderlich, denn die kokette und vorlaute 17-Jährige begegnet ihm mit offenem Hohn. Daran ist er freilich nicht ganz unschuldig, machen ihn doch seine weiß gepuderten Haare samt Zopf zum Gespött am französischen Hof. Hinzu kommt sein wenig schmeichelhaftes Äußeres. „Der junge Prinz, damals 23 Jahre alt, hatte, ohne direkt hässlich zu sein, eine wenig vorteilhafte Figur", schreibt eine Zofe der Kaiserin. Drastischer äußert sich Madame de Rémusat: „Er war jung, aber sehr dick, ein gewöhnliches Gesicht ohne Ausdruck. Er sprach wenig, er schien sich zu genieren und schlief ungefähr überall ein." So ist es nicht verwunderlich, dass sich die hübsche und intelligente Stephanie dem Prinzen überlegen und von ihm nicht angezogen fühlt. Als Karl am nächsten Tag

[1] Joséphine ist eine geborene Tascher de la Pagerie.

mit geschnittenen und ungepuderten Haaren nach französischer Mode – *à la Titus*, wie man sie nennt – erscheint, prustet sie lauthals heraus, er sähe nun ja noch komischer aus als vorher.

Stephanies Einwände gegen den Badenser nützen jedoch nichts: Am 4. März 1806 wird sie vom Kaiser adoptiert und in den Rang einer Prinzessin erhoben; fortan heißt sie *Stephanie Napoléon*. Einen Monat später, am 8. April, heiratet sie Karl von Baden. Doch die junge Braut macht kein Hehl daraus, was sie für ihren Mann empfindet. So muss Karl die Hochzeitsnacht und auch die weiteren Nächte in einem Lehnstuhl vor ihrem verschlossenen Zimmer verbringen. Bei Gesellschaften kokettiert Stephanie auffällig mit anderen Männern, besonders mit Napoleon selbst, dem man schon bald ein Verhältnis mit der Adoptivtochter nachsagt. Damit zieht sie sich den Zorn der eifersüchtigen Joséphine zu, die ihren Mann schließlich davon überzeugt, dass die Abreise des Paares nach Karlsruhe im Interesse aller Beteiligten läge. Am 1. Juli verlassen Karl und seine widerspenstige Frau, die von Napoleon zuvor noch wegen ihres schlechten Betragens gegenüber dem Erbprinzen ermahnt worden ist, Paris.

Die ersten Jahre am Hof in Baden gehören zu den unglücklichsten in Stephanies Leben. Bei den neuen Verwandten stößt sie auf eisige Ablehnung; insbesondere ihre Schwiegermutter Amalie und Karls Onkel Ludwig begegnen der Französin mit offener Verachtung. Auch ihr Verhältnis zu ihrem eigenen Mann bessert sich nicht, woran Stephanie letztlich eine Mitschuld trägt. So nimmt das badische Erbprinzenpaar 1807 in Paris an der Hochzeit Jérômes, Napoleons jüngstem Bruder, mit der Prinzessin Katharina von Württemberg teil, wo Stephanie sich nicht scheut, heftig mit dem Bräutigam zu flirten – was zu einem Ohnmachtsanfall der Braut und zur Empörung Joséphines führt. Ein Jahr später, beim Fürstentag von Erfurt, ist es Zar Alexander, von dem sie sich nur zu gern den Hof machen lässt, zum Verdruss ihres Ehemannes Karl. Seit 1807 lebt das Ehepaar getrennt; Stephanie zieht nach Mannheim, während sich Karl unter dem Einfluss seines Onkels Ludwig in Karlsruhe hemmungslosen Ausschweifungen hingibt.

Das schlechte Verhältnis des Ehepaares bleibt natürlich nicht ohne Folgen. Besonders die Franzosenfeinde am Hof, allen voran Prinz Ludwig, nutzen die Gelegenheit zu Intrigen gegen die Adoptivtochter des Kaisers. Diese vergiftete Atmosphäre schlägt sich schon bald auf Stephanies Gemüt und ihre Gesundheit nieder; nach einer Fehlgeburt 1806 erleidet sie im folgenden Jahr einen Nervenzusammenbruch, was nun auch Napoleon alarmiert. In einem Schreiben wendet er sich an den Großherzog Karl Friedrich, dem er erklärt: „Ihr Enkel ist das Unglück einer Prinzessin, derer er nicht würdig ist. Die allgemeine Ansicht ist, dass die schlechten Ratschläge des Prinzen Ludwig die Ursache aller Vorkommnisse ist. … Ich schreibe an Eure Hoheit, um Sie wissen zu lassen, dass, wenn sein Sohn Markgraf Ludwig entschlossen ist, meine Tochter unglücklich zu machen, ich verlange, dass man sie mir zurückschickt. Was ich von den Intrigen des Prinzen höre, ist kaum glaublich; sein schlechter Charakter war mir bekannt, aber ich dachte, er wäre klug genug, mich nicht zur Einmischung in die inneren Angelegenheiten Ihres Hofes zu zwingen." Auch Karl erhält aus Paris einen Drohbrief. Großherzog Karl Friedrich nimmt die Warnung Napoleons ernst und verbannt seinen Sohn Ludwig vom Karlsruher Hof auf Schloss Salm, den Stammsitz des Prinzen.

Letztlich aber sind dem Kaiser doch die Hände gebunden, denn ein ernster Konflikt mit den badischen Zähringern hätte für ihn zu große politische Nachteile. Die familiären Bindungen des Herrscherhauses, die 1806 für Napoleon bei dem Eheprojekt seiner Adoptivtochter mit dem Erbprinzen zweifelsohne eine nicht unbeträchtliche Rolle gespielt haben, legen ihm nun gewisse Fesseln an. So sind gleich drei Schwestern des Prinzen Karl mit hochrangigen Monarchen Europas verheiratet: Caroline mit dem bayerischen, Friederike mit dem schwedischen König, Louise sogar mit Zar Alexander. Will er diese Herrscher nicht brüskieren, ist es für Napoleon klüger, sich mit Drohgebärden zu begnügen, auch als 1810 Prinz Ludwig in Karlsruhe wieder auftaucht und seine Intrigen gegen Stephanie weiterspinnt. Ansonsten versucht der Kaiser, auf das Ehepaar selbst einzuwirken.

Im Juni 1811 stirbt Großherzog Karl Friedrich, dessen Nachfolge nun, da sein ältester Sohn und eigentlicher Erbe Karl Ludwig bereits 1801 tödlich verunglückt ist, sein Enkel Karl antritt. Stephanie – noch immer in Mannheim lebend – ist somit Großherzogin von Baden. In diese Zeit fällt die Aussöhnung des Ehepaares, das jetzt auch zu einer gemeinsamen Hofhaltung in Karlsruhe zurückkehrt. Der Grund für diese Wandlung ist unklar, möglicherweise lenkt Stephanie ein in der Befürchtung, durch Napoleons Scheidung von Joséphine – ihrer Tante – bei ihrem Adoptivvater nicht mehr den gleichen Rückhalt zu finden wie früher. Tatsächlich lässt sich eine Annäherung des Ehepaares seit der Hochzeit des Kaisers mit Marie Louise im April 1810 beobachten, an der Stephanie und Karl teilnehmen. Gekrönt wird dieser Neubeginn im Juni 1811 durch die Geburt einer Tochter. Insgesamt bringt Stephanie fünf Kinder zur Welt, zwei Söhne, die kurz nach der Geburt – 1812 bzw. 1817 – sterben, und drei Töchter: Luise (1811–1854), die spätere Frau des schwedischen Prinzen Gustav Wasa; Joséphine (1813–1900), die den Fürsten Karl Anton von Hohenzollern-Sigmaringen heiratet und deren Sohn Leopold (1835–1905) durch seine spanische Thronkandidatur 1869 zum Ausbruch des deutsch-französischen Krieges beiträgt; schließlich Marie (1817–1888), die den Herzog von Hamilton heiratet.

Mit Napoleons Niederlage bei Leipzig im Oktober 1813 endet die französische Vorherrschaft in Deutschland. Die Rheinbundfürsten beeilen sich, noch rechtzeitig mit dem Kaiser zu brechen und sich den Verbündeten anzuschließen. Baden macht da keine Ausnahme. Die treibende Kraft in Karlsruhe ist Fürst Sigismund von Reitzenstein, einst leitender Minister Badens, der auf Betreiben Napoleons entlassen worden ist und nun zu dessen schärfsten Gegnern gehört. Großherzog Karl willigt schließlich in den politisch-militärischen Umschwung ein; eine Trennung von seiner Frau, die sowohl Reitzenstein als auch die verbündeten Mächte fordern, lehnt er aber kategorisch ab – und beweist damit doch noch ein gewisses Format. 1813/14, während sich die alliierten Monarchen und Generale teilweise in Karlsruhe aufhalten, wo sie den Feldzug nach Frankreich planen, trifft Stephanie den Zaren wieder, zu dem sie wie 1808 in Erfurt ein herzliches Verhältnis entwickelt. Weniger freundlich ist Alexanders Frau und Stephanies Schwägerin Louise – bzw. die Zarin Elisabeth, wie sie sich nennt –, die der Großherzogin von Baden einen frostigen Empfang bereitet.

Napoleon selbst begegnet Stephanie im Juli 1813 zum letzten Mal. Kontakt zu ihm hält sie weder während seines Exils auf Elba noch auf St. Helena. Sein Tod am 5. Mai 1821 erschüttert sie jedoch tief, und von allen Familienmitgliedern verfasst sie den leidenschaftlichsten und zugleich brisantesten Nachruf: „Er ist nicht mehr, vor dem die Welt erzitterte, dem die Könige der Erde schmeichelten und den sie dann verrieten ... Er starb auf einem Felsen über tausend Meilen fern von den Seinen und seinem Vaterlande. ... Du aber, der Du die Genies aller Jahrhunderte verkörperst, unbegreifliches Wesen, das die Welt beherrschte, Du starbst in Ketten. ... Tröste Dich, der Tod hat Dich wieder auf Deinen Thron gehoben; Deine Fehlschläge – oder soll ich sagen: Deine Fehler? – sind jetzt zurückgedrängt in die Fülle Deiner großen Eigenschaften, Deiner staunenswerten Erfolge."

Kein Wunder, dass die Alliierten, allen voran die ewig misstrauischen Österreicher, Stephanie weiterhin skeptisch beobachten. Wie alle Familienangehörigen Napoleons wird die Großherzogin von der österreichischen Geheimpolizei überwacht, da man ihre Beteiligung an einer bonapartistischen Konspiration befürchtet. Genährt wird diese Angst durch Stephanies Kontakte zu ihrer Cousine Hortense, in der man das geistige Haupt der Verschwörung sieht, und zu Eugène, dem man ebenfalls nicht traut. Doch Stephanies Interesse an Politik ist zu gering, als dass sie sich in Komplotte – die ohnehin nicht bestehen – verwickeln ließe. Dass sie die aus Frankreich ausgewiesene Hortense unterstützt, ist eher auf die familiäre Bindung zurückzuführen.

Am 8. Dezember 1818 stirbt nach längerer Krankheit Großherzog Karl von Baden. Da er keinen männlichen Thronerben hat, geht die Nachfolge auf seinen Onkel Ludwig über. Stephanie, im Alter von 29 Jahren Witwe, zieht sich nach

Mannheim zurück, wo sie in fast klösterlicher Abgeschiedenheit lebt. 1827 kauft sie Schloss Umkirch bei Freiburg sowie 1830 einen Pavillon bei Baden-Baden, die ihre wechselnden Aufenthaltsorte werden. 1828 reist sie wegen eines Augenleidens nach Paris, wo sie von Karl X., dem letzten Bourbonenkönig, empfangen wird. Vier Jahre später erfasst die in Europa vorherrschende Italiensehnsucht auch die Großherzogin-Witwe, die im September 1832 zu einer einjährigen Reise auf die Apenninhalbinsel aufbricht. Höhepunkt der Fahrt ist eine Audienz bei Papst Gregor XVI.; ferner besucht sie Napoleons Mutter Letizia in Rom und Louis Bonaparte in Florenz. 1845 und 1850 bereist sie England. Daneben widmet sich Stephanie kulturellen und karitativen Einrichtungen. So erfährt vor allem das *Großherzogliche Institut*, eine Erziehungsanstalt für junge Mädchen in Karlsruhe bzw. später Mannheim, die generöse Unterstützung der Großherzogin-Witwe, die zum Teil selbst dort die Fächer Geschichte und französische Literatur unterrichtet. Weiterhin stiftet sie Waisenhäuser und andere wohltätige Einrichtungen; zu den bekanntesten gehört das *Louisenstift*, das sie 1854 zum Gedenken an ihre im gleichen Jahr verstorbene Tochter gründet.

Großherzogin Stephanie wäre vermutlich spätestens mit dem Sturz Napoleons von der weltgeschichtlichen Bühne verschwunden und in Vergessenheit geraten. Dass dem nicht so ist, hängt zusammen mit jener berühmten Tragödie, die am 26. Mai 1828 ihren Anfang nimmt, als im fernen Nürnberg ein etwa 16-jähriger Junge auftaucht, der schon bald das Interesse Europas auf sich zieht. Der Fremde kann weder sprechen noch richtig laufen, grelles Licht verursacht ihm Augenschmerzen, vor anderen Menschen fürchtet er sich. Bei sich trägt er neben einigen bedeutungslosen Habseligkeiten zwei anonyme Briefe, die angeblich von seiner leiblichen Mutter, die ihn 16 Jahre zuvor ausgesetzt haben will, und dem Ziehvater stammen, der den Jungen nun im bayerischen Heer untergebracht sehen möchte. Sehr bald stellt man fest, dass beide Schreiben in Wirklichkeit von ein und derselben Person verfasst worden sind. Immerhin erfährt man den Vornamen des Jungen, nämlich *Kaspar*. Als ihm ein Polizist Papier und Bleistift reicht, malt er die Worte *Kaspar Hauser;* unter diesem Namen geht er in die Geschichte ein.

Kaspar wird der Obhut Professor Georg Friedrich Daumers anvertraut, der sich rührend um seinen Schützling bemüht und ihm Sprechen, Lesen und Schreiben beibringt. Schon bald erfährt Daumer, dass Kaspar Hauser den Großteil seines Lebens in einem Verließ zugebracht hat, ohne Kontakt zu anderen Menschen, abgesehen von einem Fremden, der ihn – wenn Kaspar schlief – mit Wasser und Brot versorgte.

Das Schicksal des Jungen verbreitet sich in Windeseile; schon bald nennt man ihn *das Kind Europas,* wobei sich die Anteilnahme ausschließlich auf Betroffenheit beschränkt, wirkliche Unterstützung – etwa finanzieller Art – aber ausbleibt. Interesse aber zeigt der Gerichtspräsident des Rezatkreises, zu dem Nürnberg gehört, Anselm Ritter von Feuerbach (1755–1833), der der Geschichte Kaspar Hausers nachgeht mit dem Vorsatz, die Schuldigen dieses *Verbrechen am Seelenleben eines Menschen,* wie er es nennt, zur Verantwortung zu ziehen.

Die ungewöhnlichen Umstände um Kaspar Hausers Auftauchen in Nürnberg, seine eigenen Berichte über seine Gefangenschaft, schließlich auch zahlreiche Gerüchte um seine Herkunft veranlassen Feuerbach zu der Annahme, dass der ausgesetzte junge Mann aus einer hochherrschaftlichen Familie stammt. Zunächst forscht er nach verschwundenen, dann nach unter mysteriösen Umständen verstorbenen Kindern deutscher Fürstenhäuser. Ein Attentat auf Hauser im Jahr 1829, das nur durch Zufall scheitert, bestätigt ihn darin, dass er sich auf dem richtigen Weg befindet. Es dauert nicht lange, bis Feuerbach bei seinen Ermittlungen auf das badische Herrscherhaus stößt, wo das unerwartete und mysteriöse Aussterben der Zähringer schon seit Jahren zu den verschiedensten Gerüchten geführt hat.

Dass der Familienstamm 1830 erlischt, ist in der Tat verwunderlich. Immerhin hatte Großherzog Karl Friedrich (1728–1811) aus erster Ehe mit Caroline Luise von Hessen Darmstadt (1723–1783) drei Söhne, die einen Fortbestand des Hauses Zähringen zu garantieren schienen, nämlich Karl Ludwig (1755–1801) – als ältester Sohn der Erbprinz –, Friedrich (1756–1817) und Ludwig (1763–1830). Die Geburt eines Sohnes – Karl, Stephanies späterer Ehemann – des Erbprinzen Karl Ludwig sicherte weiterhin das Fortbestehen der Dynastie.

Als 1801 Erbprinz Karl Ludwig bei einer Schlittenfahrt in Schweden tödlich verunglückt, rückt sein Sohn Karl, Stephanies Gemahl, an seine Stelle; 1811 besteigt er den badischen Thron. Sein Nachfolger – für den Fall, dass er ohne männlichen Erben stirbt – wird sein Onkel Friedrich, bei dessen Ableben ohne Nachfolger Prinz Ludwig. Doch Karl und Stephanie zeugen einen Thronerben, der am 29. September 1812 geboren wird – und 17 Tage später auf geheimnisvolle Weise angeblich an Gehirnblutung aufgrund der schweren Geburt – stirbt. Ein zweiter Sohn wird 1817 nur unwesentlich älter; als Todesursache wird eine Kieferentzündung genannt, Gerüchte reden von Mord durch Vergiftung. Im gleichen Jahr verstirbt unerwartet der kinderlose Prinz Friedrich, der nun, da Karl keinen Sohn mehr hat, der präsumptive Nachfolger gewesen wäre. 1818 erliegt Großherzog Karl selbst einem „Magenleiden" – noch auf dem Totenbett beschuldigt er seinen Onkel Ludwig des Giftmordes.

Feuerbachs Interesse erregen vor allem die mysteriösen Todesumstände des erstgeborenen Sohnes Karls und Stephanies – der auf Wunsch der Mutter im Übrigen den Namen *Gaspard* (dt.: *Kaspar*) hätte erhalten sollen. Das nach Bestätigung aller Beteiligten gesunde Kind stirbt 17 Tage nach seiner Geburt binnen weniger Stunden. Weder die Mutter noch die Amme bekommen es nach seinem Tod noch einmal zu Gesicht. Feuerbach folgert, dass es vermutlich nicht der Erbprinz war, sondern ein vertauschtes Kind, das dessen Platz hat einnehmen müssen und vermutlich ermordet worden ist.

Warum aber sollte jemand das Kind vertauschen? Prinz Ludwig, der eigentliche Nutznießer und vermutliche Drahtzieher, hätte am Tod des Jungen ein Interesse gehabt, nicht an seiner Entführung. Feuerbach kommt daher zu dem Schluss, dass nicht Ludwig allein das Verbrechen begangen hat, sondern mit einem Komplizen, der sich durch die heimliche Vertauschung der Kinder ein Faustpfand gegen den Prinzen – und baldigen Großherzog – hat sichern wollen.

Dieser – besser: diese – Mitverschworene lässt sich leicht finden. Nach Feuerbachs durch zahlreiche Indizien bestärkte These handelt es sich um die zweite Ehefrau des alten Großherzogs Karl Friedrich, Luise Caroline Geyer von Geyersburg, Reichsgräfin von Hochberg (1768–1820). Nur sie konnte ein Interesse am Aussterben der Zähringer Linie haben, da ihre eigenen Söhne aus der Ehe mit dem alten Großherzog aufgrund der morganatischen Heirat zunächst nicht erbberechtigt waren.

Mehr als 160 Jahre lang wird auch von vielen Historikern folgender Hergang vermutet: Prinz Ludwig und die Gräfin Hochberg – im Übrigen Ludwigs langjährige Geliebte – planen eine „Korrektur" der badischen Erbfolge durch die Ermordung der männlichen Nachkommen des Großherzogs Karl. Doch die Gräfin ändert heimlich den Plan dahingehend ab, dass sie Stephanies erstgeborenen Sohn nicht tötet, sondern – vermutlich sogar höchstpersönlich – gegen das ohnehin todkranke Kind eines ihrer Bediensteten vertauscht[2], um ein Druckmittel gegen Ludwig in der Hand zu haben. Denn nur so scheint es sich erklären zu lassen, dass Ludwig zum Erstaunen seiner Zeitgenossen ehe- und kinderlos stirbt und damit die Nachfolge des Hauses Baden tatsächlich an die Hochberg-Linie übergeht.

Das Kind – so Feuerbach – wird zunächst bei den „Austauscheltern", nach dem Tod der Frau in einem entlegenen Schloss untergebracht.[3] Dann, vermutlich um 1816, bringt man den Jungen von dort weg und sperrt ihn in ein kellerähnliches Verlies – angekettet, ohne menschlichen Kontakt. Als

[2] Lange vermutete man, dass es sich um das Kind der Familie Blochmann gehandelt habe, dessen Verschwinden ebenso mysteriös ist wie die Geschichte um Kaspar Hauser. So soll der Junge laut Münchener Sterberegister im Dezember 1833 – im gleichen Monat wie Kaspar – als Angehöriger der bayerischen Armee gestorben sein. Nachforschungen haben ergeben, dass der Eintrag im Sterbebuch vermutlich gefälscht ist, vor allem ein Soldat namens Blochmann beim bayerischen Heer zu diesem Zeitpunkt nie existiert hat.

[3] Kaspar-Hauser-Forscher vermuteten, dass es sich um Schloss Beuggen in der Nähe von Basel gehandelt hat. Kaspar selbst konnte sich an ein Wappen erinnern, das dem des genannten Schlosses sehr ähnlich war.

möglicher Ort dieses Verbrechens ist von späteren Historikern und Kaspar-Hauser-Forschern Schloss Pilsach bei Nürnberg lokalisiert worden, wo ja etwa 12 Jahre später Kaspar Hauser auftaucht.

Weshalb man den Jungen überhaupt weggebracht haben soll, ist bis heute unklar. Nach einer von vielen Mutmaßungen fürchtete die Gräfin Hochberg, dass Ludwig – inzwischen über den Betrug informiert – das Versteck erfahren habe und das Kind doch noch hätte töten lassen können. Die Umstände der Einkerkerung sind ebenfalls nicht eindeutig geklärt; so soll möglicherweise auch der bayerische Hof seine Hände mit im Spiel gehabt haben, der wegen seines Anspruchs auf die Pfalz kurz vor einem Krieg mit Baden stand und somit ein Interesse am „rechtmäßigen" Thronerben haben musste, um Großherzog Ludwig bzw. dessen Nachfolger aus der Hochberg-Linie erpressen zu können. Warum – legt man das bisher Gesagte zu Grunde – schließlich Kaspar Hauser freigelassen worden ist, bleibt weiterhin ein Rätsel. Offenbar aber, so die Vermutung Feuerbachs, war seine Haft nicht mehr notwendig, und den Jungen als Knecht beim Militär untertauchen zu lassen, schien unauffälliger, als ihn zu ermorden.

1832 schickt Feuerbach seine Überlegungen an die bayerische Königin. Kurz darauf stirbt er selbst unter eigentümlichen Umständen, wahrscheinlich an einer Arsenvergiftung. Zu diesem Zeitpunkt lebt Kaspar Hauser in Ansbach unter der Schirmherrschaft des dubiosen englischen Lord Stanhope – eines guten Bekannten des Großherzogs Leopold von Baden, des Sohnes der inzwischen verstorbenen Gräfin Hochberg. Stanhope, der Kaspar sogar adoptiert und ihm großzügige finanzielle Unterstützung gewährt, gelingt es, den Jungen seinen bisherigen Gönnern zu entfremden. Schon bald beginnt er, sein Mündel als Betrüger zu diffamieren, um die Geschichte einer adligen Abstammung unglaubwürdig zu machen. Das gelingt jedoch nicht, denn 1833 regt sich das Interesse verschiedener europäischer Monarchen, die dem jungen Mann ihre Hilfe zusichern. Am 14. Dezember 1833 wird Kaspar Hauser im Schlossgarten von Ansbach von einem Unbekannten niedergestochen und erliegt drei Tage später seinen Verletzungen. Viele Aktenstücke verschwinden kurz darauf spurlos, andere werden nachweislich gefälscht.

Ob Kaspar Hauser der Sohn Stephanies von Baden – und somit de jure der Enkel Napoleons – gewesen ist, ließ sich lange Zeit nicht nachweisen. Vieles sprach dafür, nicht zuletzt der Umstand, dass das Haus Baden bis heute die Akten zu diesem Thema geheim hält. Stephanie selbst hat bis an ihr Lebensende die Mutterschaft bestritten und noch Napoleon III. gegenüber die Geschichte als Fabel abgetan.[4] Ob das aus wirklicher Überzeugung oder aus anderen Motiven – aus Angst vor einem Skandal, eventuell auch auf Druck der neuen großherzoglichen Familie hin – geschehen ist, bleibt offen. Einem Gerücht zufolge soll sie jedoch inkognito nach Ansbach gereist und beim Anblick des jungen Kaspar wegen dessen angeblicher Ähnlichkeit mit Großherzog Karl in Ohnmacht gefallen sein. Nachweislich hatte sie immerhin die Absicht, das *Kind Europas* zu sich nach Baden-Baden einzuladen. Dass sie diesen Wunsch ausgerechnet Lord Stanhope 1833 gegenüber geäußert hat, mag eine nicht unwesentliche Rolle gespielt haben bei der Ermordung Kaspar Hausers kurz darauf, denn möglicherweise scheuten die Entführer diese für sie eventuell verderbliche Konfrontation.

1996, mehr als 160 Jahre nach Kaspar Hausers Tod, scheint das Rätsel um das *Kind Europas* zumindest in einer Hinsicht gelöst: Mittels DNS-Analysen der Blutflecken in Hausers Kleidung, die er bei seiner Ermordung trug und die im Ansbacher Museum ausgestellt ist, und Blutproben der noch lebenden Nachfahren Stephanie de Beauharnais' wiesen Wissenschaftler in Deutschland und Großbritannien nach, dass Kaspar kein Sohn der Großherzogin war. Doch auch die neuesten Forschungen zur Geschichte Kaspar Hausers, die im Übrigen auch Feuerbachs These einer jahrelangen Einkerkerung gänzlich verwerfen, können nicht mit Sicherheit beweisen, wer jener junge Mann war, der zwischen 1828 und 1833 das Interesse Europas auf sich zog.[5]

[4] Ganz im Gegensatz zu ihrer jüngsten Tochter, Lady Hamilton, die bis zu ihrem eigenen Tod überzeugt war, die Schwester Kaspar Hausers zu sein.

[5] Kaspar-Hauser-Forscher bezweifeln sogar, dass es sich bei dem untersuch-

Mit den Ereignissen des Jahres 1848, die ganz Europa erschüttern, ändert sich auch noch einmal Stephanies bis dahin unscheinbares und unpolitisches Leben. Die Februarrevolution in Frankreich schafft endgültig das Königtum ab; Präsident der neuen Republik wird Louis Napoleon Bonaparte, der Sohn Hortenses und somit ein Verwandter der Großherzogin-Witwe. Die Pariser Unruhen greifen auch auf Deutschland über; 1849 kommt es in Baden zum Aufstand, vor dem sowohl Stephanie als auch Großherzog Leopold samt Familie nach Mainz fliehen müssen. In Baden wird nach französischem Vorbild die Republik ausgerufen, die jedoch nicht lange Bestand hat. Unter dem Oberbefehl des Prinzen Wilhelm von Preußen wird die Badenser Revolutionsarmee nach schweren Kämpfen durch preußische und süddeutsche Kontingente zerschlagen, über das Land ein furchtbares Strafgericht verhängt: 40 Todesurteile werden ausgesprochen, es kommt zu schweren Übergriffen gegen die Bevölkerung, Plünderungen und Misshandlungen sind an der Tagesordnung. 80.000 Menschen verlassen das Land, um der Willkür der Sieger zu entgehen.

Auch in Frankreich ist die Zeit der Republik von nur kurzer Dauer: Am 2. Dezember 1852 erfolgt die Erhebung Louis Napoleons zum *Kaiser der Franzosen.* Abgesehen von Jérôme Bonaparte ist Großherzogin Stephanie die einzige Verwandte Napoleons I., die das Zweite Kaiserreich erlebt. Napoleon III. ist sehr um den Kontakt zu seiner Großtante bemüht und versucht, sie für seine eigenen politischen Ziele zu gewinnen. Immer häufiger fungiert Stephanie als Vermittlerin zwischen Frankreich, England und Preußen; mehrfach reist sie sogar nach London und Paris, um den Interessen des Kaisers zu dienen. Dass sie damit das Missfallen des Großherzogs von Baden erregt, der sich mehr oder weniger von der Witwe seines Vor-Vorgängers übergangen fühlt, stört Stephanie wenig. Als Napoleon III. ihr aber anbietet, nach Paris überzusiedeln, um ihm hier offiziell zur Seite zu stehen, fügt sie sich dem lauten Protest ihres Landesherren und lehnt ab. Immerhin

ten Blut tatsächlich um Kaspars gehandelt hat. Gerüchten zufolge wurde der Blutfleck nämlich der anschaulichen Wirkung wegen im Lauf der Jahre wiederholt „aufgefrischt".

trägt ihr ihr Engagement die Hochachtung auch anderer Fürsten ein; mehrfach besucht sie Prinz Wilhelm von Preußen zusammen mit seiner Frau oder mit Otto von Bismarck. 1857 kommt es in Baden-Baden zum Treffen deutscher Fürsten – darunter auch Wilhelm, inzwischen Prinzregent – mit Napoleon III., der um eine Annäherung an Deutschland sowie die Rückgewinnung der Rheingrenze bemüht ist. Dass man Stephanies Wohnsitz als Verhandlungsort gewählt hat, ist kein Zufall; vielmehr sorgt sie für den gesellschaftlichen Rahmen, ohne freilich auf die politischen Entscheidungen Einfluss zu nehmen.[6] Noch im gleichen Jahr erhält Stephanie von Napoleon III. wieder ihren alten Titel einer *Kaiserlichen Hoheit*, natürlich sehr zum Verdruss des badischen Fürstenhauses.

Ende 1859 reist die Großherzogin-Witwe nach Nizza, wo sie den Winter verbringen will. Dort stirbt sie am 29. Januar 1860 im Alter von 70 Jahren an einer fiebrigen Erkältung. Beigesetzt wird Stephanie von Baden in der Schlosskirche zu Pforzheim, der Familiengruft der Zähringer.

6 Überschattet wird das Ereignis allerdings durch das Attentat eines Studenten auf Prinz Wilhelm, das aber scheitert.

DIE GELIEBTE

Maria Walewska (1786–1817)
Polens enttäuschte Hofnung

Gräfin Walewska – Gräfin Ornano

7. Januar 1807: In Warschau erwartet man voller Ungeduld die Ankunft Napoleon Bonapartes, zu dessen Ehren im Haus des Fürsten Josef Poniatowski ein großer Galaempfang stattfindet. Der Kaiser der Franzosen hat im Oktober des Vorjahres die preußische Armee vernichtend geschlagen, Berlin besetzt und die Reste des feindlichen Heeres samt der Königsfamilie bis nach Ostpreußen verfolgt. Dort und in den ehemals polnischen Gebieten soll die Entscheidung gegen die Preußen und die mit ihnen verbündeten Russen fallen. Die Polen erblicken in den Franzosen die Befreier, von denen sie sich die Wiederherstellung des 1795 ausgelöschten polnischen Staates erhoffen. Entsprechend groß ist nun die Begeisterung, als der Kaiser endlich auf dem Ball erscheint. Alles, was in Warschau Rang und Namen hat, ist anwesend: Militärs, Diplomaten sowie die bekannten adligen Familien aus der einstigen Hauptstadt und deren Umgebung. Doch die Aufmerksamkeit des Gefeierten gehört an diesem Abend allein einer Person: der 21-jährigen Gräfin Maria Walewska, die mit ihrem bereits 72-jährigen Ehemann, dem Grafen Anastasius Colonna-Walewski, zu den geladenen Gästen zählt. Vom ersten Augenblick an, als sie ihm vorgestellt wird, ist er von der jungen Frau fasziniert, die in den nächsten zwei Jahren seine Geliebte sein wird. Die Liebesgeschichte Napoleon Bonapartes und Maria Walewskas ist eine der berühmtesten Episoden im Leben des großen Korsen.

Maria ist eine geborene Laczynska und erblickt am 7. Dezember 1786[1] in Brodno das Licht der Welt. Ihre Eltern –

[1] Merkwürdigerweise wird fast überall in der Literatur als Geburtsjahr Maria

Matthias Laczynski und Eva, geborene Zaborowska – gehören zum Landadel und besitzen ein kleines Gut bei Kiernozia, etwa 40 Kilometer von Warschau entfernt. Außer Maria gibt es noch vier weitere Kinder: die Brüder Benedikt und Theodor sowie die Schwestern Honorata und Katharina.

Das Jahr 1795 bedeutet sowohl für Polen als auch für die Familie Laczynski einen Wendepunkt: Russische und preußische Truppen besetzen das restliche, bereits zweimal geteilte Land, belagern Warschau und nehmen die Hauptstadt nach blutigen Kämpfen ein. Zu den Opfern der Schlacht gehört auch Marias Vater. Polen hört als Staat auf zu bestehen.

Das Königreich Polen war eines der merkwürdigsten Staatswesen Europas. Noch im 16. Jahrhundert eine Großmacht, sank es im Laufe der Zeit zu einem ohnmächtigen und bedeutungslosen Gebilde herab. Schuld daran war die eigentümliche Verfassung des Staates. Nominell zwar eine Monarchie, lag die wirkliche Macht im Staate beim Reichstag, dem *Sejm*, den der Groß- (Magnaten) und Kleinadel (*Szlachta*)[2] beherrschten. Hier wurden die wichtigsten Entschlüsse gefasst und auch der König gewählt, denn anders als die übrigen europäischen Staaten war Polen eine Wahlmonarchie. Der entscheidende Schwachpunkt der Verfassung war jedoch die Bestimmung, dass Entscheidungen nur dann Gültigkeit erlangten, wenn sie im *Sejm* einstimmig beschlossen worden waren. Anders ausgedrückt: Ein einzelner Adliger konnte durch sein Veto jeden Beschluss verhindern. Damit aber war der Reichstag praktisch handlungsunfähig, denn eine Gegenstimme fand sich bei Abstimmungen fast immer. Das betraf vor allem natürlich Finanzfragen: Insbesondere die Unterhaltung eines Heeres auf Kosten des Adels stieß bei vielen auf Ablehnung.

Polens politisches – und damit verbunden auch wirtschaft-

Walewskas 1789 angegeben, in der Regel jedoch ohne genaues Datum. Anders dagegen Christine Sutherland in ihrer 1981 erschienenen Biografie der Gräfin, die – nach Heranziehung der Geburts- und der Heiratseintragung in den entsprechenden Kirchenbüchern sowie der Einsichtnahme in die Scheidungsakten des Ehepaares Walewski aus dem Jahr 1812 – Marias Geburt in das Jahr 1786 verlegt.

2 Der Begriff *Szlachta* beinhaltet das Wort *Schlacht*, bezieht sich also auf die Funktion jenes Adels, der zumindest in früheren Zeiten ein Kriegeradel war.

liches – Chaos musste beinahe zwangsläufig das Interesse der landhungrigen Nachbarn wecken. Katharina II. erreichte 1764 beim *Sejm* durch massiven Druck die Königswahl ihres Günstlings und ehemaligen Liebhabers Stanislaus Poniatowski, der als ihre Marionette fungieren sollte. 1772 annektierten Russland, Preußen und Österreich polnisches Territorium, das Land verlor etwa 30% seines Gebietes und 35% seiner Einwohner. Der Versuch, das polnische Staatswesen zu reformieren, scheiterte 1793 an dem erneuten Einmarsch der Nachbarn; in der 2. Polnischen Teilung – zwischen Russland und Preußen, Österreich hielt sich zurück – wurde Polen auf einen Rumpfstaat reduziert. Das jedoch entfachte den nationalen Widerstand der Einwohner. Unter Thaddäus Kosciuszko, einem Offizier und Teilnehmer am amerikanischen Unabhängigkeitskrieg, begann der Kampf gegen die Besatzungsheere.

Vor allem die Preußen mussten erkennen, dass sich dieser Krieg – ähnlich wie der gegen das revolutionäre Frankreich – von den herkömmlichen „Kabinettskriegen" wesentlich unterschied, denn man kämpfte nicht gegen einzelne Armeen, sondern gegen ein ganzes Volk. Nach einigen Niederlagen in offenen Feldschlachten zog sich Kosciuszko auf Warschau zurück, das er gegen die Armee Friedrich Wilhelms II. von Preußen verteidigte – der preußische König hob 1795 sogar die Belagerung auf und überließ die Eroberung der Stadt dem russischen General Suworow. Das Ende des Krieges war zugleich das Ende Polens: Das Restgebiet wurde aufgeteilt – diesmal wieder unter der Beteiligung Österreichs –, König Stanislaus II. Poniatowski zur Abdankung gezwungen. Dennoch setzten viele Polen den Kampf fort, wenn auch unter fremden Fahnen, wie etwa General Dabrowski, der mit mehreren Tausend Landsleuten – darunter Marias Bruder Benedikt – in den Heeren der Französischen Revolution gegen Preußen und Österreich weiterfocht.

Der Tod Matthias Laczynskis 1795 verschlechtert spürbar die finanzielle Situation der Familie, deren Landgut sich im preußisch-besetzten Teil befindet. Seine Witwe setzt daher ihre ganze Hoffnung auf die lukrative Vermählung ihrer Töchter. Voraussetzung dafür ist jedoch eine standesgemäße Erziehung der Mädchen.

Marias Hauslehrer in den ersten Jahren ist der französische Emigrant Nicolas Chopin, der Vater des späteren Komponisten Frédéric. Er unterrichtet sie in seiner Landessprache, in französischer Geschichte und Kultur. Ab etwa 1800 besucht die inzwischen Vierzehnjährige die Klosterschule *Unserer lieben Frau zur Himmelfahrt,* eine Art Pensionat für adlige Töchter. Dort bleibt sie drei Jahre. „Sie mag vielleicht etwas mehr in sich gekehrt sein, als gut für sie ist", urteilt in dieser Zeit eine Oberin der Schule, „... von Natur zwar schüchtern und zurückhaltend, hat sie doch starke, ja leidenschaftliche Gefühle, vor allem in religiösen Dingen und im Hinblick auf den tragischen Zustand, in dem sich unser Land gegenwärtig befindet."

1803 kehrt Maria nach Kiernozia zurück. Mit ihren 17 Jahren ist sie im heiratsfähigen Alter, zudem gilt sie mit ihren blonden Locken, der weißen Haut und ihren großen, blauen Augen als ausgemachte Schönheit. Der Mann, der für sie ausgesucht wird, ist der zu diesem Zeitpunkt 68-jährige Nachbar der Familie, Anastasius Colonna-Walewski, bis 1794/95 der Erste Kammerherr Stanislaus Poniatowskis, des letzten polnischen Königs. Er ist zum zweiten Male verwitwet und gilt in Warschau trotz seines Alters als Lebemann. Aus seinen beiden Ehen sind auch Kinder hervorgegangen; sein ältester Enkel ist etwa sechs Jahre älter als Maria. Am 17. Juni 1804[3] findet die Trauung statt; fortan lebt Maria Walewska, wie sie nun heißt, auf Schloss Walewice, dem Besitz ihres Ehemanns. Beim Jahreswechsel 1804/05 befindet sich das Ehepaar auf Hochzeitsreise in Rom, wo die junge Frau unter anderem die Bekanntschaft Madame de Staëls macht. Am 13. Juni 1805 bringt Maria einen Sohn – Anton Basil Rudolf, ihr erstes und von Graf Walewski einziges Kind – zur Welt. Der Junge wird jedoch im Wesentlichen von der Verwandschaft ihres Mannes erzogen, sodass sich ein inniges Verhältnis zwischen Mutter und Sohn nicht entwickeln kann.

3 Nach anderen Quellen 1803; da das Paar jedoch die Hochzeitsreise 1804/05 antritt, ist 1804 als Eheschließungsjahr wahrscheinlicher.

Preußens Niederlage bei Jena und Auerstedt im Oktober 1806 macht Polen erneut zum Kriegsgebiet. Napoleon hat zwar das preußische Heer geschlagen, doch inzwischen sind starke russische Verbände in Ostpreußen und Polen aufmarschiert, um dem verbündeten Hohenzollernkönig Friedrich Wilhelm III. zu helfen. Was Napoleon hat vermeiden wollen, tritt nun ein: Der Krieg dehnt sich aus, vor allem muss der Kaiser einen Winterfeldzug führen.

Im November erscheinen auf Walewice die ersten Franzosen, die begeistert empfangen werden. Sie gehören zum III. Korps des Marschalls Davout, der sein Quartier im Hause der Walewskis nimmt. Auch Marias Bruder Benedikt, der 1796 an Bonapartes Italienfeldzug teilgenommen hat und inzwischen zum Hauptmann befördert worden ist, kehrt nach Polen zurück. In Warschau, wohin Anastasius mit seiner Frau zeitweilig übersiedelt, lernt Maria auf einem jener zahlreichen Bälle zu Ehren der „Befreier" auch Murat, Napoleons Schwager, und Talleyrand, den französischen Außenminister, kennen.

Die Euphorie der Polen erklärt sich aus der Erwartung einer baldigen Wiederherstellung ihres Staates durch den Kaiser der Franzosen. Ein neues Königreich Polen, so glaubt man, wäre für Frankreich ein wertvoller Verbündeter, schließlich grenzt das Land an Russland, Österreich und Preußen, die Hauptgegner Napoleons. Doch der Kaiser hat eigentlich nicht die Absicht, einen unabhängigen polnischen Staat zu schaffen: „Polen – was ist da schon zu machen? Sie (die Polen; Anm. d. Verf.) haben es zugelassen, dass man sie teilte ... Zunächst werde ich mir ihre Rekruten holen und Soldaten aus ihnen machen. Dann werden wir weitersehen. ... Was gehen mich ihre Träume an?" In Polen weiß man von dieser Einstellung natürlich nichts, und mit Begeisterung erwartet man deshalb die Ankunft des Kaisers, auf den man so große Hoffnungen setzt.

Nach einer eher romantisch gefärbten Version begegnen sich Napoleon und Maria Walewska zum ersten Mal bei der Poststation Bronie, unweit von Warschau, wo der Kaiser bei einem kurzen Halt von den anwesenden Polen stürmisch begrüßt wird, allen voran von der jungen Gräfin, in die er sich spontan verliebt haben soll und nach deren Identität er habe nachforschen lassen, um sie in Warschau wiederzusehen.

Tatsächlich begegnen sich beide wohl zum ersten Mal auf dem erwähnten Fest am 7. Januar 1807. Der Kaiser ist von der Polin gefesselt. Zehn Tage später sehen sie sich wieder, als Talleyrand in dem von ihm bewohnten Haus mit einem Ball den Karneval eröffnet. Napoleon tanzt fast den ganzen Abend mit Maria, ein für sie vermutlich eher zweifelhaftes Vergnügen, denn der Kaiser gilt allgemein als miserabler Tänzer. Das Interesse Napoleons an der Gräfin bleibt natürlich nicht unbemerkt, schon bald ist es das Gesprächsthema des Balls. Nur zwei französischen Offizieren, die ihr eifrig den Hof machen, entgeht die Situation, was die Eifersucht und den Zorn ihres Kriegsherrn weckt. „Bertrand und Périgord", schreibt Napoleon später auf St. Helena, „müssen an jenem Abend besonders begriffsstutzig gewesen sein. Sie hegten offenbar keinen Verdacht, dass ich mich mit Madame Walewska beschäftigte, und umschwärmten sie um die Wette. Mehrmals kamen sie mir in die Quere ..." Schließlich hat der Kaiser genug und überträgt beiden noch auf dem Ball überaus „wichtige" Aufträge: Der eine soll Meldungen an die Truppen in Ostpreußen überbringen, der andere sich sofort auf den Weg zur Festung Breslau machen, um einen Bericht über den Fortgang der Belagerung abzufassen.

Am nächsten Tag erhält Maria Besuch von Hofmarschall Duroc, einem der engsten Vertrauten Napoleons, der für seinen Herren des Öfteren delikate Aufträge zu erledigen hat. Er überbringt in dessen Namen einen Blumenstrauß sowie einen Brief. „Ich habe nur Sie gesehen", liest die Gräfin zu ihrer eigenen Überraschung, „ich habe nur Sie bewundert, ich begehre nur Sie. Eine rasche Antwort wird meine ungeduldige Glut stillen. Napoleon."

Maria, die sich ihrer Wirkung auf Napoleon an jenem Abend offenbar nicht bewusst geworden ist, lässt sowohl diesen Brief als auch alle folgenden unbeantwortet. Obwohl sie ihren Ehemann nicht liebt, ist aufgrund ihrer Erziehung und ihrer religiösen Einstellung das Ansinnen des Franzosenkaisers für sie indiskutabel. Anders sieht das ihre Umgebung: Die Verwandten und Bekannten drängen die junge Frau, Napoleons Wünschen nachzugeben, schließlich wolle man den Kaiser für Polen gewinnen – um jeden Preis. Maria weigert sich. Doch der Appell an ihr Nationalgefühl verhallt nicht ganz wirkungslos – ein Nationalgefühl, dessen sich bald auch der Kaiser in seinen Briefen bedient: „Ihr Vaterland wird mir teuer sein, wenn Sie Erbarmen mit meinem armen Herzen zeigen!" Nun wird der auf sie ausgeübte Druck immer stärker, sogar ihr sonst so eifersüchtiger Mann sowie ihr Bruder Benedikt drängen zum Nachgeben. Angeblich soll selbst Fürst Poniatowski – der Neffe des letzten polnischen Königs und spätere Marschall von Frankreich – sich an Maria gewandt haben mit der Bitte, im Interesse Polens die Mätresse des Kaisers zu werden. Schließlich gibt Maria nach.

Doch das erste private Treffen entspricht vermutlich nicht den Vorstellungen Napoleons. Sein Kammerdiener Constant berichtet: „Voller Erwartung ging der Kaiser hin und her und zeigte Aufregung und Ungeduld. Jeden Augenblick fragte er nach der Uhrzeit. Schließlich traf Madame Walewska ein (in Durocs Begleitung, der sie abgeholt hatte; Anm. d. Verf.), aber in welcher Verfassung! Blass, stumm und die Augen voller Tränen ... Sie konnte sich kaum aufrecht halten und stützte sich zitternd auf meinen Arm ..." Napoleon ist den ganzen Abend damit beschäftigt, Maria zu beruhigen. Er zeigt sich charmant und liebenswürdig, unterhält sich fast die ganze Nacht mit seinem Gast und schickt die junge Frau schließlich wieder nach Hause. Eine Diamantbrosche, die er ihr ungeschickterweise am nächsten Tag durch Duroc zukommen lässt, entfacht ihren Zorn, da Maria das Geschenk als eine Art Bezahlung für noch zu leistende Dienste betrachtet. Doch der Kaiser gibt nicht nach: „Marie, meine süße Marie! Mein erster Gedanke bist Du. Dich wiederzusehen ist mein einziger Wunsch. Nicht wahr, Du kommst wieder? Du versprichst es mir? Wenn nicht, dann fliegt der Adler zu Dir ..." Maria kommt wieder, und allmählich gewinnt Napoleon ihr Vertrauen und ihre Zuneigung.

Wann sie die Geliebte des Kaisers wird, ist – natürlich – nicht bekannt. Böse Zungen behaupten später, Napoleon habe eines abends die Geduld verloren und Maria vergewaltigt. Das ist jedoch sehr unwahrscheinlich; Marias inniges Verhältnis zu ihm – sie liebt Napoleon später aufrichtig – spricht eindeutig dagegen. Die Romanze der beiden wird Ende Januar 1807 durch den Fortgang des Krieges unterbrochen; der Kaiser muss sich den nahenden russischen Truppen stellen, doch in der Schlacht bei Preußisch-Eylau kann er keine Entscheidung herbeiführen, sodass der Kampf weitergeht. Im April folgt Maria ihm in sein Hauptquartier, das er im ostpreußischen Schloss Finckenstein aufgeschlagen hat. Ihre Ankunft und ihr Aufenthalt werden streng geheim gehalten – sie verlässt nicht einmal das Zimmer –, doch diese sechs Wochen gehören, wie es Maria später ausdrückt, zu den glücklichsten ihres Lebens. Napoleon widmet ihr jede freie Minute, und vermutlich verliebt sie sich in dieser Zeit in den Mann, vor dem sie sich noch im Januar so gefürchtet hat. Abermals beendet der Krieg die Zweisamkeit, Maria verlässt Finckenstein und kehrt zurück – allerdings in ihr Elternhaus, nicht mehr zu ihrem Mann.

Am 14. Juni 1807 besiegt Napoleon das russische Heer bei Friedland und beendet damit den Krieg. Doch im folgenden Friedensschluss von Tilsit werden die Hoffnungen der Polen enttäuscht: Die Wiederherstellung Polens wird nicht einmal erörtert. Lediglich die von Preußen annektierten Gebiete werden losgelöst und bilden mit 150 000 km^2 und 4,3 Millionen Einwohnern fortan das *Großherzogtum Warschau* – dessen Regent der König von Sachsen wird. Tatsächlich ist Napoleon jedoch trotz seines Sieges bei Friedland gar nicht in der Lage, die Restauration Polens beim Zaren durchzusetzen. Erstens würde Alexander vermutlich darauf nicht eingehen und möglicherweise den Krieg weiterführen, einen Krieg, der den Kaiser der Franzosen bereits hohe Verluste und einiges an Prestige gekostet hat. Zweitens strebt Napoleon ein Bündnis mit dem Zarenreich an, sodass der Tilsiter Friedensschluss für die Russen trotz ihrer verheerenden Niederlage äußerst milde ausfällt; die Wiederherstellung Polens passt daher nicht in das Konzept.

Der Krieg im Osten ist beendet, und Napoleon kehrt heim nach Frankreich. Im Februar 1808 folgt Maria seiner Einladung und reist nach Paris, wo Duroc im Auftrag des Kaisers für die Gräfin in der Rue de la Houssaye ein Haus erworben hat. Doch Maria bekommt Napoleon zu ihrer Enttäuschung kaum noch zu Gesicht, da dieser durch die spanischen Angelegenheiten (s. S. 94) zu sehr in Anspruch genommen ist. So kehrt sie bald darauf zurück nach Polen, um den Geliebten erst 16 Monate später wiederzusehen.

1809 erhebt sich Österreich gegen die französische Vorherrschaft und besetzt sowohl Bayern als auch das Herzogtum Warschau. Maria schließt sich Fürst Poniatowski an und flieht nach Thorn. Doch der Krieg dauert nicht lange, in Eilmärschen führt Napoleon seine *Grande Armée* von Spanien an die Donau, schlägt mehrfach den Erzherzog Karl und besetzt Wien. Nach der Schlacht von Wagram im Juli 1809 muss Kaiser Franz schließlich um Frieden bitten. Zu dieser Zeit erhält Maria eine Einladung ihres Geliebten nach Schönbrunn, wohin sie sich – in Begleitung von Verwandten ihres Mannes, da sie, um Anastasius nicht bloßzustellen, offiziell zu einer Badekur reist – begibt und wo sie mit dem Kaiser die nächsten zweieinhalb Monate verlebt. Anders als zwei Jahre zuvor in Finckenstein muss sich die Gräfin jedoch nicht verbergen, sondern nimmt öffentlich an Gesellschaften teil; die Liaison des Kaisers mit der Polin ist längst bekannt, auch in Malmaison, von wo aus Joséphine eifersüchtig die Entwicklung beobachtet. Im September erfährt Maria, dass sie ein Kind erwartet.

Diese Schwangerschaft hat ungeahnte Folgen. Napoleons Freudenausbruch, als er die Nachricht erfährt, ist zwar ernst gemeint, hat jedoch einen anderen Hintergrund: Da seine dreizehnjährige Ehe mit Joséphine kinderlos geblieben ist, er aber einen Thronfolger braucht, hat der Kaiser schon des Öfteren eine Trennung von seiner Frau erwogen, den Gedanken aber immer wieder verworfen, da immerhin die Möglichkeit bestanden hat, dass nicht sie, sondern er unfruchtbar ist.[4] Nun ist der Beweis erbracht, und Napoleon beschließt die Schei-

[4] Der Vaterschaft des am 15. Dezember 1806 geborenen Léon Dénuelle steht Napoleon eher skeptisch gegenüber, da die Mutter – Eléonore Dénuelle de la Pleigne, eine Hofdame – zum Zeitpunkt ihres Verhältnisses intimen Kontakt zu verschiedenen Männern unterhalten hat, darunter auch zu Murat.

dung von Joséphine, die im Dezember erfolgt. Doch Marias vermutlich gehegte Hoffnung, deren Stelle einzunehmen, wird enttäuscht. Napoleon ersucht schriftlich ihren Mann Anastasius um dessen offizielle Anerkennung des Kindes als sein eigenes und macht sich selbst auf die Suche nach einer Braut aus einer der europäischen Dynastien. Nachdem ihm Zar Alexander bezüglich seiner jüngeren Schwester mehr oder weniger eine Absage erteilt hat, heiratet der Kaiser am 2. April 1810 Marie Louise von Österreich. Maria Walewska, zu diesem Zeitpunkt in Polen, erfährt von der Trauung aus der Zeitung. Als sie schließlich am 4. Mai 1810 einem Sohn – Alexander Florian Josef – das Leben schenkt, befindet sich Napoleon mit seiner neuen Frau auf Hochzeitsreise in Belgien, von wo aus er der Mutter seines Kindes zur Geburt Brüsseler Spitzen sendet. Die Anerkennung des Kindes überlässt er Marias Ehemann, dem alten Grafen Walewski, dessen Namen es künftig trägt, doch er sorgt für Alexanders finanzielle und gesellschaftliche Absicherung.

Maria hofft dennoch auf eine Fortsetzung des Verhältnisses und tröstet sich mit dem Gedanken, dass Napoleon aus rein politischen Interessen die Habsburgerin geheiratet habe. So glaubt sie sich bestätigt, als sie der Kaiser im September 1810 nach Paris einlädt, wo sie zwei Monate später auch mit ihren beiden Söhnen eintrifft. Doch sie wird abermals enttäuscht: Zwar schenkt ihr Napoleon ein Landhaus nahe St. Cloud und zahlt ihr eine Monatspension von 10.000 Francs, doch betrachtet er seine Beziehung zu der Gräfin fortan als eine rein platonische, da er seine Ehe mit Marie Louise, die selbst ein Kind erwartet, nicht gefährden will. Die Liebesgeschichte findet damit ein Ende.

In den folgenden eineinhalb Jahren lebt Maria in Frankreich. Sie nimmt an Gesellschaften teil und schließt Freundschaften mit hochgestellten Persönlichkeiten, so mit Napoleons Schwester Pauline, seiner Adoptivtochter Hortense sowie der Herzogin von Montebello, der Witwe des 1809 bei Aspern gefallenen Marschalls Lannes und Hofdame der Kaiserin. Über die Herzogin wird Maria sogar bei Hofe eingeführt. Schließlich suchen auch hochrangige Politiker und Militärs – darunter

Marschall Davout, den sie noch von dessen Einquartierung in Walewice her kennt – den Kontakt zu der Polin, die als angenehme und geistreiche Gesellschafterin gilt. Einer der prominentesten polnischen Gäste ist Thaddäus Kosciuszko, jener General, der 1794/95 Polens Unabhängigkeit verteidigt hat und unter dessen Kommando Marias Vater den Tod fand.

Am 5. Mai 1812 trifft Napoleon, der sich zum Krieg gegen Russland rüstet, eine Neuregelung der Einkommensfrage seiner ehemaligen Geliebten und ihres gemeinsamen Sohnes. Er erhebt den kleinen Alexander in den Grafenstand und schenkt ihm Güter in Italien und im Königreich Neapel – insgesamt 69 Bauernhöfe mit einem Jahreseinkommen von 170.000 Francs. Die Verfügungsgewalt hat bis zu seiner Volljährigkeit die Mutter, der Alexander anschließend eine jährliche Apanage von 50.000 Francs zu zahlen hat. 1814, kurz vor dem Zusammenbruch des Kaiserreichs, erhält der Knabe weitere finanzielle Zuwendungen zugesprochen, als Ersatz für den von Napoleon erwarteten Verlust seiner neapolitanischen Güter nach dem Abfall Neapels.[5]

Ende Juni 1812 verlässt Maria Frankreich und kehrt mit ihren Kindern nach Polen zurück. Dort reicht sie die Scheidung von Anastasius ein – eine Möglichkeit, die es im katholischen Polen erst seit der Einführung des *Code Napoléon* gibt. Am 24. August wird die Ehe geschieden; Anastasius stirbt zwei Jahre später. Doch spielt für ihre Reise noch ein anderer Grund eine Rolle: Maria will in der Nähe des Kaisers sein, der sich anschickt, mit über einer halben Million Mann – zu denen auch ihr Bruder Benedikt gehört – den Njemen zu überschreiten und Russland anzugreifen. Vermutlich hofft sie, an die Zeit in Finckenstein wieder anknüpfen zu können und wartet auf eine Einladung in das kaiserliche Hauptquartier – vergeblich.

Die Katastrophe der *Grande Armée* in Russland bedeutet

[5] Napoleon behält mit seiner Befürchtung recht: Zunächst konfisziert sein Schwager Murat, der König von Neapel, die Besitzungen des jungen Walewski, die er aber auf Drängen Maria Walewskas wieder herausgibt; nach seinem Sturz 1815 beschlagnahmen die zurückgekehrten Bourbonen jedoch endgültig die von Napoleon verschenkten Güter.

das Ende des polnischen Traumes. Russische Armeen dringen bis zur Elbe vor, Preußen erklärt Frankreich den Krieg, und endlich schließt sich im Sommer 1813 auch Österreich der Koalition an. Maria flieht aus Polen zurück nach Frankreich, nicht ohne jedoch dem Fürsten Poniatowski die stattliche Summe von über 15.000 Francs für den Neuaufbau der polnischen Armee zu übergeben.[6] In Paris schließt sie neue Freundschaften, unter anderem mit der Ex-Kaiserin Joséphine, die sie nach Malmaison einlädt, und dem Grafen Ornano, einem Stabsoffizier Napoleons, der sich in die Gräfin verliebt und um sie wirbt.

Ende März 1814 kapituliert Paris vor den Alliierten. Napoleon, der die Reste seiner Armee in Eilmärschen nach Fontainebleau geführt hat, muss erkennen, dass der Krieg verloren ist, zumal seine Marschälle die Fortsetzung des Kampfes verweigern und ihn zum Thronverzicht zwingen. In dieser Situation begibt sich Maria in das kaiserliche Hauptquartier, um ihm in der schweren Zeit beizustehen. Doch sie wird nicht empfangen und reist nach mehrstündigem Warten enttäuscht wieder ab. Sie weiß nicht, dass der Kaiser in der Nacht zuvor einen Selbstmordversuch unternommen hat, der nur deshalb scheitert, weil das Gift, das er sich während des russischen Feldzuges hat geben lassen, um einer möglichen Gefangennahme durch die Kosaken zu entgehen, zu alt gewesen ist. Als die Gräfin in Fontainebleau eintrifft, ist er ohne Besinnung, was man ihr jedoch verschweigt, da auf Anraten des Ministers Caulaincourt, eines der engsten Vertrauten Napoleons, die Angelegenheit vertuscht werden soll.

Im Sommer reist Maria in Begleitung ihres Bruders Theodor und ihres Sohnes Alexander nach Italien. Sie hat dort finanzielle Angelegenheiten zu regeln, denn Murat, der König von Neapel, Schwager Napoleons und Marschall von Frankreich, hat nach seinem Abfall von der Seite des Kaisers Anfang 1814

[6] Das Geld wird dem Fürsten als Darlehen gegeben. Maria selbst hat es nie zurückerhalten, erst ihren Nachkommen wird es Jahre später erstattet. Bekanntlich ist das Opfer der Gräfin aber umsonst: Bei Leipzig werden die polnischen Kontingente beinahe aufgerieben, Fürst Poniatowski selbst ertrinkt beim Rückzug schwer verwundet in der Elster.

die ihr noch von Napoleon übertragenen Güter konfisziert. Sie wird am Hofe Murats und Carolines gut aufgenommen und erhält nach längeren Verhandlungen ihr Eigentum zurück.

Doch die Reise hat auch einen anderen Grund: Von Italien aus kann Maria leichter den Kontakt mit dem verbannten Kaiser auf Elba halten als von Frankreich, wo der Briefverkehr zu Napoleon überwacht wird. Im September 1814 folgt sie seiner Einladung und reist mit ihrem Sohn Alexander auf die Insel. *Papa Empereur,* wie der Junge seinen Vater nennt, ist entzückt von dem Kind, das ihn jedoch umso schmerzlicher die Abwesenheit seines legitimen Sohnes spüren lässt. Marias Hoffnung, möglicherweise das Exil mit dem Geliebten teilen zu können, wird von Napoleon zunichte gemacht. Als sich nach wenigen Tagen bei der Bevölkerung die Ankunft der polnischen Gräfin herumspricht – man hält die Polin zunächst für die Kaiserin Marie Louise –, schickt er sie eiligst wieder zurück, da er noch immer auf die Rückkehr seiner Gemahlin und seines Sohnes hofft und sich nicht kompromittieren will. Enttäuscht, ja gedemütigt reist Maria ab, nicht ohne ihm jedoch ihren Schmuck zur Sicherung seiner angespannten Finanzlage anzubieten, welchen aber der Kaiser nicht annimmt.

Acht Monate später sehen sie sich wieder. Napoleon ist von Elba geflohen und hat erneut die Macht in Frankreich übernommen. Am 11. Juni 1815 empfängt er die Freundin in den Tuilerien, kurz vor seinem Aufbruch zur Armee. Am 21. Juni ist er zurück, ein geschlagener und gebrochener Mann. In diesen Tagen halten nur noch wenige Menschen zu ihm; zu ihnen gehört Maria, die sich anbietet, ihn in das neuerliche Exil zu begleiten. Napoleon lehnt ab. Am 28. Juni 1815 begegnen sich beide in Malmaison zum letzten Mal. Auch Alexander sieht seinen leiblichen Vater nie wieder.

Ein Jahr später, am 7. September 1816, gibt Maria Walewska dem Drängen ihres langjährigen Verehrers nach und heiratet Philippe Antoine Graf Ornano, nachdem sie mit ihren Söhnen längere Zeit zurückgezogen in Paris gelebt hat. Die Trauung findet in Brüssel statt, wohin Graf Ornano wegen einiger pronapoleonischer Äußerungen hat fliehen müssen. Gegen Jahresende reist Maria noch einmal nach Polen. Dort will sie ihren alten Arzt aufsuchen, der sie schon von ihren ersten beiden Söhne entbunden hat, denn Maria ist schwanger. Dieser aber diagnostiziert ein schweres Nierenleiden und warnt vor der Geburt. Am 9. Juni 1817 bringt sie dennoch ihren dritten Sohn zur Welt, der auf den Namen Rodolphe Auguste getauft wird. Doch Marias Gesundheitszustand verschlechtert sich rapide. Die letzten Monate ihres Lebens nutzt sie, um ihrem ältesten Sohn die Erinnerungen ihres bewegten, aber auch enttäuschungsreichen Lebens zu diktieren. Auf ihren Wunsch siedelt die Familie im November nach Paris über, wo sie ihre letzten Tage verbringen möchte. Am 11. Dezember 1817 stirbt Maria Walewska, Gräfin Ornano, im Alter von 31 Jahren.

Napoleons Sohn Alexander steht als einzigem seiner Kinder eine glänzende Karriere bevor. Als junger Mann schließt er sich zunächst verschiedenen polnischen Geheimbünden an, die von der Freiheit ihres Landes träumen und die russische Besatzungsmacht bekämpfen. Doch der Mythos seines berühmten Vaters, der ihm bei den Polen – die Napoleon noch immer verehren – großes Ansehen verschafft, macht ihn bei den Russen gleichsam verdächtig. So versucht Großfürst Konstantin, den Sohn des großen Korsen zunächst zu bestechen und bietet ihm einen hohen Posten in der Armee des Zaren an. Als sich Alexander weigert, wird er kurzerhand unter Bewachung gestellt und ihm die Ausreise aus Polen verboten.

Das hindert ihn jedoch nicht, heimlich nach London und Paris zu reisen, um dort Hilfe für den geplanten Aufstand zu erwirken. Aber seine Mission scheitert, und so kehrt Alexander 1830 nach dem Ausbruch der ersten Kämpfe nach Warschau zurück. Auf der Reise durch Preußen wird er verhaftet und zunächst in der Festung Glogau eingesperrt, um den russischen Behörden ausgeliefert zu werden. Auf dem Transport kann er entkommen und sich nach abenteuerlicher Flucht zu den Aufständischen durchschlagen. Als Adjutant des polnischen Oberbefehlshabers Fürst Radziwill nimmt Walewski an der Schlacht von Grochow teil, wo er sich persönlich auszeichnet.

1831 ist Alexander Walewski wieder in London. Nach der

Niederlage der Polen bei Grochow gegen die Truppen des General Diebitsch[7] soll er erneut für sein Land um Hilfe werben. Doch Alexander bleibt abermals erfolglos: Trotz vorherrschender Begeisterung der Engländer für den polnischen Freiheitskampf will die Regierung in London keinen Konflikt mit Russland riskieren. Vor allem aber kommt Walewskis Mission zu spät, denn noch während er mit verschiedenen Staatsmännern Europas – darunter auch mit Talleyrand, dem französischen Außenminister und Gegenspieler seines Vaters Napoleon – verhandelt, erhält er die Nachricht vom endgültigen Sieg der Russen und dem sich anschließenden Strafgericht Zar Nikolaus' I.

Alexander Walewski bleibt zunächst in England, wo er um 1831 Catherine-Caroline Montagne, die Tochter des Lord Sandwich, heiratet. Nach dem Tod seiner Frau – sie stirbt schon zwei Jahre nach der Hochzeit im Kindbett – strebt der Sohn Napoleons eine Karriere in der französischen Armee an und tritt als Offizier in die Fremdenlegion ein. Zusammen mit anderen Exil-Polen dient er in Algier, doch das für ihn unverträgliche Klima beendet rasch seinen Traum von Ruhm und Ehre. 1837 nimmt er im Range eines Husarenrittmeisters seinen Abschied.

In Paris versucht er sich als Publizist und Zeitungsverleger. Doch in beiden Fällen bleibt ihm auch hier der Erfolg versagt: Seine Gedichte finden wenig Anklang, seine Theaterstücke – *L'École du Monde* und *Les Dandys* – ernten katastrophale Kritiken, der *Messager des Chambres* schließlich, Walewskis eigene Zeitung, erweist sich bald als Verlustgeschäft. Zum Vorteil aber gereichen Alexander die Kontakte, die er hat knüpfen können und die seine spätere politische Karriere begünstigen. Insbesondere die Freundschaft mit dem Historiker und Politiker Adolphe Thiers (1797–1877) ist für ihn von besonderer Bedeutung.

[7] Johann Graf Diebitsch (1785–1831), gebürtiger Preuße, seit 1801 in russischen Diensten. Im März 1813 erlangt er historische Bedeutung, als er mit dem General Hans David von Yorck, dem Kommandeur des preußischen Hilfskorps in Napoleons Russlandarmee, die *Konvention von Tauroggen* schließt und damit Preußens Abfall von Frankreich einleitet.

1840 wird Thiers zum zweiten Mal Ministerpräsident. Unter den Bonapartisten hat er sich einen Namen gemacht durch seine zwanzigbändige *Geschichte des Konsulats und des Kaiserreichs,* in der er den wieder erwachten Napoleonkult fördert und den Ex-Kaiser glorifiziert. Dessen illegitimen Sohn Walewski unterstützt er zunächst dadurch, dass er ihm die bankrotte Zeitung *Messager des Chambres* abkauft und ihn schließlich in den diplomatischen Dienst aufnimmt. Dafür prädestinierten Alexander nicht nur seine Herkunft, sondern auch sein Charme und seine Umgangsformen, die seine Umgebung immer wieder bezaubern.

Seine erste Mission führt den Polen nach Ägypten, wo er Verhandlungen mit Mehmet Ali Pascha führen soll, dem *Napoleon der Mohammedaner,* wie man ihn nennt. Der gebürtige Albaner und ehemalige Oberst in der türkischen Armee, der sich in Ägypten eine eigene Machtbasis geschaffen hat, bringt Europa durch seine Eroberungspolitik im Orient an den Rand eines Krieges. Während Russland, England, Österreich und Preußen um den Bestand des Osmanischen Reiches fürchten – das zu unterwerfen Ali Paschas erklärtes Ziel ist –, unterstützt Frankreich zunächst den Siegeszug Mehmets. Um aber einen allgemeinen Konflikt zu vermeiden, soll der französische Gesandte Ali Pascha zu einer gemäßigteren Politik drängen. Walewski vermittelt erfolgreich zwischen Paris und Kairo, doch der Sturz seines Mäzen Thiers – dessen Konfrontationskurs mit den europäischen Mächten König Louis Philippe zu seiner Entlassung zwingt – hat auch Auswirkungen auf seine eigene Laufbahn; er wird 1841 aus Ägypten abberufen und bleibt mehrere Jahre lang ohne Beschäftigung. Erst 1847 erhält er einen neuen diplomatischen Auftrag, diesmal in Buenos Aires.

Die Revolution von 1848 verändert Alexanders Leben. Frankreich wird Republik unter der Präsidentschaft Louis Napoleon Bonapartes, des Neffen des Ex-Kaisers und Cousins Walewskis. Obwohl selbst kein Anhänger des Bonapartismus, hat Alexander schon früh Kontakt gehalten zu Louis Napoleon und dessen Mutter Hortense, die er kurz vor ihrem Tod 1837 auf deren Schloss Arenenberg in der Schweiz besucht hat. Allerdings sind es eher die verwandtschaftlichen Beziehungen, die Alexander pflegt und nicht die Erinnerung an Napoleon, von dem er sich zeitlebens distanziert.[8] Nicht der Kaiser, sondern der alte Walewski, dessen Namen er trägt und den er selbst nicht mehr kennen gelernt hat, gilt ihm als rechtmäßiger Vater. Als auf einem Ball einmal eine Dame Alexanders Ähnlichkeit mit seinem Vater – gemeint ist Napoleon – rühmt, erwidert er kühl: „Ich wusste nicht, dass Graf Walewski die Ehre hatte, sie zu kennen!" Doch die Ähnlichkeit mit Napoleon Bonaparte ist zu groß, als dass Alexander seine Abstammung leugnen könnte. Ein Zeitgenosse schreibt: „Alexander Walewski ist von kleiner, etwas korpulenter Gestalt und ähnelt sehr dem Kaiser Napoleon. Er hat dieselben grauen Augen mit dem durchdringenden Blick und dasselbe aufgeschwemmte, fahle und blasse Gesicht."

Politisch hat sich Walewski stets vom Bonapartismus fern gehalten und sich als treuer Untertan des Bürgerkönigs Louis Philippe verstanden. Bedingt durch seine Kaltstellung nach Thiers Entlassung und dem Sturz der Monarchie 1848 sieht er aber nun seine einzige Zukunftsperspektive an der Seite des Cousins. Noch im Revolutionsjahr kandidiert Walewski für Louis Napoleon als Parlamentskandidat im Departement Seine; seine Wahl verdankt er zum einen seiner Abstammung, zum anderen aber auch dem eigenen politischen Geschick. Dessen ist sich auch Louis Napoleon bewusst, der Alexander in den folgenden Jahren wiederholt als Gesandten in Florenz, Neapel und London einsetzt.

Von besonderer Bedeutung für Frankreich sind Alexanders Kontakte zu Lord Henri Palmerston, dem Außenminister und einem der wichtigstem Politiker Englands seiner Zeit. Walewski kennt Palmerston schon von früheren Aufenthalten in London her und beide verbindet eine enge Freundschaft. Als am 2. Dezember 1851 Louis Napoleon durch einen Staatsstreich die Republik stürzt und sich auf dem Tag genau ein Jahr später zum Kaiser krönt, ist es sein Cousin in London, der

[8] Daneben pflegt er auch Kontakte zu seinem in permanenten Geldnöten sich befindenden Halbbruder Léon Denuelle, den Alexander finanziell unterstützt.

vom Außenminister die Anerkennung des neuen französischen Staatsoberhauptes Napoleon III. erwirkt. Das führt zwar zum Sturz Palmerstons, der ohne parlamentarische Legitimation gehandelt hat, doch die Anerkennung Englands bleibt bestehen, ihr folgt bald auch die der übrigen europäischen Staaten.

Aber Napoleon III. möchte mehr als nur die Tolerierung durch die Großmächte: Der Kaiser träumt von einem Ausbrechen aus der Isolation, in der sich Frankreich seit 1815 – bedingt durch die Kriege Napoleons I. und die revolutionären Unruhen der folgenden Jahre – befindet, und der Wiederaufnahme der Großmachtpolitik seines berühmten Onkels. Das erste Ziel erreicht er mit Hilfe seines polnischen Cousins, der am 10. April 1854 eine Allianz zwischen England und Frankreich gegen Russland vermittelt. Der Hintergrund dieses Bündnisses ist die Bedrohung des Osmanischen Reiches durch den Zaren. In dem daraus resultierenden Krimkrieg (1853/54 – 1856) kann Frankreich seine alte Stellung als gleichberechtigte Großmacht Europas zurückgewinnen und zugleich das unter anderem gegen Frankreich gerichtete Bündnis der drei schwarzen Adler, die so genannte *Heilige Allianz* zwischen Russland, Preußen und Österreich sprengen.

1856 avanciert Alexander Walewski zum Außenminister des Zweiten Kaiserreiches und erreicht damit den Höhepunkt seiner politischen Karriere. Als solcher führt er den Vorsitz auf dem Pariser Kongress, wo der Frieden zwischen den Krieg führenden Parteien ausgehandelt wird. Walewski beweist großes diplomatisches Geschick vor allem dadurch, dass er eine Demütigung des unterlegenen Zarenreiches zu vermeiden sucht, um eventuelle Revanchegedanken von vornherein abzuwenden. „Ich kämpfe für einen Frieden, der von Dauer sein wird“, erklärt er selbst einem Anwesenden, „weil er für alle Beteiligten ehrenvoll ist.“

Hat er Napoleon III. wirkungsvoll darin unterstützt, die europäische Anerkennung zu erlangen, so wendet sich Alexander nun entschieden gegen die daraus resultierende Großmachtpolitik des Kaisers. Doch er kann sich nicht durchsetzen und tritt 1861 nach anhaltenden Konflikten als

Außenminister zurück. Dennoch bekleidet er weiterhin hohe Posten: Napoleon III. ernennt ihn zum Staatsminister sowie zu seinem Vertreter im Staatsrat, zum Minister der schönen Künste, zum Senator und schließlich zum Präsidenten des *Corps législatif*, d.h. der Gesetzgebenden Körperschaft. Als Anerkennung für seine Verdienste erhält Alexander ferner neben dem Herzogtitel auch das Kreuz der Ehrenlegion sowie als kaiserliches Geschenk das Schloss Etiolles, wo er seinen Lebensabend mit seiner zweiten Ehefrau verbringt.

Frauen haben in Alexander Walewskis Leben immer eine große Rolle gespielt. Nach dem Tod seiner ersten Ehefrau hat er zahlreiche Verhältnisse, aus denen wenigstens ein Sohn – Alexander Antoine – hervorgeht, den Alexander nach dem frühen Tod der Mutter legitimiert. In späteren Jahren heiratet er die italienische Gräfin Ricci, eine Verwandte des polnischen Marschalls Poniatowski, zu deren Vorfahren angeblich auch Machiavelli und Dante gehören. Die Ehe verläuft jedoch nicht glücklich, denn Walewski muss seine Frau mit anderen Männern teilen, zu denen auch der Kaiser zählt.

1868 reist Alexander noch einmal in einer diplomatischen Mission nach Deutschland. Eindringlich warnt er von dort Napoleon III. vor einem Konflikt mit Preußen und den deutschen Staaten, auf den die Politik Frankreichs hinzuführen droht. Doch an dem vom Kaiser eingeschlagenen Weg kann er nichts mehr ändern: Am 27. September 1868 erliegt er in Straßburg auf der Rückreise im Alter von 57 Jahren einem Schlaganfall.

DIE GEGNERINNEN

Königin Luise (1776–1810)
Ein Opfergang für Preußen

Von den gekrönten Häuptern der napoleonischen Zeit erlangte später kaum jemand eine solche an Verklärung grenzende Popularität wie die Preußenkönigin Luise. Ihre Tugend, ihr Mut, das im Krieg erfahrene Leid und schließlich ihr früher Tod ließen einen Mythos entstehen, der in den ehemals preußischen Gebieten bis in die heutige Zeit nachwirkt. Seiner verstorbenen Frau zu Ehren stiftete Friedrich Wilhelm III. am 10. März 1813, dem Geburtstag der Königin, das *Eiserne Kreuz*, Preußen-Deutschlands berühmteste Auszeichnung, die bis 1945 verliehen wurde. In den Städten benannte man im 19. Jahrhundert Straßen ebenso nach ihr wie karitative Einrichtungen oder Frauenvereine. In Berlin entstand das *Luisenviertel*. Auch in den beiden Weltkriegen bediente man sich ihres Andenkens, freilich zu propagandistischen Zwecken.

Luise wurde zum Sinnbild des preußischen Widerstandes gegen Napoleon, was insofern erstaunlich ist, als Frauen im Militärstaat der Hohenzollern eine untergeordnete und gänzlich unpolitische Rolle spielten. Gerade die Armee, traditionell mit dem „Weiberfeind" Friedrich II. verbunden, war es aber, die ihr diesen Nimbus verlieh; so zogen 1809 Schills Freikorpsscharen, 1813 Blüchers Soldaten mit ihrem Namen auf den Lippen in den Kampf gegen die Franzosen.

Napoleon selbst ist der Königin nur ein einziges Mal begegnet. Es war jenes Treffen in Tilsit, das Luise unsterblich werden ließ und ihren Mythos begründete. Zum ersten und letzten Mal in seinem Leben verhandelte er über politische Angelegenheiten mit einer Frau, die sich, wie der Kaiser selbst zugeben musste, als würdige und zähe Verhandlungsführerin entpuppte. Noch auf St. Helena erinnerte er sich mit Hochachtung an Preußens mutige Königin.

Luise Auguste Wilhelmine Amalie wird am 10. März 1776 in Hannover geboren. Sie ist die vierte Tochter – und das sechste Kind – des Prinzen Karl Ludwig von Mecklenburg-Strelitz und der Prinzessin Friederike von Hessen-Darmstadt, die im Jahre 1782 bei der Geburt eines weiteren Kindes zusammen mit diesem stirbt. Prinz Karl, Generalmajor, später Feldmarschall in der englisch-hannoveranischen Armee und Gouverneur Hannovers, heiratet daraufhin die Schwester seiner verstorbenen Frau, Prinzessin Charlotte, die jedoch 1785 das Schicksal Friederikes teilt; nur das Kind – Luises Stiefbruder Karl – überlebt.

Die Kinder wachsen nach dem Tod der Stiefmutter in Darmstadt bei Prinz Karls Schwiegermutter, der Prinzessin Luise – im Volksmund als *Prinzessin George*[1] bekannt – auf. Luises Jugend ist unter anderem geprägt durch permanente Geldknappheit, hervorgerufen durch den Austritt ihres Vaters aus den englisch-hannoveranischen Diensten und seine sich anschließenden, höchst kostspieligen Kuraufenthalte.

1792 wohnt Luise zusammen mit ihrer Schwester Friederike in Frankfurt am Main der Kaiserkrönung Franz' II. bei; die Geldnot des Vaters erlaubt allerdings nur die Teilnahme an einem der vielen Bälle. Dass er überhaupt die Mittel dafür aufbringt, hat einen eher praktischen Zweck: Beide Mädchen befinden sich in einem für damalige Verhältnisse heiratsfähigen Alter – Luise ist 16, Friederike 14 Jahre alt –, und die Gelegenheit erscheint günstig, die Töchter[2] in die Gesellschaft einzuführen. Und tatsächlich: Die überaus hübschen Prinzessinnen von Mecklenburg-Strelitz sind schon sehr bald ein Begriff. Luise kommt sogar die Ehre zu, das Fest mit einem Walzer, ihrem Lieblingstanz, zu eröffnen; ihr junger Tanzpartner ist Clemens Lothar von Metternich (1773–1859), der einmal als österreichischer Staatskanzler eine entscheidende Rolle in der Geschichte Europas spielen wird.

[1] So benannt nach ihrem 1782 verstorbenen Ehemann, dem Prinzen Georg Wilhelm von Hessen-Darmstadt.

[2] Luises ältere Schwestern sind zu diesem Zeitpunkt bereits verheiratet, Charlotte mit dem Herzog Friedrich von Sachsen-Hildburghausen, Therese mit dem Erbprinzen Karl Alexander von Thurn und Taxis.

Noch im Oktober des gleichen Jahres muss die Familie aus Darmstadt fliehen, als französische Revolutionstruppen infolge des im April ausgebrochenen Krieges mit Österreich und Preußen auf Frankfurt vorstoßen. Man begibt sich zu Luises ältester Schwester Charlotte nach Hildburghausen, wo Prinzessin *George* mit ihren Schützlingen bis März 1793 bleibt.

Inzwischen haben preußische Truppen Frankfurt zurückerobert, wo König Friedrich Wilhelm II. von Preußen (1744–1797) sein Hauptquartier aufschlägt. In seinem Gefolge befinden sich auch seine beiden Söhne, Kronprinz Friedrich Wilhelm (1770–1840) und Prinz Louis, die auf Brautschau sind. Die Erzählungen über die schönen Töchter des Prinzen von Mecklenburg-Strelitz erwecken schon bald die Neugier des Königs, der als Schürzenjäger und Frauenheld bekannt ist. Im März 1793 macht Prinzessin *George* daher bei der Rückreise der Familie nach Darmstadt in Frankfurt Zwischenstation, wo ein „zufälliges" Treffen im Theater mit dem preußischen Monarchen stattfindet. „Wie ich die beiden Engel zum ersten Mal sah", schreibt Friedrich Wilhelm II. kurz darauf, „es war am Eingang der Komödie, so war ich so frappiert von ihrer Schönheit, dass ich ganz außer mir war, als die Großmutter sie mir präsentierte. Ich wünschte sehr, dass sie meine Söhne sehen möchten und sich in diese verlieben." Sein Wunsch geht in Erfüllung: Nach anfänglichem Schwanken entscheidet sich der Kronprinz, dem als Älterem die erste Wahl zusteht, für Luise, der er schon bald seinen Heiratsantrag vorträgt – „nach vielem Stottern und unzusammenhängenden Phrasen … ohne viel Umstände …", wie er selbst später berichtet. Und weiter: „Mit jungfräulicher Bescheidenheit, aber herzlichem Ausdruck willigte sie ein, ich frug, ob ich dürfte, und ein Kuss besiegelte diesen feierlichen Augenblick." Am 10. April findet in Darmstadt die Verlobung statt, der am 24. Dezember 1793 in Berlin die Hochzeit folgt.

Luises Ehe mit dem nüchternen, etwas steifen und unbeholfenen Friedrich Wilhelm verläuft trotz der unterschiedlichen Charaktere glücklich und wird bald zum Vorbild vor allem des sich emanzipierenden Bürgertums, das den lockeren Sitten am Hof Friedrich Wilhelms II. ablehnend gegenübersteht. Bemerkenswert ist das vertraute Verhältnis der beiden Eheleute zueinander, eine für die Zeit eher untypische Erscheinung: Abgesehen davon, dass Luise ihrem Ehemann nach der Hochzeitsnacht das „Du" anbietet – was am Hofe kopfschüttelnd registriert wird –, teilen beide ihre Sorgen und Nöte miteinander. Auch scheut sich Friedrich Wilhelm nicht, selbst später als König den Rat seiner Frau einzuholen, ohne ihr allerdings eine Mitwirkung in der Politik einzuräumen.

Auch bei der Bevölkerung erfreut sich Luise dank ihres liebevollen und unbeschwerten Wesens bis zu ihrem Tod – und weit darüber hinaus – großer Beliebtheit, was schließlich in der Verklärung ihrer Person gipfelt und zu zahlreichen Legenden führt. Eine davon, die den Charakter Luises vielleicht am besten darstellt, beschreibt ihre Ankunft in Berlin: Als am 22. Dezember 1793 das Brautpaar durch eine Ehrenpforte Unter den Linden einfährt, wird es – neben einer jubelnden Menschenmenge – von einer Deputation Berliner Bürger begrüßt. Zu dem Zeremoniell gehört auch die Übergabe einer Myrthenkrone durch eine Schar junger Mädchen. Luise, durch die Geste gerührt, umarmt und küsst eines der Mädchen, was die Menge jubeln, Frau von Voß – ihre neu ernannte Oberhofmeisterin – dagegen erbleichen lässt. „Mein Gott, was haben Ew. königliche Hoheit gemacht, das ist ja gegen allen Anstand und Sitte!", soll die alte Dame ausgerufen haben. Luises kindlich-naive, zugleich verwunderte Antwort jedoch erobert – so will es die Anekdote – alle Herzen im Sturm: „Wie, darf ich das denn nicht mehr tun?"

Bei der Entstehung des Mythos um die Königin spielt vermutlich auch ihre äußere Erscheinung eine nicht unwesentliche Rolle. Luise wird bis zu ihrem Tode als eine sehr schöne Frau beschrieben, mit großen, blauen Augen, blonden Locken sowie feinen, regelmäßigen Gesichtszügen. Die schon erwähnte Sophie von Voß schildert sie im Jahre 1793: „Die Kronprinzessin hatte einen wunderschönen Wuchs, ihre Erscheinung war zugleich lieblich, jeder, der sie sah, fühlte sich unwiderstehlich angezogen und gefesselt." Joachim von Arnim, der als Heranwachsender die Trauung beobachtet, schreibt später vom „Glanze ihrer Schönheit", während Prinzessin Luise Friederike von Preußen beteuert: „Niemals sah ich vorher und auch niemals nachher ein so entzückendes Wesen wie die Kronprinzessin, von regelmäßiger und edler Schönheit, verband sie mit dem reizenden Antlitz einen Ausdruck von Sanftmut und Bescheidenheit, der ihr alle Herzen gewann .... Friederike erschien sicherer und gewandter im Auftreten ... aber die Ältere, schön in ihrer einfachen Schönheit, hatte eine schüchterne Miene, die ihren Reiz noch erhöht." Für den alten Blücher schließlich wird die Königin zum „Vorbild aller Weiber".

Luise bringt insgesamt zehn Kinder zur Welt; drei davon sterben früh, drei andere gehen als Monarchen in die Geschichte ein: Friedrich Wilhelm IV. (1795–1861), Wilhelm I. (1797–1888), der erste Deutsche Kaiser, sowie Charlotte (1798–1860), die spätere Zarin Alexandra Feodorowna von Russland.

Als 1797 der König stirbt, folgt ihm Luises Ehemann als Friedrich Wilhelm III. auf den Thron. Doch das Familienidyll des Paares wird dadurch nicht gestört, man vergnügt sich auf Gesellschaften, genießt die Ausflüge nach Paretz, wo man sich auf dem schönen Landsitz als *Schulze und Gnädige Frau von Paretz* „inkognito" unter das Landvolk mischt, und erfreut sich der friedlichen Zeit, die Preußens Neutralitätspolitik seit 1795 ermöglicht.

Das politisch bedeutsamste Ereignis jener Jahre ist 1802 das Zusammentreffen mit dem Zaren Alexander (1777–1825). In Memel begegnen sich die Herrscher, die sofort Gefallen aneinander finden und eine enge Freundschaft schließen. Luise ist von dem Zaren in einer Form begeistert, die an Verliebtheit grenzt: „Vor allem durch diesen Ausdruck gefällt er", schreibt die Königin, „denn er ist nicht von regelmäßiger Schönheit. Der Mund ist regelmäßig schön. Er ist wunderbar gut gebaut und von sehr stattlicher Erscheinung." Diese Zuneigung ist in ihrer Bedeutung für Luises pro-russisches – und somit antifranzösisches – Engagement der kommenden Jahre nicht zu unterschätzen.

Die so genannten *stillen Jahre* der Königsfamilie enden 1804, als zwei Ereignisse Europa den Atem anhalten lassen: Im März lässt der Erste Konsul Frankreichs, Napoleon Bonaparte, unter Bruch des Völkerrechts den jungen Herzog von Enghien aus Baden nach Frankreich entführen und hinrichten (s. S. 147, Anm. 5), im Mai erfolgt seine Erhebung zum *Kaiser der Franzosen*. Besonders die Erschießung des Herzogs empört Luise, der Napoleon fortan als ein „Ungeheuer", ein „unreiner Mensch" erscheint.

Diese Einstellung der Königin bleibt auch der so genannten Kriegspartei am Hofe – vertreten vor allem durch den Prinzen Louis Ferdinand, einen Onkel des Königs und Abgott der Armee – nicht verborgen, die der Expansion Frankreichs feindlich gegenübersteht. Schon 1799 hat man für einen Anschluss Preußens an die antifranzösische Koalition plädiert, nun, angesichts einer sich neu bildenden Allianz zwischen England, Österreich und Russland, erhoffen die „Falken" das Ende der von Friedrich Wilhelm III. so strikt befolgten Neutralität und den Kriegseintritt gegen Napoleon. Luise lässt sich schnell gewinnen; sie agiert als Sprachrohr der Napoleongegner und sondiert beim König, wobei allerdings ihr Einfluss auf die Politik ihres Mannes nicht überbewertet werden darf.

Doch Friedrich Wilhelm III. zaudert, wie es so seine Art ist. Zum einen verabscheut der König den Krieg, den er selbst als junger Mann mit all seinem Elend kennen gelernt hat. Zum anderen bedürfen sowohl die Staatsmaschinerie als auch die Armee dringender Reformen, befinden sich doch letztlich beide auf dem Stand von 1786, dem Todesjahr Friedrichs des Großen. Dazu aber ist der König, der Neuerungen äußerst skeptisch gegenübersteht, nicht bereit. Vor allem ist Preußens finanzielle Situation, hervorgerufen durch die Kriege Friedrich Wilhelms II. und seinen aufwendigen Lebensstil, trotz der Sparpolitik des Sohnes noch immer angespannt.

In dieser Situation ist es Luise, die bei ihrem Mann die Berufung zweier für die weitere preußische Geschichte überaus bedeutender Männer durchsetzt: Reichsfreiherr Karl vom und zum Stein (1757–1831) soll als eine Art Wirtschafts- und Finanzminister die Finanzlage des Staates stabilisieren, während Fürst Karl August von Hardenberg (1750–1822) künftig neben dem zur Friedenpartei gehörenden Grafen Haugwitz als Außenminister fungiert.

Im November 1805 endlich bietet sich Friedrich Wilhelm III. – von Alexander, der in Berlin weilt, dazu beschworen – als „bewaffneter Vermittler" zwischen den Kriegsparteien an. So will er von Napoleon die Unabhängigkeit der von Frankreich direkt oder indirekt beherrschten deutschen Staaten fordern, andernfalls sich der neuen antifranzösischen Koalition anschließen. Doch dieser Schritt kommt zu spät: Als Graf Haugwitz in das Hauptquartier Napoleons reist, um ihm die Forderungen Friedrich Wilhelms III. zu überreichen, steht der Kaiser der Franzosen vor seinem größten militärischen Erfolg. Am 2. Dezember 1805 vernichtet er bei Austerlitz das russisch-österreichische Heer und damit auch die so genannte Dritte Koalition, so dass die Drohung Berlins gegenstandslos wird. Stattdessen ist es nun Napoleon, der dem König Vorschriften macht. Im Frieden von Pressburg wird Preußen, obwohl am Krieg gar nicht beteiligt, behandelt wie ein besiegter Staat: Ansbach, Bayreuth, Wesel und Neuchâtel gehen verloren, und Friedrich Wilhelm III. muss ein Bündnis mit Napoleon eingehen. Die „Entschädigungen" bzw. „Belohnungen" für Preußens Neutralität degradieren das Land zum Satelliten Frankreichs: Die Abtretung des Herzogtums Lauenburg an Preußen führt zum Konflikt mit Schweden; auf die von Napoleon gewünschte Annektion Hannovers, des Stammlandes der englischen Könige, erfolgt am 11. Juni 1806 die Kriegserklärung Englands an Preußen. Auch in die Innenpolitik greift der Kaiser ein: Er verlangt die Entlassung Hardenbergs als Außenminister und die vollständige Wiedereinsetzung des Grafen Haugwitz.

Die Ereignisse dieser Monate gehen nicht spurlos an der Königin vorüber; das – für sie ja ungewohnte – politische Engagement, die Fehlschläge ihrer Bemühungen, nicht zuletzt auch der Tod ihres Sohnes Ferdinand am 1. April 1806 führen zu einer rapiden Verschlechterung ihrer Gesundheit. Schließlich verordnen ihr die Ärzte eine Kur, die Luise dann im Juni und Juli 1806 in Pyrmont durchführt. Luise scheint von Natur aus anfällig für Krankheiten gewesen zu sein. Immer wieder tauchen in ihren Briefen Klagen über Zahnschmerzen auf, die sie aber tapfer über sich ergehen lässt, außerdem über Fieberanfälle und – in späteren Jahren verstärkt – über Brustkrämpfe sowie Atemnot. Auch leidet sie an Halsentzündungen, die zu Schwellungen führen, weshalb Luise oft ein Halstuch trägt.

Aber auch in Pyrmont bleibt Luise nicht untätig. Sie empfängt viele Besuche, die durchaus nicht nur privaten Charakter haben, so etwa eine Schwester des Zaren, den Kurfürsten von Hessen-Kassel – „Ein Freund mit 25 000 Mann", wie sie dem König vorausschauend zu bedenken gibt – sowie den alten Blücher, den „Haudegen" der preußischen Armee. Der Herzog von Braunschweig, den sie auf dem Weg zur Kur trifft, bespricht mit ihr die politische Lage Preußens – noch wenige Jahre zuvor undenkbar –, und zu Hardenberg hält sie regen Briefkontakt. Ende Juli verlässt die Königin Pyrmont und trifft am 3. August, dem Geburtstag Friedrich Wilhelms, wieder in Berlin ein, wo sie vor allem mit dem Prinzen Louis Ferdinand und dessen „Kriegspartei" verkehrt. Luise wird in diesen Monaten immer mehr zum Dreh- und Angelpunkt der verschiedenen politischen Richtungen in Preußen, durch sie hofft man, den König von seiner Politik des Zauderns abbringen zu können. Vor allem in der Armee gewinnt sie eine Popularität, die für eine Frau in der preußisch-deutschen Militärgeschichte einmalig ist. Prinz Louis Ferdinand urteilt: „Wenn ihre Gefühle und die Art, wie sie sich für das Gute und für energische Maßregeln ausgesprochen hat, bekannt wären, so würden alle wohldenkenden Leute und die ganze Armee ihr Altäre errichten."

Zum Widerstand entschlossen zeigt sich Friedrich Wilhelm III. endlich, als Napoleon Friedensverhandlungen mit England anknüpft und, ohne vorherige Konsultation des Königs, als Köder Hannover anbietet, das kurz zuvor auf seinen Wunsch von Preußen annektiert worden ist. Derart brüskiert und vor vollendete Tatsachen gestellt, lässt er im September 1806 seine Truppen mobilisieren; am 1. Oktober folgt ein Ultimatum an Frankreich, sich binnen einer bestimmten Frist hinter den Rhein zurückzuziehen.

Friedrich Wilhelms überstürztes Handeln führt zur Katastrophe. Statt auf die verbündeten Russen zu warten, deren Ankunft Alexander für den Winter zugesagt hat, stellt sich das preußische Heer alleine, nur durch etwa 20.000 Sachsen verstärkt, zum Kampf. Eine veraltete Kampftaktik, logistische Probleme, vor allem aber das völlige Versagen der preußischen Generalität führen am 14. Oktober 1806 zu den verheerenden Niederlagen bei Jena und Auerstedt. Fast alle preußischen Festungen, das Rückgrat der Landesverteidigung, kapitulieren kurz darauf kampflos.

Luise, die zunächst ihren Mann an die Front begleitet hat, jedoch auf Drängen des Oberkommandierenden, des Herzogs von Braunschweig, nach Berlin zurückgekehrt ist, hofft trotz der verlorenen Schlachten auf eine erfolgreiche Fortsetzung des Krieges. Von der Hauptstadt aus versucht sie, ihren wankelmütigen und pessimistischen Ehemann zu ermuntern: „Bester Freund! Es wäre vergeblich, Dir die Empfindungen schildern zu wollen, die ich empfand, als ich Potsdam und Berlin wiedersah. Das Volk von Berlin, das glaubte, ich sei gefangen, begleitete meinen Wagen und sammelte sich zu Tausenden am Palais unter meinen Fenstern und schrie immer nach mir. Nein, solch ein Volk gibt es nicht mehr. Zwölftausend Bürger wollen sich bewaffnen und fünfzehnhundert von den vornehmsten außer den zwölftausend (sind) ebenfalls bereit, Dir zu folgen und für Dich zu fechten, wo Du willst. Die Nachricht der unglücklichen Bataille, statt sie niederzuschlagen, hat sie nur noch mehr verbittert gegen den Feind ... Benutze die Gelegenheit ja, es kann was Großes herauskommen. Nur um Gottes Willen keinen schändlichen Frieden!" Ihren zaudernden, entschlusslosen Gemahl wohl kennend, fährt Luise fort, ihm auch praktische Ratschläge zu geben und seiner zu erwartenden Apathie vorzubeugen: „Auch die Legion der Polen lass nicht außer Acht. Der Augenblick ist zu kostbar, handle, wirke, schaffe, überall wirst Du im Lande guten Willen und Unterstützung finden."

Doch der Optimismus der Königin ist verfehlt: Unaufhaltsam nähern sich die Franzosen der Hauptstadt, die Luise schließlich fluchtartig verlassen muss. Am 27. Oktober 1806 reitet Napoleon an der Spitze seiner Truppen in Berlin ein, umjubelt von der Bevölkerung.

Luise flieht, zunächst nur von Hardenberg begleitet, nach

Osten. In Schwedt sieht sie ihre Kinder wieder, die in Begleitung der Gräfin Voß nach Königsberg reisen, in Küstrin, wo der König sein Hauptquartier aufgeschlagen hat, dann ihren Mann. Doch die Flucht geht weiter, und Anfang Dezember treffen Luise und Friedrich Wilhelm in Königsberg ein.

In Berlin findet inzwischen Napoleon in den Gemächern der Königin Briefe von und an Alexander. Diese nutzt er propagandistisch aus, um Luise ein Verhältnis mit dem Zaren anzudichten. Überhaupt ergeht sich der Kaiser in Schmähungen gegen die Königin, in der er seinen eigentlichen Gegner am preußischen Hofe sieht. In den französischen Bulletins wird Luise als Amazone, als Armida, „in ihrer Verirrung an den eigenen Palast Feuer legend" dargestellt. Weiter heißt es: „Bis zu dieser Stunde haben wir hundertfünfzig Fahnen erobert, unter denen sich diejenigen befinden, die von den Händen der schönen Königin gestickt sind, einer Schönheit, die den Völkern Preußens so verderblich ist, wie es Helena den Trojanern war." Es scheint, als würde Napoleon – zum ersten Mal in seinem Leben – Krieg gegen eine Frau führen.

Der von Luise befürchtete *schändliche Friede* wird – noch – nicht geschlossen, der Kampf geht weiter. Alexander schickt russische Truppen nach Ostpreußen. Doch auch diese können den Vormarsch Napoleons vorerst nicht stoppen. Im Januar muss die königliche Familie aus Königsberg nach Memel fliehen. Der Weg geht bei Eiseskälte und Stürmen über die Kurische Nehrung. Luise, an Typhus erkrankt, muss teilweise in den Reisewagen getragen werden. Doktor Hufeland, ihr Leibarzt, berichtet über diese Reise: „Die erste Nacht lag die Königin in einer Stube, wo die Fenster zerbrochen waren und der Schnee ihr auf das Bett geweht wurde, ohne erquickende Nahrung – so hat noch keine Königin die Not empfunden. Ich dabei in der beständigen ängstlichen Besorgnis, dass sie ein Schlagfluss treffen möchte." Die Ankunft in Memel am 8. Januar 1807 beschreibt die Gräfin Voß: „Ich hatte auf der Erde geschlafen, da kein Bett zu haben war, aber ich schlief doch ganz gut. Der König fuhr früh weiter, ich konnte erst um 8 Uhr Pferde bekommen. Um 11 Uhr kamen wir am Haff an, stiegen in ein Boot und waren um 1 Uhr in Memel. Die Königin kam ganz zu Wagen und deshalb etwas später. Da kein Sessel da war, um sie aus dem Wagen die Treppen hinaufzutragen, so trug sie ein Bedienter auf dem Arm, was mir wehtat, mit anzusehen."

In Memel bleibt die Königin, die sich bald wieder erholt, bis April. Sie kümmert sich um Hospitäler und Lazarette, besucht verwundete Soldaten und empfängt verdiente Offiziere, darunter Blücher und Ferdinand von Schill, die von ihrer Hand ausgezeichnet werden. Vor allem drängt sie ihren Mann, an der Seite des Zaren den Kampf fortzusetzen.

Doch Luises Hoffnungen werden durch Napoleons Sieg bei Friedland am 14. Juni 1807 zunichte gemacht: Alexander sieht sich gezwungen, um Frieden zu bitten, und am 21. Juni wird ein Waffenstillstand vereinbart, dem vier Tage später in Tilsit der Friedensschluss folgt.

Die Begegnung der beiden Kaiser auf einem Floß inmitten des Grenzflusses Memel verläuft überaus harmonisch, Napoleon und Alexander, bisher erbitterte Gegner, entdecken ihre Sympathie füreinander. Entsprechend schonend fallen Napoleons Bedingungen gegenüber Russland aus, im Gegensatz zu Preußen, dessen König zunächst an den Beratungen nicht teilnehmen darf und vom Kaiser der Franzosen äußerst hochmütig behandelt wird. Schließlich fordert Napoleon trotz der Bemühungen des Zaren um Milde für seinen ehemaligen Verbündeten die Abtretung aller westelbischen sowie der ehemals polnischen Gebiete, mithin also fast die Hälfte des preußischen Territoriums. Neben der Reduzierung des Feldheeres auf 42.000 Mann sollen alle Festungen an französische Besatzungstruppen übergeben werden, Preußen selbst muss sich der Kontinentalsperre anschließen und an Frankreich eine Kriegsentschädigung in Höhe von 154 Millionen Francs zahlen.

Erschwert wird die preußische Verhandlungsposition durch das Verhalten des Königs: Während Alexander durch Konzilianz, Charme und Diplomatie versucht, Napoleon gnädig zu stimmen, verhehlt Friedrich Wilhelm III. seine Abneigung gegen den Franzosenkaiser nicht. Es kommt sogar zu lautstarken Auseinandersetzungen, die auch die Pläne des Zaren gefährden und der es schließlich vorzieht, mit Napoleon alleine, ohne den undiplomatischen Hohenzollern, zu verhandeln.

In dieser Situation entsteht bei den Ratgebern des Königs – darunter auch Hardenberg, der nun, nach seiner Entlassung als Außenminister, die Stelle eines Ersten Kabinettsministers innehat – die Idee, Napoleon durch den Charme der Königin zu erweichen. Luise, im zweiten Monat schwanger, ist von dem Plan entsetzt, doch fügt sie sich schließlich Hardenbergs Wunsch, dessen politische Ratschläge sie meist widerspruchslos befolgt.

Luises Zusammentreffen mit Napoleon in Tilsit am 6. Juli 1807 ist der politische Höhepunkt in ihrem Leben. Es vollendet gleichsam das zur Legende verklärte Bild der jungen Monarchin, die als Frau den Mut aufbringt, Napoleon Bonaparte zu trotzen, dafür das Elend des Krieges kennen lernt und sich schließlich, für ihr Land „opfert", indem sie einen Bittgang zu dem Mann antritt, den sie selbst als Ungeheuer und Inkarnation des Bösen ansieht.

Eine Hofdame schildert Luises Erscheinung an jenem Tag: „Die Königin trug einen weißen Crêpe mit Silber gestickt, ihren Perlenschmuck und ein Diadem von Perlen im Haar. Sie war in der ängstlichsten Spannung, aber trotz aller Gemütsbewegungen dieser Zeit erinnere ich mich kaum, sie schöner gesehen zu haben, als gerade in diesen für sie so schweren Tagen." Über das Treffen selbst berichtet die Gräfin Voß: „Um 4 Uhr fuhren wir fort, mit einer Eskorte der Garde du Corps über die fliegenden Brücken, waren um 5 Uhr in Tilsit und stiegen in dem Quartier des Königs ab. Eine Viertelstunde später kam Napoleon; ich empfing ihn mit der Gräfin Tauentzien am Fuße der Treppe. Er ist auffallend hässlich, ein dickes, aufgedunsenes, braunes Gesicht, dabei ist er korpulent, klein und ganz ohne Figur, seine großen runden Augen rollen umher, der Ausdruck seiner Züge ist Härte, er sieht aus wie die Inkarnation des Erfolges. Nur der Mund ist schön geschnitten, und auch die Zähne sind schön. Er war äußerst höflich, sprach sehr lange allein mit der Königin, und dann fuhr er fort. Gegen 8 Uhr begaben wir uns zu ihm, da er aus Rücksicht für die Königin das Diner früher bestellt hatte. Während der Tafel war er sehr guter Laune und sprach sehr viel mit mir. Nach Tische hatte er eine sehr lange Konversation mit der Königin, die auch ziemlich zufrieden mit dem Ergebnis derselben war." Im Gegensatz zu ihrer Oberhofmeisterin ist Luise von der Erscheinung Napoleons angenehm überrascht. „Er ist nicht groß", schreibt sie kurz darauf, „aber sein Kopf von schöner Form, die Gesichtszüge kündigen den denkenden Mann an; das ganze erinnert an einen römischen Kaiser. Beim Lächeln hat er um den Mund herum einen Zug von Güte; überhaupt kann er sehr liebenswürdig sein."

Auch Napoleon muss sein Bild von der preußischen Königin als blutgierige Kriegstreiberin revidieren. Joséphine berichtet er: „Meine Freundin, die Königin von Preußen hat gestern bei mir diniert. Ich habe mich zu verteidigen gehabt, da sie mich verpflichten wollte, ihrem Gemahle noch einige Zugeständnisse zu machen; aber ich bin galant gewesen und habe mich an meine Politik gehalten. Sie ist sehr liebenswürdig. Ich werde Dir Einzelheiten mitteilen. ... Die Königin von Preußen ist in der Tat entzückend: sie ist voll Koketterie für mich; aber sei nicht eifersüchtig: ich bin ein Wachstuch, über das alles dies nur gleitet. Es würde mich teuer zu stehen kommen, den Galanten zu spielen." Und noch auf St. Helena urteilt er: „Die Königin von Preußen war wohl unterrichtet, gewandt und hatte unzweifelhaft viele Mittel zur Verfügung; ... sie war eine geistvolle und kluge Frau."

Das Abbauen der gegenseitig herrschenden Vorurteile zwischen Luise und dem Kaiser bleibt allerdings das einzige Ergebnis des berühmten Tilsiter Treffens. Die Legende will, dass Napoleon, vom Charme der Königin überwältigt, schon zu Zugeständnissen bereit gewesen sei, als der eifersüchtige Friedrich Wilhelm in den Raum platzt und die Stimmung verdirbt. Wie dem auch sei: Am 9. Juli 1807 wird der Vertrag von Tilsit unterzeichnet, ohne dass Luise Veränderungen zugunsten Preußens hat erreichen können. Doch gerade das Scheitern ihrer Mission steigert ihr Ansehen: Luises Versuch, trotz der Aussichtslosigkeit des Vorhabens für die Interessen ihres Staates einzutreten, trägt ihr die Bewunderung der Außenstehenden, vor allem die Liebe ihrer Untertanen ein. Moralisch gesehen ist somit die Königin die eigentliche Siegerin von Tilsit, nicht Napoleon, der die Bittstellerin abweist.

Der preußische Königshof bleibt zunächst in Memel und kehrt Anfang 1808 nach Königsberg zurück. Die Hauptsorge des Königs und seiner Frau besteht nun in der Erfüllung der Geldforderungen Frankreichs, um Repressalien vorzubeugen. Die Kronjuwelen werden verpfändet, die Beamten- und Offiziersgehälter gekürzt, und schließlich verkauft Luise sogar ihren persönlichen Schmuck. Ihrem Bruder Georg gegenüber klagt sie – etwas selbstmitleidig: „Wir, der König, haben nichts mehr, und wir leben von der Luft. An der Tafel des Königs und in allen Zweigen der Verwaltung sind die strengsten Einschränkungen gemacht worden. Alles stirbt vor Hunger und Hungersnot. Wir haben vier Schüsseln zu Mittag und drei zu Abend."

Schwer trifft sie die von Napoleon abermals geforderte Entlassung Hardenbergs, an dessen politisches Geschick sie große Hoffnungen geknüpft hat. „Über den Verlust von Hardenberg heule ich Tag und Nacht", schreibt sie an Georg. Dafür setzt sie auf Anraten Hardenbergs beim König die erneute Ernennung des Freiherrn vom Stein als eine Art „Premierminister" durch, mit dem sich Friedrich Wilhelm kurz vor dem Tilsiter Frieden überworfen hatte. Steins vornehmlichstes Ziel ist es, zunächst einmal den finanziellen Forderungen Frankreichs nachzukommen, um Napoleon den guten Willen Preußens zu demonstrieren – und um Zeit zu gewinnen. Im Geheimen setzt er die längst fälligen Reformen des Staatswesens und der Armee in Gang, die später einmal die erfolgreiche Wiederaufnahme des Krieges gegen die Franzosen ermöglichen sollen. Stein hat jedoch für sein Werk nur ein Jahr Zeit: Im August 1808 fällt den Franzosen ein Brief des Ministers in die Hände, aus dem klar die konspirativen Tätigkeiten des Freiherrn hervorgehen. Im November wird er aus preußischen Diensten entlassen und flieht über Brünn und Prag schließlich nach Russland. Seine Güter in französischem Einflussgebiet werden beschlagnahmt, er selbst von Napoleon geächtet.

Während ihres ostpreußischen Exils – die Rückkehr des Königshofes nach Berlin hat Napoleon verboten – bleibt Luise nicht untätig. Neben ihrem politischen Engagement „hinter den Kulissen" zur Stärkung des Staates nutzt sie die Gelegenheit zur persönlichen Fortbildung. So lässt sie sich die Protokolle der Geschichtsvorlesungen Professor Johann Wilhelm Süverns beschaffen, die sie eifrig studiert. Überhaupt erscheint der Königin eine umfangreiche Bildung des Volkes als eine der Grundvoraussetzungen für den Wiederaufstieg Preußens, so dass sie sich für den Ausbau des preußischen Schulwesens engagiert. Mit Luises Hilfe setzt Professor Süvern eine Reform des Elementarschulwesens durch und errichtet die ersten humanistischen Gymnasien. Zu Wilhelm von Humboldt, der im Februar 1809 zu einer Art Kultus- und Bildungsminister ernannt wird, hält die Königin regen Kontakt.

Im Dezember 1809 endlich gestattet Napoleon die Rückkehr der preußischen Königsfamilie nach Berlin. Hier entwickelt Luise noch einmal eine rege politische Aktivität. Grund dafür ist die Forderung Napoleons, Preußen solle, falls es die Reparationskosten nicht aufbringen könne, Schlesien sowie alle königlichen Domänen an Frankreich abtreten. Ihr Hauptanliegen ist die Rückberufung des inzwischen in Hannover wohnenden Hardenberg, zu dem sowohl sie als auch der König heimlich Kontakt halten. Auf seinen Rat hin unterstützt Luise erfolgreich gegen ihren Mann den Plan des Kammerherrn Fürst Wittgenstein-Sayn zur Gründung einer Nationalbank zwecks Aufbringung der von Frankreich geforderten Gelder. Ihren 34. Geburtstag am 10. März 1810 – es ist ihr letzter – nutzt die Königin, um neue Kontakte zu knüpfen, alte zu erneuern, vor allem aber, um dem französischen Gesandten Sand in die Augen zu streuen. Mit Erfolg: Im Mai 1810 stimmt schließlich Napoleon der Rückberufung Hardenbergs in preußische Dienste zu; er wird als Staatskanzler die Leitung aller Staatsangelegenheiten innehaben. Es ist Luises größte Tat, denn Hardenberg vollendet die von Stein begonnenen Reformen und ermöglicht es damit Preußen, drei Jahre später den Kampf gegen Frankreich erneut aufzunehmen, einen Kampf, der mit dem Sieg der Verbündeten und der Abdankung Napoleons endet. Doch die Königin erlebt diese Zeit nicht mehr.

Am 25. Juni reist sie zu ihrer Familie nach Neustrelitz; drei Tage später folgt ihr Friedrich Wilhelm auf das Schloss Hohenzieritz. Am 30. Juni erkrankt Luise, wie sich herausstellt, an einer Lungenentzündung. Da die Krankheit jedoch nicht sehr ernst zu sein scheint, kehrt der König nach Berlin zurück. Doch der Gesundheitszustand der Königin verschlechtert sich zusehends; sie leidet an Fieber, Kopf- und Herzschmerzen, an Atemnot. Der behandelnde Arzt Heim – Luises Leibarzt Christoph Wilhelm Hufeland befindet sich in Holland, um Napoleons Bruder Louis zu kurieren – diagnostiziert zudem „eine Art Abszess in der Lunge ..., der nun aufgegangen sei, und daher käme der Husten". Am 16. Juli schließlich schickt Gräfin Voß einen Boten zum König nach Berlin mit der Nachricht: „Gott gebe, dass sie bald kommen – ich fürchte alles für sie!" Friedrich Wilhelm III. kommt noch gerade rechtzeitig, um Abschied von seiner Frau zu nehmen, die am 19. Juli 1810 im Alter von 34 Jahren stirbt.

Beigesetzt wird Luise in einem stillen Teil des Parks von Schloss Charlottenburg, wo Karl Friedrich Schinkel nach Plänen des Königs ein Mausoleum für sie gestaltet. Mit ihr bestattet sind außer ihrem Mann auch ihr zweitgeborener Sohn Wilhelm, der erste Deutsche Kaiser, und dessen Ehefrau Augusta. Noch heute, nahezu 200 Jahre nach ihrem Tod, zeigen die fast immer vorhandenen frischen Blumen an ihrem Sarkophag, dass der Mythos Luise fortlebt.

Madame de Staël (1766–1817)
Die Macht des Geistes über das Schwert

Baronin von Coppet

„Es gibt nur zwei Mächte auf der Welt: das Schwert und den Geist ... Auf lange Sicht wird das Schwert immer vom Geist besiegt." Napoleons Prophezeiung, die aus dem Munde des Schlachtenkaisers eigentümlich erscheint, sollte sich als nur zu wahr erweisen: Trotz Zensur und polizeistaatlicher Methoden gelang es ihm nie, die geistige, d.h. intellektuelle Opposition zu unterdrücken, zu deren bedeutendsten Vertretern in der Literatur François René Chateaubriand und Germaine de Staël gehörten. Napoleons Kriegserfolge vermochten vor allem Madame de Staëls Kritik nicht zu übertönen. Ihr Einfluss, den sie durch ihre Popularität gewann, trug mit dazu bei, die Koalition seiner Feinde zu schmieden und den Beherrscher Europas zu stürzen.

Am 22. April 1766 wird Anne Louise Germaine in Paris geboren. Die Eltern sind gebürtige Schweizer und stehen beide am Anfang einer einzigartigen Karriere: Jacques Necker, ein Bankier aus Genf, avanciert elf Jahre später zum *Generaldirektor der Finanzen* am Hof König Louis' XVI. und damit zum zweitmächtigsten Mann in Frankreich, während seine Frau Suzanne Curchod einen der bedeutendsten Salons in der Hauptstadt unterhält. – Der Mutter verdankt Germaine die Heranführung an religiöse und philosophische Themen sowie die Liebe zur Literatur. Das intellektuell frühreife Kind wohnt in schon jungen Jahren den Treffen im Salon der Madame Necker bei, in dem so bedeutende Männer wie der Philosoph Denis Diderot oder der Historiker Edward Gibbon (1737–1794)[1] ver-

[1] Gibbon, berühmt durch sein Werk über den *Verfall und Untergang des*

kehren. Doch trotz der Bemühungen Madame Neckers verschlechtert sich das Verhältnis zu ihrem einzigen Kind zusehends, ihre überspannte Art der Erziehung führt schließlich bei der 13-jährigen Tochter zu einem Nervenzusammenbruch. Das wiederum bringt Germaine dem Vater näher, den sie bis zu ihrem eigenen Tod verklärt.[2]

1781 wird Necker gestürzt und sechs Jahre später sogar aus Frankreich verbannt. Doch der geschickte Bankier hat im Lauf der Jahre ein beträchtliches Vermögen angesammelt, so dass für die Familie gesorgt ist. Germaine gilt als eine der lohnendsten Partien des Landes. Weshalb sie am 14. Januar 1786 den mittellosen, schwedischen Baron Eric Magnus de Staël-Holstein – der allgemein kurz Baron de Staël genannt wird – heiratet, ist unklar. Der verarmte Adlige wirbt schon früh um die Tochter des reichsten Mannes Frankreichs, nämlich bereits 1778, als Germaine 12 Jahre alt ist. Necker willigt ein, vorausgesetzt, Staël werde eine für ihn akzeptable gesellschaftliche Position erringen. In den folgenden Jahren avanciert der hoch verschuldete Baron tatsächlich zum schwedischen Botschafter und erhält die Hand Germaines. Liebe spielt in dieser Beziehung keine Rolle. „Monsieur de Staël", schreibt die junge Ehefrau über ihren Gatten, „ist ein Mann, der sich vollkommen korrekt benimmt, unfähig, etwas Dummes zu sagen oder zu tun, aber hohl und träge. Er wird mich nicht unglücklich machen, aus dem einfachen Grund, weil er zu meinem Glück nichts beitragen kann, nicht aber, weil er es zu zerstören vermöchte."

Die Harmonie, die Germaine in der Ehe nicht findet, sucht sie bei zahllosen Liebhabern. Doch für die junge Frau geht es

Römischen Reiches (London 1776), war der Verlobte Suzanne Curchods, die er jedoch auf Geheiß seines Vaters verließ. Dennoch pflegte er weiterhin den Kontakt und besuchte häufig ihren Salon.

2 Germaines Verhältnis zu ihrem Vater hat vielfach Spekulationen über eine unnatürliche Beziehung hervorgerufen. Mit 19 Jahren schreibt sie in ihrem Tagebuch: „Warum entdecke ich manchmal Fehler in seinem Charakter, die für unsere zarte, innige Vertrautheit schädlich sind? Sicher deshalb, weil er möchte, dass ich ihn wie einen Liebhaber liebe, während er wie ein Vater zu mir spricht; weil ich möchte, dass er eifersüchtig wie ein Liebhaber sei, während ich mich wie eine Tochter gebe."

um mehr als erotische Abwechslung: Germaine de Staël lebt nach ihrer eigenen Philosophie, in der die freie Liebe einen höheren Stellenwert einnimmt als die althergebrachte Moralvorstellung der ehelichen Treue – eine Anschauung, die den Konflikt mit Napoleon vorprogrammiert. Ihre insgesamt fünf Kinder haben vier verschiedene Väter, Baron de Staël kann sich lediglich der Vaterschaft der erstgeborenen Tochter rühmen, die jedoch im Alter von zwei Jahren stirbt. Das Ehepaar lebt überwiegend voneinander getrennt. 1802 stirbt Eric Magnus de Staël, von seiner Witwe nur mäßig betrauert.

Germaines Erfolg bei Männern ist wahrlich nicht auf äußere Attraktivität zurückzuführen. Ihr untersetzter, eher plump wirkender Körper, ihr fleischiges, durch unregelmäßige Züge charakteristisches Gesicht mit den männlich-herben Zügen wirken ebenso wenig anziehend wie ihre auffällige und zum Teil lächerliche Art, sich zu kleiden. Doch Germaine besitzt einen geistvollen Charme, der die Männerwelt bestrickt, und ein Charisma, das sie fesselt. „Eine merkwürdige Frau", schreibt Benjamin Constant, einer ihrer Liebhaber (s. u.), „über ihre ganze Umgebung übt sie eine Macht aus, die unerklärlich, aber unleugbar vorhanden ist." Und seine Cousine Rosalie fügt hinzu: „Sie ist eine erstaunliche Frau. … Worte wie Sanftmut, Grazie, Bescheidenheit, Gefälligkeit, Haltung, Manieren kann man nicht gebrauchen, wenn man von ihr spricht; aber man wird mitgerissen und unterliegt der Macht ihres Genies. … Ihr Verstand ist zu überlegen, als dass andere daneben ihren Wert zur Geltung bringen könnten, und es gelingt niemand, neben ihr zu wirken, als ob auch er Verstand hätte." Einer der Ersten, der fasziniert von Germaines Esprit ihr Bett teilt, ist der Bischof von Autun, Charles Maurice de Talleyrand.

Als Ehefrau des schwedischen Botschafters tritt sie in die Fußstapfen ihrer Mutter und führt einen jener für die Zeit typischen Salons. Doch statt der Philosophen sind es Politiker, die in Madame de Staëls Haus Pläne schmieden zur Reform des am Abgrund stehenden französischen Absolutismus. Zu ihnen gehören auch noch unbekannte Größen wie Talleyrand, Victor-Emmanuel Sieyès und Graf Mirabeau. Germaine selbst verkehrt am Königshofe, wo sie – als Tochter des berühmten Necker – großen Einfluss hat.

1788 wird Jacques Necker aus seinem Schweizer Exil zurückberufen, um den bankrotten Staat zu retten. Doch seine Reformpläne haben keinen Erfolg: Die im Mai 1789 in Versailles einberufene Ständeversammlung verursacht den Ausbruch der Revolution und führt zum Ende des Absolutismus in Frankreich. Necker selbst nimmt im August 1790 seinen Abschied und kehrt mit seiner Frau zurück in die Schweiz, wo er die Baronie Coppet nahe Genf erworben hat. Dem König gewährt er ein Darlehen in Höhe von zwei Millionen Francs, um Weizen für die hungernde Bevölkerung von Paris zu kaufen. Dieses Geld ist später einer der Streitpunkte seiner Tochter mit Napoleon.

In Paris begrüßt Germaine die Revolution und das Ende des Absolutismus. Doch zu einer klaren politischen Richtung bekennt sie sich nicht. Ihr Salon wird zum Treffpunkt aller Parteien, was Germaine – zusammen mit ihrem als anstößig empfundenen Liebesleben – in der Öffentlichkeit verübelt wird. Bald macht ein übler Scherz in Paris die Runde: „Sie empfängt Royalisten am Morgen, die Girondisten zum Diner, die Jakobiner zum Souper, und bei Nacht empfängt sie jedermann!" In Schmähschriften wie *Die Intrigen der Madame de Staël* greift man sie auf infame Weise an und diffamiert sie als Nymphomanin.

Germaines politische Vorstellungen sind geprägt durch die Romantik, deren Hauptvertreterin sie selbst in ihren Romanen wird. So träumt sie von einem jugendlichen Helden, der das in verschiedene Lager gespaltene Land eint und zurückführt zu einer konstitutionellen Monarchie. In Louis Vicomte de Narbonne-Lara, einem illegitimen Sohn Louis' XV. und vermutlich dessen eigener Tochter Adelaide, glaubt sie ihn gefunden zu haben. Narbonne, der Vater zweier ihrer Kinder, wird durch Madame de Staëls Einfluss sogar zum Kriegsminister ernannt, sehr zum Ärger der Königin Marie Antoinette, die einen persönlichen Groll gegen die engagierte Necker-Tochter hegt. „Endlich, seit gestern ist Graf Louis de Narbonne Kriegsminister. Welcher Triumph für Madame de Staël, welche

Freude für sie, die ganze Armee zur Verfügung zu haben …", bemerkt sie bissig. Doch Narbonne kann die ehrgeizig-romantischen Pläne seiner Geliebten nicht erfüllen. Er wird noch von Louis XVI. entlassen und flieht nach dem Tuileriensturm nach London.

Auch Germaine muss nach der Radikalisierung der Revolution fliehen. Zunächst folgt sie Narbonne nach London und begibt sich von dort nach Coppet, zu ihren Eltern. Von hier aus beginnt sie eine umfangreiche Rettungsaktion für die Verfolgten der Revolution. Sie engagiert und finanziert Fluchthelfer und reist selbst unter Lebensgefahr nach Frankreich, wo die Schreckensherrschaft der Jakobiner ihrem blutigen Höhepunkt zustrebt. Auch das Königspaar selbst bezieht Madame de Staël in ihre Pläne ein, was jedoch an der Weigerung Marie Antoinettes, sich von einer „Konstitutionellen" retten zu lassen, scheitert. Am 16. Oktober 1793 besteigt die Königin nach einem diffamierenden Prozess das Schafott.

Dieser Prozess veranlasst Germaine zu einer empörten Streitschrift, in der sie das Regime in Paris anprangert. Doch ihre *Reflexionen über den Prozess der Königin*, die sie anonym verfasst, gehen über eine bloße Kritik hinaus: Es ist ein Pamphlet, das vor allem die Frauen zum Widerstand aufruft und damit einen wesentlichen – wenn auch ungehörten – Beitrag zur Emanzipation leistet. „Frauen aller Länder, aller Klassen, hört und seid bewegt wie ich!", ruft sie ihren Geschlechtsgenossinnen zu. Marie Antoinettes Abneigung gegen sie ist für Germaine nebensächlich; für sie zählt allein der Prozess, der wegen seiner anzüglichen Art eine Diskriminierung aller Frauen darstellt.

In Coppet oder auf Schloss Mézery, das Germaine erwirbt, sammelt sie ihre Freunde um sich, von denen ihr nicht wenige das Leben verdanken. Wie schon in Paris hat sie viele Liebesbeziehungen, mitunter zu mehreren Männern gleichzeitig. Narbonne jedoch, der inzwischen auch bei ihr weilt, gehört nicht mehr zu den Liebhabern. In dieser Zeit lernt Germaine den gebürtigen Schweizer Benjamin Constant kennen, der in einer spektakulären Selbstmordposse ihre Gunst erlangt. Es ist der Beginn einer fast zwanzigjährigen Beziehung, die eine Mischung aus Hassliebe und Hörigkeit darstellt.

Der Sturz der Jakobiner führt Germaine und ihren Anhang zurück nach Paris. Hier eröffnet sie wieder ihren Salon, der abermals zum Sammelpunkt der verschiedenen politischen Weltanschauungen wird. Doch gerade dadurch zieht sie die Kritik der Regierung auf sich, da man ihr staatsfeindliche Intrigen nachsagt. In der Tat ist der Salon der Madame de Staël ein Zentrum der Unzufriedenen, in dem mit Kritik nicht gespart wird. Hinzu kommt, dass sie die zwei Millionen Francs, die einst ihr Vater dem König geliehen hat, von der Republik als Nachfolgerin der Monarchie zurückfordert und sich dadurch unbeliebt macht. Dass Germaine selbst die Direktoriumsverfassung an sich begrüßt und freundschaftliche Kontakte zu Paul Barras (s. S. 134f.) pflegt, hilft ihr nicht weiter.[3] Als sie nach dem Aufstandsversuch der Königstreuen am 13. Vendémiaire des Jahres III (5. Oktober 1795) vielen befreundeten Royalisten zur Flucht verhilft, wird sie sogar kurzzeitig aus Paris verbannt.

Doch Madame de Staël ist durch ihre Beziehungen eine Institution, an der keine Regierung leicht vorbeikommt. Schon 1796 kehrt sie zurück und verschafft ihrem Ex-Liebhaber Talleyrand das Amt des Außenministers. Zugleich bemüht sie sich um eine Versöhnung der politischen Kontrahenten des linken und rechten Lagers. Noch 1795 plädiert sie zudem für die Beendigung des Krieges, den sie selbst 1791 stürmisch begrüßt hat; doch ihre Schrift *Betrachtungen über den Frieden, an Mr. Pitt und an die Franzosen gerichtet* findet kein Gehör.

In ihrem Liebhaber Narbonne hatte sie einst den strahlenden Helden gesehen, der das Land einen sollte; er erwies sich jedoch als Fehlschlag. Nun, im Jahre 1796, ist ein anderer Name in aller Munde und erregt das Interesse der Madame de Staël: Napoleon Bonaparte. Germaine bewundert nicht nur seinen Mut und seine Durchsetzungskraft, sie ist auch fasziniert von den literarischen Neigungen des jungen Mannes, den

[3] Die Verfassung ist teilweise in ihrem Salon entworfen worden.

sie als „den kühnen Krieger, den tiefen Denker, das ungewöhnlichste Genie der Geschichte" bezeichnet. Mit ihm, so glaubt sie, werde eine neue Zeit anbrechen, die ihren eigenen Idealen entspricht.

Germaines Bewunderung für den jungen Bonaparte ist geprägt von einer eigentümlichen Selbstüberschätzung: So wie er für sie der bedeutendste männliche Zeitgenosse ist, so betrachtet sie sich selbst als die größte Frau ihrer Epoche. Eine Vereinigung – auch im sexuellen Sinne – dieser beiden sich in vielen Zügen ähnelnden Charaktere müsste die Welt aus den Angeln heben. Tatsächlich besteht kaum ein Zweifel daran, dass Germaine Napoleon auch körperlich begehrt hat.

Dass eine gewisse Wesensverwandtschaft zwischen ihr und Bonaparte besteht, ist nicht zu leugnen. Wie Madame de Staël auch besitzt Napoleon die Fähigkeit, andere Menschen durch die Kraft seines Charismas zu bezaubern und zu fesseln. Sein Ehrgeiz übertrifft noch den Germaines, die es wie er liebt, ihre Mitmenschen zu beherrschen. „Die Macht ihres Ruhms", schreibt der Historiker und Nationalökonom Simonde de Sismondi, einer ihrer späteren Liebhaber, „hat es bewirkt, dass sie mehrere von Bonapartes Fehlern annahm. Genau wie er duldet sie keine Opposition, wird bei Auseinandersetzungen beleidigend und verletzt die Leute gern durch bissige Bemerkungen – nicht um ihrem Ärger Luft zu machen, sondern um sich an ihrer Überlegenheit zu freuen." Und Benjamin Constant fügt hinzu: „Wäre sie imstande, sich selbst zu beherrschen, sie hätte die Welt beherrschen können!"

Aber gerade in dieser – tatsächlichen oder vermeintlichen – Gleichartigkeit der beiden liegt Germaines Scheitern begründet. Für einen zweiten „Napoleon" ist an der Seite Bonapartes kein Platz, vor allem wenn es sich um einen weiblichen handelt. Auch irrt sich Germaine in ihrer Annahme, der junge Napoleon teile ihre liberalen Ansichten über die Rolle der Frau in der Gesellschaft. „Man kann Politik machen, indem man über Literatur, Moral, Kunst oder irgendetwas spricht. Frauen sollten beim Strickstrumpf bleiben", erklärt Napoleon seinen Vertrauten und offenbart damit die künftige Stellung der Frau im napoleonischen Frankreich.

Entsprechend kühl und für Germaine unverständlich fallen Bonapartes Reaktionen auf ihre Annäherungsversuche aus. So finden ihre Schreiben nach Italien, in denen sie ihn mit Scipio und Tankred[4] vergleicht, keine Beachtung. „Diese Frau muss verrückt sein; solche Briefe beantworte ich nicht", erklärt der General seiner Umgebung. Auch das erste Zusammentreffen im Dezember 1797 verläuft für Germaine enttäuschend: Auf dem Ball im Hause Talleyrands ignoriert sie Napoleon vollständig.

Doch Germaine lässt sich nicht entmutigen. Sie sucht und findet den Kontakt zu Napoleons engsten Vertrauten und Angehörigen, die häufig ihren Salon aufsuchen. Zu ihren prominentesten Gästen zählen vor allem Joseph und Lucien Bonaparte, die Brüder des Generals, aber auch dessen Truppenführer aus Italien und Ägypten. Damit aber zieht sie erst recht Napoleons Abneigung auf sich, der durch das Einwirken Madame de Staëls um seine eigene Gefolgschaft bangt.

Den Staatsstreich vom November 1799, der Bonaparte zum *Ersten Konsul* und damit mächtigsten Mann in Frankreich macht, begrüßt Germaine aus vollem Herzen, auch wenn sie wieder einmal mit Kritik am neuen Regime nicht spart. Bereits im Januar 1800 greift Benjamin Constant, der Mitglied des Tribunats ist, in einer von ihr mitverfassten Rede die Militärherrschaft Napoleons scharf an. Daraufhin wird ihr von Fouché nahe gelegt, Paris zu verlassen. Aber Germaine nimmt die Warnung nicht ernst. Im April 1800 veröffentlicht sie *De la littérature considérée dans ses rapports avec les institutiones sociales* (*Die Literatur in ihren Beziehungen zu gesellschaftlichen Institutionen*). Ihre versteckten Angriffe auf die Zensur und die Unterdrückung der intellektuellen Meinungsfreiheit sollen Napoleon weniger herausfordern als vielmehr bekehren. Noch immer glaubt Germaine, ihren alten politischen Einfluss auch auf den Ersten Konsul ausweiten zu können. Doch sie irrt. Die Veröffentlichung von *De la littérature*

[4] Scipio d. Ältere *Africanus*, (um 185–129 v. Chr): römischer Feldherr im 2. Punischen Krieg, besiegte die Karthager in Spanien und schlug Hannibal in der Schlacht bei Zama 202 v. Chr. Tankred (um 1076–1112): Normannenfürst im südlichen Italien; einer der Anführer im ersten Kreuzzug.

zwingt die Gesellschaft zu einer Entscheidung zwischen Madame de Staël und Bonaparte. Die Wahl fällt nicht schwer: Germaine gilt als verfemt und wird geschnitten, freilich mehr aus Furcht denn aus Überzeugung. Auch die Presse fällt über sie her. So schreibt das *Journal des Hommes Libres*: „Es ist nicht Ihre Schuld, dass Sie hässlich sind, aber es ist Ihre Schuld, dass Sie eine Intrigantin sind. ... Sie kennen den Weg in die Schweiz ... Nehmen Sie Ihren Benjamin. Lassen Sie ihn seine Gaben im Schweizer Senat erproben."

Im Haus des Generals Berthier kommt es im Dezember 1800 zu einer letzten Begegnung mit Napoleon. Die Einladung zu dem Empfang hat sich Germaine nur durch Talleyrand erkämpfen können. Doch hier in der Öffentlichkeit will sie Bonaparte stellen und durch die Kraft ihrer Persönlichkeit für sich gewinnen. Aber Bonapartes taktlose Brutalität macht diesen Plan zunichte: Als er zusammen mit seinem Bruder Lucien erscheint, bleibt er vor Germaine stehen und betrachtet unverhohlen ihr gewagtes Decoltée: „Sie haben gewiss ihre Kinder selbst gestillt?", fragt er amüsiert seine sprachlose Gegenspielerin, um an Lucien gewandt fortzufahren: „Siehst Du, sie will nicht einmal ‚ja' oder ‚nein' sagen."

Ende 1800 befolgt Germaine endlich Fouchés Rat und reist nach Coppet zu ihrem Vater.[5] Es ist der Beginn eines langjährigen Exils. Schloss Coppet wird schon bald zum Sammelpunkt sowohl ihrer Freunde als auch manch Unzufriedener mit dem Regime in Paris. Das bleibt auch Napoleon nicht verborgen, der das Schweizer Domizil der Schriftstellerin durch Spitzel beschatten lässt.

1802 publiziert Germaine ihren Roman *Delphine* und zieht damit abermals den Zorn des *Ersten Konsul* auf sich. Abgesehen von erneuten Spitzen gegen Bonaparte propagiert die Autorin ihre eigenen Vorstellungen über die freie Liebe und die Emanzipation der Frau. Damit aber kollidiert sie mit dem Machthaber in Paris, der schon bald im *Code Napoléon* die in der Revolution gewonnenen Rechte der Frauen zurechtstutzt und aus ihnen Unmündige macht. Kurzerhand verbietet er

[5] Ihre Mutter ist 1794 verstorben.

Germaine die Rückkehr nach Frankreich. Ihr Antrag auf Rückerstattung der zwei Millionen Francs des alten Necker wird verworfen.

In den folgenden Jahren bemüht sich Germaine wiederholt um die Rückgängigmachung der Ausweisung sowie die Auszahlung des Geldes. So schreibt sie mehrere Briefe an Napoleon, in denen sie das Ende ihrer politischen Agitation verspricht, interveniert bei Lebrun, dem Mitkonsul Bonapartes, und reist sogar heimlich nach Frankreich in dem Glauben, der Konsul bzw. Kaiser werde sie nicht gewaltsam aus Frankreich entfernen. Doch Napoleon bleibt hart: Ihre Schreiben werden nicht beantwortet, Lebrun erweist sich als ohnmächtig, und über Fouché lässt das Staatsoberhaupt Madame de Staël die Zwangsausweisung androhen, sollte sie noch einmal französischen Boden betreten. Die zwei Millionen sind Napoleon keiner Erwähnung wert.

Das Leben auf Schloss Coppet wechselt in den folgenden Jahren zwischen fruchtbarem Schaffen und Entspannung. „Wo immer sich ein Gespräch entwickelte, schlug man seine Zelte auf und blieb stunden- oder auch tagelang, ohne von irgendeiner der normalen alltäglichen Tätigkeiten unterbrochen zu werden. Sprechen schien jedermanns Hauptbeschäftigung zu sein ... Madame de Staël arbeitete viel, aber nur, wenn sie nichts Besseres zu tun hatte; das geringste gesellschaftliche Vergnügen hatte immer Vorrang", berichtet die Gräfin de Boigne, ein Gast im Hause der Madame de Staël. Daneben hält man Lesungen oder glänzt in selbst aufgeführten Theaterstücken – wobei Germaines Schauspieltalent geteilte Meinungen hervorruft. Eine umfangreiche Dienerschaft ermöglicht das beschauliche Leben, dessen einzige Störung die Intrigen und Rivalitätskämpfe der Liebhaber Germaines sowie ihre eigenen Eifersuchtsszenen und Ausbrüche bilden. So kommt es wiederholt zu Konflikten zwischen Benjamin Constant und August Wilhelm Schlegel, die sich jedoch bei Bedarf gegen neue Nebenbuhler wie etwa Simonde de Sismondi verbünden.

Besondere Erwähnung unter den Gästen, zu denen neben russischen Fürsten und einfachen amerikanischen Studenten auch preußische Prinzen zählen, verdient Juliette Récamier (1777–1849), Germaines engste Freundin und Intimfeindin Napoleons. Die Gattin eines reichen Bankiers gilt als eine der schönsten Frauen Frankreichs und ist in die Geschichte eingegangen als Schriftstellerin sowie auch als die Erfinderin des Liegesofas, der *Récamiere*. Napoleon selbst hat mehrfach sein Interesse an Madame Récamier bekundet und jedes Mal einen Korb erhalten; der Bankrott des Bankhauses ihres Mannes, an dem der Kaiser nicht unschuldig ist, ist seine Antwort auf ihre Verweigerung.[6] Doch es ist nicht nur die gemeinsame Ablehnung Bonapartes, die sie und Germaine zusammenführt; schon die Zeitgenossen haben Spekulationen über eine mögliche homoerotische Beziehung der beiden Frauen angestellt, die zumindest unterschwellig in ihrem freundschaftlichen Verhältnis eine Rolle gespielt haben mag.

Zwei ausgedehnte Deutschlandreisen werden zu einem Triumphzug der von Napoleon Verbannten. Germaine wird an zahlreichen deutschen Fürstenhöfen empfangen, so etwa 1804 in Berlin, wo sie Königin Luise persönlich begrüßt. Auch nichtdeutsche Fürsten geben sich die Ehre, allen voran Königin Maria Carolina von Neapel, eine eingefleischte Feindin Napoleons. Zu den bedeutendsten Bekanntschaften, die Germaine auf ihrer Reise macht, gehört zweifelsohne die Goethes, den sie in Weimar trifft. Vor allem aber geben beide Reisen Germaine den Stoff für ihr 1810 druckfertiges Buch *De l'Allemagne* (*Über Deutschland*). Darin preist sie die Kultur sowie die intellektuelle Schaffenskraft der Deutschen. Doch die teils überzogene Hervorhebung Deutschlands geschieht letztlich zulasten Frankreichs, dessen „Kulturlosigkeit" – bedingt durch seinen Herrscher – Germaine dem Leser unterschwellig vor Augen führt.

Ausgerechnet in Paris will Germaine das Buch drucken lassen, wo Napoleon gerade erst eine Zensurstelle für Bücher eingerichtet hat. Napoleon reagiert ungewöhnlich radikal:

[6] Verweigert hat sich Juliette Récamier im Übrigen nicht nur Napoleon. So soll sie trotz langjähriger Ehe und ihres Hangs zu leidenschaftlichen Flirts bis in ihr 40. Lebensjahr Jungfrau geblieben sein.

Nachdem er selbst ein Manuskript von *De l'Allemagne* gelesen hat – Germaine hat dem Kaiser die Druckfahnen ihres Buches persönlich gesandt, um sein Einverständnis zur Publikation zu erlangen, womit sie abermals Napoleon auf fatale Weise fehleinschätzt –, lässt er im September 1810 nicht nur das Buch verbieten, sondern auch die Druckplatten beschlagnahmen sowie die bereits gedruckten 5.000 Exemplare einstampfen. Auf polizeiliche Anordnung hin soll die Verfasserin alle weiteren Skripte den Behörden übergeben, sie selbst wird in Coppet unter Arrest gestellt.

Der Grund für Napoleons Reaktion liegt nicht allein in seiner Abneigung gegen Madame de Staël. „Die französische Polizei", urteilt Goethe 1814 nach der Lektüre des Buches, „war intelligent genug zu begreifen, dass ein solches Werk das deutsche Selbstvertrauen stärken musste, und vernichtete es vorsorglich ... Heute wirkt das Buch erstaunlich. Wenn es früher erschienen wäre, hätte man die letzten großen Ereignisse [gemeint ist der Befreiungskrieg; Anm. d. Verf.] auf seinen Einfluss zurückführen können." Dieses neue deutsche Selbstvertrauen aber, das ein für Frankreich fatales Nationalbewusstsein nach sich zieht, hat der Kaiser gerade erst in seinem letzten Feldzug von 1809 kennen gelernt. So war er über den Kampfgeist der österreichischen Soldaten ebenso erstaunt wie über den Fanatismus der Tiroler Freiheitskämpfer oder der norddeutschen Freikorps. Napoleon ahnt, dass seine Macht in den deutschen Landen auf schwachen Füßen steht; eine Aufwertung des Nationalbewusstseins der Deutschen durch Madame de Staëls Werk hätte unter Umständen unabsehbare Folgen.

Dennoch begeht Napoleon einen entscheidenden Fehler: Bis 1810 hat sich Germaine nie als seine Feindin betrachtet, sondern war – wenn auch auf eigentümliche Weise – bemüht, die Gunst des Kaisers zu gewinnen. Doch die Vernichtung ihres Buches und die Drangsalierungen, denen sie im Schweizer Coppet ausgesetzt ist, entfachen ihren Kampfgeist. 1811 weigert sie sich, den Rat des Polizeiministers Savary zu befolgen und ein Lobgedicht auf den gerade geborenen *König von Rom* – Napoleons Sohn – zu verfassen. Im Mai 1812 verlässt sie in

Begleitung Schlegels, zweier ihrer Kinder sowie ihres Verlobten John Rocca (s.u.) heimlich ihr Exil und flieht nach Österreich. Es ist der Beginn ihres privaten Feldzuges gegen den Unterdrücker Europas. Mit sich führt sie ein gerettetes Exemplar von *De l'Allemagne.*

In Wien ist man über die Ankunft der Verfemten wenig begeistert, schließlich ist man nach dem gerade erst verlorenen Krieg selbst der Gnade Napoleons ausgeliefert. Da Germaine eine Überstellung an die französischen Behörden befürchten muss, flieht sie weiter nach Russland. Damit folgt sie ironischerweise dem Mann, dem sie zu entkommen trachtet, denn im Juni 1812 hat Napoleon an der Spitze der *Grande Armée* die russische Grenze überschritten. Aber Germaine reist schneller, als die Franzosen marschieren. Schon bald erreicht sie Petersburg, wo sie Zar Alexander mit offenen Armen empfängt.

In Petersburg fängt sie da an, wo sie in Paris hat aufhören müssen: Germaine versammelt in ihrem Haus die einflussreichsten Politiker, knüpft Kontakte und versucht erneut, Einfluss auf die Politik zu gewinnen. Schon bald schickt sie der Zar nach Stockholm, wo sie den einstigen Marschall Bernadotte, nunmehr Kronprinz von Schweden, zum Beitritt zur anti-französischen Allianz bewegen soll. Auch hier ist Germaine bald das Zentrum aller Beratungen und Entscheidungen; so treffen in ihrem Haus Anfang 1813 der schwedische Kronprinz und Preußens Gesandter zusammen, um über die Bedingungen eines schwedischen Koalitionsbeitritts zu verhandeln.

Von Stockholm geht es weiter nach London. Der Widersacherin Napoleons bereiten die Engländer einen wahren Triumph, die Königin selbst empfängt Madame de Staël, und die Londoner Verlage reißen sich um die Druckrechte für *De l'Allemagne*, das im Sommer 1813 erstmals erscheint. Doch der Grund für ihre Englandreise ist abermals politischer Natur. Sie soll im Auftrag des Zaren für Bernadotte als möglichen Nachfolger Napoleons auf dem französischen Thron werben. Germaine, die in dem schwedischen Kronprinzen endlich ihren einst viel beschworenen „Helden" gefunden zu haben glaubt, stellt sich dafür gern zur Verfügung. Doch in London ist man von der Thronkandidatur des intriganten Ex-Marschalls von Frankreich wenig angetan und favorisiert stattdessen die Rückkehr der Bourbonen. Dafür kann Germaine jedoch einen anderen Erfolg verbuchen: Im Namen der verbündeten Monarchen wendet sie sich schriftlich an den im amerikanischen Exil lebenden General Jean-Victor Moreau (s. S. 86, Anm. 2) mit der Bitte, die alliierten Heere mit seinem Können zu unterstützen. Im Juli 1813 folgt der General – einer der ärgsten Rivalen Napoleons – ihrem Ruf und kehrt zurück nach Europa.

Schließlich suchen auch die Bourbonen die Unterstützung Madame de Staëls, deren Einfluss ganze Reiche zu verbinden scheint. Schon bald macht ein Witz die Runde, der Germaines Stellung treffend charakterisiert: In Europa, so heißt es, gäbe es drei Mächte, nämlich England, Russland und Madame de Staël.

Im Mai 1814, wenige Wochen nach Napoleons Sturz, kehrt Germaine zurück nach Paris. Ihr wiedereröffneter Salon wird in kürzester Zeit abermals Treffpunkt der Prominenz – der Herzog von Wellington, Fürst Schwarzenberg sowie Napoleons Ex-Polizeiminister Fouché geben sich die Klinke in die Hand – sowie der Opposition gegen die Bourbonenherrschaft. Auch die Gastgeberin selbst mischt sich wiederholt in die Politik ein, kritisiert das Gebaren der zurückgekehrten Adligen und engagiert sich für Murat, Napoleons ehemaligen Marschall und König von Neapel. Im Juli 1814 offenbart sie einen bewundernswerten Großmut, als sie durch Joseph Bonaparte, zu dem sie noch immer Kontakt hält, Napoleon auf Elba vor einem geplanten Attentat warnen lässt.

Diese Geste vergisst Napoleon nicht, als er 1815 nach Frankreich zurückkehrt. Er beschließt, den Konflikt zwischen sich und Madame de Staël beizulegen und buhlt sogar um ihre Unterstützung. So bietet er ihr die zwei Millionen ihres 1804 verstorbenen Vaters an, die er ihr jahrelang vorenthalten hat. Doch diesmal ist es Germaine, die sich unnachgiebig zeigt: Sie flieht zurück nach Coppet, um hier den Sturz ihres alten Widersachers abzuwarten.

Germaine de Staëls letzte Lebensjahre sind trotz ihrer Prominenz durch eine gewisse Einsamkeit geprägt. Von ihren alten Bekannten gehören nur noch wenige zu ihrem Umfeld.[7] Seit 1811 hat sie ein Verhältnis mit dem damals 23-jährigen Kriegsinvaliden John Rocca, von dem die 45-Jährige noch 1812 ein Kind bekommt. Am 10. Oktober 1816 heiratet Germaine den jungen Mann in Coppet, sehr zum Gespött der Genfer Oberschicht. Im gleichen Jahr erhält sie von König Louis XVIII. die zwei Millionen Francs ihres Vaters zurück, um die sie so lange vergeblich gekämpft hat.

Am 21. Februar 1817 erleidet Germaine bei einem Pariser Empfang einen Gehirnschlag. Doch trotz der Folgen – sie ist gelähmt – führt sie ihren Salon fort und empfängt ihre Besucher am Krankenbett. Am 14. Juli 1817 setzt ein zweiter Hirnschlag ihrem Leben ein Ende. Beigesetzt wird sie im Mausoleum ihrer Eltern auf Schloss Coppet.

[7] Benjamin Constant hat 1808 heimlich geheiratet und Germaine verlassen. 1815 wechselt er in Napoleons Lager über, dem er eine liberale Verfassung ausarbeitet. Im gleichen Jahr kommt es zum endgültigen Bruch mit Germaine wegen einer Geldaffäre.

Literatur

Abrantès, Herzogin von: Memoiren. Leipzig 1831–36
Amelunxen, Clemens: Der Clan Napoleons – Eine Familie im Schatten des Imperators. Berlin 1995
Amelunxen, Clemens: Carlo Buonaparte – Vater Napoleons. Köln–Berlin–Bonn–München 1984
Amelunxen, Clemens: Louis Bonaparte. Bruder Napoleons – Erster König Hollands. Köln–Berlin–Bonn–München 1989
Aretz, Gertrud: Die Frauen um Napoleon. München–Leipzig 1932
Aretz, Gertrud: Marie Louise, Erzherzogin von Österreich, Kaiserin der Franzosen. Wien–Leipzig 1936
Aronson, Theo: Napoleon & Josephine. Stuttgart–Wien 1991
Bailleu, Paul: Königin Luise – Ein Lebensbild. 3. Aufl., Berlin 1926
Bialuch, Jürgen (Hrsg.): Gestalten um Königin Luise. Biographische Skizzen. Reutlingen 1996
Bonaparte, Louis: Memoiren des Grafen von St. Leu. Berlin 1838
Brandys, Marian: Maria Walewska – Napoleons große Liebe. Frankfurt/M. 1973
Bruyn, Günter de: Preußens Luise. Berlin 2001
Castelot, André: Wunderbare Joséphine. München 2000
Chandler, David: Napoleon's Marshals. 2. Aufl., London 1990
Chevallier, Bernard/Pincemaille, Christophe: Kaiserin Joséphine. München 1991.
Connelly, Owen: Napoleon's Satellite Kingdoms. New York 1965
Feuerstein-Praßer, Karin: Die preußischen Königinnen. Regensburg 2000
Fleuriot de Langle, P.: Elisa, Sœur de Napoléon I. Paris 1947
Fleuriot de Langle, P.: La Paolina, Sœur de Napoléon. Paris 1946
Flocken, Jan von: Luise. Eine Königin in Preußen. Berlin 1989
Fouché, Joseph: Erinnerungen. Stuttgart 1920
Gärtner, Paul/Samuleit, Paul (Hrsg.): Luise – Königin von Preußen. Ein Lebensbild in Briefen und Aufzeichnungen. Berlin 1910
Gautier, Paul: Madame de Staël et Napoléon. Paris 1921
Gaxotte, Pierre: Die Französische Revolution. Bergisch-Gladbach 1977

Gobineau, M.: Pauline Borghese. Die Schwester Napoleons. München 1963

Guillaud, Sandra: Josephine und Napoleon. Frankfurt/M. 2000

Guillewin, Henri: Madame de Staël et Napoléon ou Germaine et le caïd ingrat. Paris 1987

Guillewin, Henri: Madame de Staël, Benjamin Constant et Napoléon. Paris 1959

Haas, Rudolf: Stephanie Napoleon. Mannheim 1976

Haffner, Sebastian: Preußen ohne Legende. 7. Aufl., Augsburg 1981

Heinrich, Gerd: Geschichte Preußens. Frankfurt/M.–Berlin–Wien 1984

Herold, Christopher: Madame de Staël – Herrin eines Jahrhunderts. Berlin–Darmstadt–Wien 1963

Herre, Franz: Marie Louise – Napoleon war ihr Schicksal. Köln 1996

Herre, Franz: Napoleon Bonaparte – Wegbereiter des Jahrhunderts. München 1991

Holler, Gerd: Napoleons Sohn – Der unglückliche Herzog von Reichstadt. Wien–München 1987

Bonaparte, Hortense: La reine Hortense en Italie, en France et en Angleterre pendant l'année 1831. Fragments extraits de ses mémoires inédits écrits par elle-même; Paris 1834 (dt.: Meine Reise durch Italien, Frankreich und England im Jahre 1831; übers. v. F. v. Lindner. Stuttgart–Schwäbisch-Hall 1834)

Bonaparte, Hortense: Mémoirs de la reine Hortense publiés par le Prince Napoléon; 3 Bde., Paris 1927 (dt.: Um Napoleon – Memoiren der Königin Hortense; hrsg. von Prinz Napoleon. München 1927)

Impératrice Joséphine et les Sciences Naturelles. Éditions de la Réunion des musées nationaux. Paris 1997

Kircheisen, Friedrich: Napoleon I. und seine Zeit. Bd. 5, München 1925

Kircheisen-Aretz, Gertrud: Die Frauen um Napoleon. München–Leipzig 1912

Kircheisen-Aretz, Gertrud: Napoleon und Gräfin Walewska. Wien–Leipzig–Olten 1936

Kircheisen-Aretz, Gertrud: Napoleon und die Seinen. Bd. I, München 1914

Kircheisen-Aretz, Gertrud: Napoleon und die Seinen. Bd. II, München 1922

Knapton, Ernest John: Empress Josephine. Cambridge, Mass. 1963.
Kühn, Joachim: Die Königin Hortense und ihre Söhne 1815–1837. Stuttgart 1965
Kühn, Joachim: Pauline Bonaparte. Stuttgart 1966
Larrey, Félix-Hippolyte: Letizia Mère de l'Empereur. Paris 1892
Leonhardt, Ulrike: Prinz von Baden genannt *Kasper Hauser.* 3. Aufl., Hamburg 1995
Mander, Gertrud: Königin Luise. Berlin 1981
Markov, Walter: Napoleon und seine Zeit. 2. Aufl., Leipzig 1996
Marmottan, Paul: Elisa Bonaparte. Paris 1898
Marquet, Mario: Geschwister, Marschälle, Minister. Wien–Köln–Graz 1983
Masson, Frédéric: Joséphine de Beauharnais. Paris 1898
Masson, Frédéric: Joséphine repudiée. Paris 1900
Masson, Frédéric: Joséphine, reine et impératrice. Paris 1899
Masson, Frédéric: Madame Bonaparte. Paris 1920
Masson, Frédéric: Napoleon et sa famille. 13 Bde., Paris 1897–1918
Masson, Frédéric: Napoleon und die Frauen. Berlin 1913
Mehle, Ferdinand: Der Kriminalfall Kaspar Hauser. 2. Aufl., Kehl am Rhein 1995
Mossiker, Frances: Napoleon und Josephine. München–Zürich 1967
Napoleon: Briefe. Hrg. v. H. Landsberg, 6. Aufl., Berlin 1912
Napoleon: Ich, der Kaiser. Eine Autobiographie. Herrsching 1988
Ohff, Heinz: Ein Stern in Wetterwolken. München 1989
Palmstierna, C. F. (Hrsg.): Marie Louise und Napoleon 1813–15. Die unveröffentlichten Briefe der Kaiserin mit den Briefen Napoleons. München 1960
Pulver, Corinne: Madame de Staël. München 1980
Radocanachi, E.: Elisa Napoléon en Italie. Paris 1900
Rudé, George: Europa im Umbruch. Vom Vorabend der Französischen Revolution bis zum Wiener Kongreß. München 1981
Schiel, Irmgard: Marie Louise – Eine Habsburgerin für Napoleon. 3. Aufl., Stuttgart 1984
Sieburg, Friedrich (Hrsg.): Gespräche mit Napoleon. München 1962
Stacton, David: Die Bonapartes, Wien–Hamburg 1968
Staël, Germaine de: De la littérature considérée dans ses rapports avec les institutions sociales. Paris 1800

Staël, Germaine de: Delphine; Genf 1802 (dt.: Berlin 1803)
Staël, Germaine de: Corinne ou l'Italie. Paris 1807 (dt.: Corinne oder Italien; hrg. v. Fr. Schlegel, Berlin 1807)
Staël, Germaine de: De l'Allemagne. Paris 1810 (dt.: Deutschland; Berlin 1814)
Staël, Germaine de: Dix anneés d'exil; Fragments d'un ouvrage inédit. Paris 1821 (dt.: Jahre im Exil; hrsg. v. Gisela Schlienitz, Stuttgart 1975)
Staël, Germaine de: Œuvres completes de Madame la baronne de Staël, 14 Bde. Paris 1820/21
Staël, Germaine de: Œuvres inédites (de Madame la baronne de Staël), 3 Bde. Paris 1821
Stamm-Kuhlmann, Thomas: König in Preußens großer Zeit – Friedrich Wilhelm III., der Melancholiker auf dem Thron. Berlin 1992
Stirling, Monica: Madame Mère. Tübingen 1962
Sutherland, Christine: Maria Walewska. München 1981
Tarlé, Eugen: Napoleon. Berlin 1961
Taxis-Bordoga, Olga Gräfin v.: Madame de Staël. Hildesheim 1999
Tourtier-Bonazzi, Chantel: Napoléon, lettres d'amour à Joséphine. Paris 1981
Trumpp, Julius: Kasper Hauser, Napoleon und Stephanie. Gerabronn Württemberg 1953
Tulard, Jean: Napoleon oder der Mythos des Retters. Frankfurt/M.–Berlin–Wien 1982
Turquan, Joseph: Les Sœurs de Napoléon. 2 Bde., Paris o. J.
Turquan, Joseph: Une fille adoptive de Napoléon: Stéphanie de Beauharnais. Paris 1900
Villeneuve, Germaine de: Madame Mère. Paris 1935
Voß, Sophie Marie Gräfin v.: 69 Jahre am preußischen Hofe. 4. Aufl., Leipzig 1876
Walter, Friedrich: Stephanie Napoleon. Lebensweg und Weggenossen. Baden-Baden 1948
Weiner, Margery: Die Schwestern Napoleons. 2. Aufl., München 1981
Widl, Robert: Napoleons verhängnisvolle Familie. Wien 1992
Wilson, Robert McNair: Letizia – Die Mutter Napoleons. Frankfurt/M. 1934
Wright, Constance: Hortense, Tochter Napoleons. Hamburg 1963

Personenregister

Bildnachweis

Tafel X: Süddeutscher Verlag, München.
Alle übrigen Abbildungen: Bildarchiv Preußischer Kulturbesitz, Berlin (Foto Tafel II: Roman Beniaminson; Foto Tafel VI: Jochen Renner; Foto Tafel XI: Gerard Le Gall).

Sylvia Jurewitz-Freischmidt

Die Herrinnen der Loire-Schlösser

Königinnen und Maitressen um den Lilienthron. 288 Seiten mit 16 Abbildungen. Serie Piper

Die Geschichte der Schlösser an der Loire ist untrennbar verbunden mit den bedeutenden Frauen Frankreichs vom Ende des 14. bis zum Ende des 16. Jahrhunderts. Die Lebensgeschichten von Isabeau de Bavière über Jeanne d'Arc bis zu Catherine de Medici spiegeln die farbenprächtige Epoche der Valois, die in den Loire-Schlössern residierten. Architektur, Kunst, Literatur, Wissenschaft, aber auch das Handwerk erlebten während der französischen Renaissance einen ungeahnten Aufschwung, und das Leben am Hof gewann eine nie dagewesene Bedeutung. Dabei waren die Frauen, die den König umgaben, keineswegs nur schmückendes Beiwerk, ganz im Gegenteil – manche von ihnen bestimmten die Geschikke Frankreichs. Kenntnisreich und spannend erzählt die Historikerin Sylvia Jurewitz-Freischmidt von den Königinnen und Maitressen an der Loire.

05/1598/01/L

Robert Holzschuh

Das verlorene Paradies Ludwigs II.

Die persönliche Tragödie des Märchenkönigs. Mit 27 unveröffentlichten Briefen des Königs. 175 Seiten. Serie Piper

Zwischen 1884 und 1886 schrieb der bayerische König Ludwig II. zahlreiche geheime Briefe an seinen engsten Vertrauten Karl Hesselschwerdt. Sie endeten häufig mit dem Befehl »Verbrenne dieses Blatt«. Doch Hesselschwerdt widersetzte sich der Anweisung, und die Briefe existieren bis heute. Sie stammen aus den Jahren, in denen sich der finanzielle und politische Untergang seines Königtums ankündigte – und parallel dazu das tragische Liebesleben des Romantikers auf dem Königsthron, das schließlich in die private Katastrophe mündete.

»Eine fesselnde, plausible Historie, die sich mit all ihren Bizarrerien flüssig und durchaus aufregend liest.«
Michael Skasa, Literaturen

05/1599/01/R

SERIE PIPER

SERIE PIPER

Jean Sévillia

Zita

Kaiserin ohne Thron. Aus dem Französischen von Elisabeth Mainberger-Ruh. 359 Seiten. Serie Piper

Zita, die letzte Kaiserin von Österreich, Königin von Ungarn und von Böhmen, wurde 1918 nach nur zweijähriger Regierungszeit entthront und lebte seit 1919 im Exil. Sie wurde 1892 in ein dynastisch geprägtes Europa hineingeboren und erlebte im Lauf ihres beinahe hundertjährigen Lebens den Zusammenbruch des österreichisch-ungarischen Habsburger-Reichs, die Abschaffung einer Vielzahl von Monarchien, zwei Weltkriege, den Kalten Krieg und schließlich den Untergang des Kommunismus. In seiner kenntnisreichen Biographie schildert Jean Sévillia nicht nur das Leben einer berühmten Frau, sondern zugleich die bewegte europäische Geschichte des 20. Jahrhunderts.

05/1288/01/L

Hélène Carrère d'Encausse

Nikolaus II.

Das Drama des letzten Zaren. Aus dem Französischen von Jochen Grube. 566 Seiten. Serie Piper

Als Nikolaus II. (1868–1917) im Jahr 1894 den Thron bestieg, trat er ein geschichtsmächtiges Erbe an – Rußland befand sich im Stadium des Übergangs und war auf dem Weg zur Neubestimmung seiner selbst. Mit der traditionellen Autorität seines Amtes versuchte er, politische und soziale Reformen durchzusetzen und sein Land für den Westen zu öffnen. Sein Leben war geprägt von der ganz Europa betreffenden Frage, ob das Riesenreich im Osten in der Lage sein würde, sich zu erneuern, ohne in Chaos und Barbarei zu versinken. Hélène Carrère d'Encausse, eine der besten Kennerinnen der russischen Geschichte, schildert in dieser glänzend geschriebenen Biographie die gesellschaftlichen und wirtschaftlichen Hintergründe dieser Epoche des Umbruchs.

05/1289/01/R

Martha Schad

Bayerns Königinnen

407 Seiten mit 4 Abbildungen.
Serie Piper

Über die aus dem Hause Wittelsbach stammenden Monarchen gibt es zahlreiche Veröffentlichungen. Doch wer waren die Frauen an der Seite dieser kunstsinnigen Herrscher? Bayerns Königinnen stammten alle aus führenden Dynastien Europas, waren schön und hochgebildet. Sie wirkten vor allem in ihren Familien, engagierten sich aber auch auf sozialem und kulturellem Gebiet, sie förderten Toleranz, Frömmigkeit und Liberalität im jungen Königreich, erlebten politische Niederlagen genauso wie privates Glück. Für ihre biographischen Studien zog Martha Schad bisher unerschlossene Briefe und Tagebücher aus dem Geheimen Hausarchiv der Wittelsbacher heran und schildert eindrucksvoll und kurzweilig das öffentliche und private Leben der bayerischen Herrscherinnen.

05/1290/01/L

Martha Schad

Kaiserin Elisabeth und ihre Töchter

201 Seiten mit 31 Farb- und 28 s/w-Abbildungen.
Serie Piper

Einundzwanzig Salutschüsse kündigten 1855 die Geburt von Erzherzogin Sophie von Österreich an, der ersten Tochter des österreichischen Kaiserpaars Elisabeth und Franz Joseph. Ein Jahr später wurde Erzherzogin Gisela geboren. Als nach dem plötzlichen Tod der gerade zweijährigen Sophie endlich der ersehnte Thronfolger Rudolf zur Welt kam, war die Freude am Hof und beim Volk überwältigend. Zehn Jahre später folgte Marie Valérie, der erklärte Liebling von Mutter Elisabeth, der kleine Sonnenschein am Kaiserhof. Martha Schad schöpft für diese Familienchronik wie eine intime Freundin aus dem privaten Fundus der Kaiserfamilie. Anhand von Briefen, Tagebüchern, Gemälden und Photographien folgt sie den Lebenswegen der Töchter der Kaiserin und denen ihrer Nachkommen bis in die Gegenwart.

05/1305/01/R

Thea Leitner

Habsburgs vergessene Kinder

288 Seiten mit 34 Abbildungen. Serie Piper

Thea Leitner verfolgte die Spuren von Nachkommen des Erzhauses, die von der Geschichtsschreibung bislang kaum beachtet wurden. Dabei stieß sie auf Menschen »mit ihren Ängsten und Leidenschaften und Verstrickungen, ihren heroischen Höhepunkten und ihren abgrundtiefen Nöten«.

05/1300/01/L

Thea Leitner

Die Männer im Schatten

An der Seite berühmter Herrscherinnen. 260 Seiten mit 35 Abbildungen. Serie Piper

Mit kriminalistischem Spürsinn folgt Thea Leitner dem Leben der Ehemänner berühmter Frauen: Maria Stuart, Katharina die Große, Maria Theresia und Queen Victoria. Sie beschreibt anschaulich, unterhaltsam und kenntnisreich die zu Nebenrollen verdammten Männer und wirft damit ein neues Licht auf die Biographien der berühmten Frauen.

05/1302/01/R

Helga Thoma

Ungeliebte Königin

Ehetragödien an Europas Fürstenhöfen. 254 Seiten mit 20 Abbildungen. Serie Piper

Nach außen mochten die großen europäischen Fürstenhöfe Pracht und Luxus ausstrahlen, doch hinter ihren Fassaden spielten sich wahre Ehetragödien ab. Die Töchter von Kaisern und Königen wurden häufig wie ein Stück Ware gehandelt und noch als Kinder aus Staatsräson in ein fernes Land verschachert, nach persönlichem Glück wurde selten gefragt. Packend und historisch fundiert erzählt Helga Thoma von tragischen Schicksalen, aber auch von starken Frauen, die sich vom Leid nicht brechen ließen.

»Was Helga Thoma zusammengetragen hat, gibt einen tiefen Einblick in höfisches Zeremoniell und in den seelischen Zustand, in den die ungeliebten Königinnen nach ihrer Heirat gerieten.«
Westfälischer Anzeiger

05/1413/01/L

Erika Bestenreiner

Luise von Toscana

Skandal am Königshof. 328 Seiten mit 9 Schwarzweißfotos. Serie Piper

Einen größeren Skandal hat Deutschland vor dem Ersten Weltkrieg nicht erlebt: Luise von Toscana aus dem Haus Habsburg, die künftige Königin von Sachsen, verläßt ihren Mann und ihre fünf Kinder und wird bürgerlich. Erika Bestenreiner erzählt die Hintergründe dieses Dramas fesselnd wie einen Roman, hält sich aber genau an die Quellen.
Die Geschichte dieser Flucht vom Thron ist die Geschichte von Kälte und Herzlosigkeit in der königlichen Familie, vom Mut, anders sein zu wollen, und von der Suche nach der wahren und großen Liebe.

05/1550/01/R

SERIE PIPER

SERIE PIPER

Karin Feuerstein-Praßer

Die preußischen Königinnen

367 Seiten mit 38 Abbildungen. Serie Piper

Es war durchaus kein leichtes Schicksal, das die preußischen Königinnen im »Männerstaat« Preußen zu bewältigen hatten. Gleichwohl gelang es einigen von ihnen, sich Freiräume zu schaffen – beispielsweise der »Philosophin auf dem Thron«, Sophie Charlotte von Hannover, und der bis heute wohl populärsten preußischen Königin, Luise von Mecklenburg-Strelitz. Andere wiederum litten unter den höfischen Intrigen und der Mißachtung ihres Gemahls oder konnten sich nur durch Lügen oder Heuchelei behaupten.
Unterhaltsam und mit großer Sachkenntnis erzählt Karin Feuerstein-Praßer vom Leben der sieben preußischen Königinnen.

»Wer sich für Geschichte interessiert und für Frauenschicksale der etwas besonderen Art, wird an dieser Lektüre viel Vergnügen haben.«
Aachener Nachrichten

05/1600/01/L

Klaus Günzel

Das Weimarer Fürstenhaus

Eine Dynastie schreibt Kulturgeschichte. 223 Seiten mit 32 Seiten Abbildungen. Serie Piper

Am Weimarer Hof wurde eines der glanzvollsten Kapitel der europäischen Kulturgeschichte geschrieben. Vor allem die Frauen prägten das Gesicht der Dynastie: Herzogin Anna Amalia machte aus dem unbedeutenden Kleinstaat eines der wichtigsten geistigen Zentren des 18. Jahrhunderts. Als ihr Sohn Carl August den jungen Goethe an den Weimarer Hof holt, beginnt der Aufstieg des Fürstenhauses zum strahlenden Mittelpunkt der deutschen Klassik. – Mit leichter Feder zeichnet Klaus Günzel die Geschichte der Weimarer Dynastie und beleuchtet dabei auch die menschlichen Licht- und Schattenseiten ihrer bedeutendsten Persönlichkeiten.

»Eine vorzügliche Schilderung des nicht nur klassischen Weimar.«
Frankfurter Allgemeine Zeitung

05/1603/01/R

Brigitte Hamann

Elisabeth

Kaiserin wider Willen. 660 Seiten mit 57 Fotos. Serie Piper

Das übliche süße Sisi-Klischee wird man in diesem Buch vergeblich suchen: Elisabeth, Kaiserin von Österreich, Königin von Ungarn, war eine der gebildetsten und interessantesten Frauen ihrer Zeit: eine Königin, die sich von den Vorurteilen ihres Standes zu befreien vermochte. Häufig entfloh sie der verhaßten Wiener »Kerkerburg«, weil sie nicht bereit war, sich von den Menschen »immer anglotzen« zu lassen. Statt dessen war sie monatelang auf Reisen, lernte Sprachen und trieb – im Rittersaal der Hofburg! – Sport. Schon vor dem Attentat war sie eine legendäre Figur geworden.

05/1297/01/L

Brigitte Hamann

Winifred Wagner oder Hitlers Bayreuth

688 Seiten mit 104 Abbildungen. Serie Piper

Bayreuth 1923: Erstmals besucht Hitler die Villa Wahnfried, Hort der Nationalen und Antisemiten – der Beginn einer lebenslangen Freundschaft zwischen Siegfried Wagners Frau »Winnie« und »Wolf«. Ab 1933 wird der Ort während der Festspiele zum Zentrum europäischer Politik. Winifred nutzt die Macht, die sie durch Hitler erhält, für die Festspiele, aber auch für Verfolgte des Regimes. Bis zu ihrem Tod 1980 verehrt sie ihren Freund »Wolf«. Aus vielen bisher unbekannten Quellen ist ein Buch voller Zündstoff entstanden, das erstmals in dieser Deutlichkeit die Beziehungen zwischen Hitler und der Familie Wagner offenlegt.

»Ihr wahrscheinlich interessantestes Buch. Die ideologische Anziehung zwischen Bayreuth und dem jungen Hitler hat sie überzeugend eingefangen.«
Frankfurter Allgemeine Zeitung

05/1496/01/R